采撷英华　润泽生命

张　静　主编

首都师范大学出版社
CAPITAL NORMAL UNIVERSITY PRESS

图书在版编目(CIP)数据

采撷英华　润泽生命/张静主编. —北京:首都师范大学出版社,2022.9

ISBN 978-7-5656-7088-6

Ⅰ.①采… Ⅱ.①张… Ⅲ.①小学语文课－教学研究 Ⅳ.①G623.202

中国版本图书馆CIP数据核字(2022)第127902号

CAIXIE YINGHUA RUNZE SHENGMING

采撷英华　润泽生命

张　静　主编

责任编辑	王　晶

首都师范大学出版社出版发行

地　址	北京西三环北路105号
邮　编	100048
电　话	68418523(总编室)　68982468(发行部)
网　址	http://cnupn.cnu.edu
印　刷	中煤(北京)印务有限公司
经　销	全国新华书店
版　次	2022年9月第1版
印　次	2022年9月第1次印刷
开　本	710mm×1000mm　1/16
印　张	19.25
字　数	317
定　价	50.00元

版权所有　违者必究
如有质量问题　请与出版社联系退换

序

  近日,张静老师给我一份厚厚的书稿,是她近几年来对小学语文课堂教学的研究与思考,还有她和北京市平谷区东交民巷小学马坊分校的语文教师们的学习实践成果汇编。我很认真地阅读了这厚厚的书稿,敬佩之情油然而生。一名普通的小学语文教师,竟能如此凝聚众心,潜心研究,不断实践且成绩显著,实在令人钦佩。

  说起张静,我颇有了解。早在 20 年前,我区有一个交流平台叫"平谷教育在线论坛",小学语文学科有一位笔名是"娉娜"的教师,被公认为论坛活跃人物。她就是张静。那时,她也就是一位只有几年教龄的年轻教师。但是,她有思想、好学习、善思考,我组织的每一次区级中心教研组活动、教学课例研讨交流(包括参加市级听课活动),她总是第一个上传活动反思;我发起的每一个论坛主题帖,她都是第一时间跟帖,发表自己的思考与见解……近几年来,她抓住课堂教学改革的机遇,不断探索研究语文教学,写下了几十万字的教学心得。多次参与市、区级教学研讨交流和教学评优活动,撰写的多篇论文、案例、课题研究报告获得国家级、市级一等奖,有的还在《小学语文教学》《中小学教育》等国家级期刊上发表。因为成绩优异,4 年前她成功晋升高级教师职称,去年被评为北京市语文学科教学带头人。

  常言道:一花独放不是春,万紫千红春满园。张静所在的东交民巷小学马坊分校里,聚集着一群积极向上的热爱语文教学的教师,这是一个有事业心、有责任感、肯付出、善钻研的学科团队。这里有北京市学科带头人 1 人,市级骨干教师 2 人,区级骨干教师 2 人,校级骨干 5 人。我退休后的 5 年间,无论春夏秋冬,几乎每周都与学校的干部教师见面。我自认为对这个学校是比较了解的。整个学校充满着浓浓的教学研究氛围,多次承办市、区级教学研究活动且取得圆满成功,无不展示师生的风采和魅力!

  话说回来,成就一项事业,只有热情和干劲还不够,还需要有思路、有方法、有策略。东交民巷小学马坊分校教师的发展,更重要的是仰仗一个有思想、有思路、与时俱进的领导班子。王文利校长带领的领导集体，为所有教师提供了发展的机遇和空间。学校坚持每学期初的专业培训、期中的专项督查、期末的专题总结，为教师们提供了方法、策略、目标和导向。用一句话来概括，就是目标明确，措施具体，效果显著。

说真的，阅读书稿的过程，是我向教师们学习的过程，心中充满了激动和感动。读着读着，我的脑海中不时地浮现教师们废寝忘食学习、实践的场面；遇到问题，百思不得其解的凝重神情；学生语文学习取得进步、成功后那发自内心的愉悦；教师们挑灯疾书、反思小结语文教学心得的情景……有这样对课程改革充满诚心，对语文教学充满责任心的可敬可爱的教师，我的心中充满了喜悦和骄傲。

如果您有幸看到这本书，请珍视它，欣赏它，阅读它！本书从小学语文教学理论、教学思想、教学方法以及课堂教学实施过程几方面着眼，涵盖小学语文教学过程中教师对备课、课堂、课后反思等的钻研与思考。内容涉及低年级识字写字、中高年级阅读能力培养、作文实践探索等，其中不乏有新意的研究与实践，体现了教师对语文教学的执着与智慧。既有理论基础，又有课堂实践。与深度学习接轨，注重以生为本，探索发展学生语文思维的路径。本书内容为部编版语文教学实践提供参考，具有理论研究和实际应用的参考价值。

东交民巷小学马坊分校的语文之路走过了自主阅读，走过了"一带一"阅读，走过了"读写结合"，现如今正在研究单元整体教学，从教学的整体性考虑，以学生为本，发展学生的语文思维，提高学生的创新能力。不断地研究营造了精准研学的氛围，筑牢了以课堂为主阵地的基础，为学生的健康发展写下生动的注脚。

祝愿东交民巷小学马坊分校的课堂教学改革之路越走越平稳！祝愿所有语文教师和全学科教师的发展越来越扎实！祝福各年级的孩子们享受高质量的教学，幸福度过童年的学习时光！

特级教师　乔静敏
2021 年 5 月 16 日

目 录

论文篇

综观单元，分解要点，落实语文要素 …………………………………… （3）
长课文教学要以落实阅读能力为核心 …………………………………… （9）
小学语文课堂要以生为本，更要深度学习 …………………………… （15）
让诗意评价点缀魅力课堂 ………………………………………………… （22）
如何提高高年级后进生的阅读能力 ……………………………………… （26）
小学中年级课外阅读与口语交际课有效融合初探 …………………… （38）
中年级加强学生阅读的研究 ……………………………………………… （44）
提高小学作文课实效的研究 ……………………………………………… （48）
低年级以写促读的研究 …………………………………………………… （54）
利用歌诀体系促进学生规范写字 ………………………………………… （60）
怎样用好"部编版"小学语文教材将课堂中的"以读促写"落到实处 …… （64）
以《四季之美》为例，在阅读教学中分层有序地将写作方法落到实处 …… （73）
依托课内拓展　落实有效阅读 …………………………………………… （76）
巧用教材　落实"留心观察"
　　——以部编版语文教材三年级上册第五单元为例 ……………… （82）
如何落实"从不同方面把事物写清楚"的语文要素
　　——以部编版语文教材三年级下册第七单元为例 ……………… （87）
语文学习后进生朗读能力的培养 ………………………………………… （91）
加强课前预习指导，促进学生自主学习 ………………………………… （94）
多种方法落实低年级课外阅读目标 ……………………………………… （98）
巧用歌诀，书写规范汉字 ………………………………………………… （103）
浅谈如何提高低年级学生语用素养
　　——以部编版语文教材一年级上册《大小多少》为例 ………… （107）
巧用歌诀提高低年级写字效果 …………………………………………… （112）
关于有效的课外读物推荐的研究 ………………………………………… （116）

多种方法识字　提高识字兴趣……………………………………（122）
有效朗读的策略………………………………………………………（125）
以部编版第 7 册教材为例，谈谈如何落实单元语文要素………（132）
在深度学习中培养低年级学生看图写话能力……………………（138）
小说单元的语文教学初探
　　——以部编版语文教材六年级上册第四单元为例…………（143）
浅析优化小语低年级插图教学的策略………………………………（148）
小学语文策略单元的教学初探………………………………………（152）

教学设计篇

《慈母情深》教学设计………………………………………………（161）
《盼》教学设计………………………………………………………（172）
《鉴赏动、静态之美》单元教学设计………………………………（179）
《别饿坏了那匹马》教学设计………………………………………（189）
《别饿坏了那匹马》说课设计………………………………………（195）
《挑山工》教学设计…………………………………………………（200）
《这片土地是神圣的》教学设计……………………………………（206）
《这片土地是神圣的》说课设计……………………………………（210）
《在炮兵阵地上》教学设计…………………………………………（214）
《我们的错误》教学设计……………………………………………（223）
《生死攸关的烛光》教学设计………………………………………（227）
《穷人》教学设计……………………………………………………（231）
《鲁本的秘密》教学设计……………………………………………（236）
《滥竽充数》教学设计………………………………………………（240）
《账单》教学设计……………………………………………………（245）
《小壁虎借尾巴》教学设计…………………………………………（250）
部编版第 11 册第五单元教学设计……………………………………（258）
《大小多少》教学设计………………………………………………（277）
《大小多少》说课设计………………………………………………（283）
《搭船的鸟》教学设计………………………………………………（289）
《比尾巴》第一课时教学设计………………………………………（293）
参考文献………………………………………………………………（299）

论文篇

论文集

综观单元，分解要点，落实语文要素

北京市平谷区东交民巷小学马坊分校　张　静

《义务教育语文课程标准(2011年版)》提出：在语文学习过程中，培养爱国主义、集体主义、社会主义思想道德和健康的审美情趣，培养创新精神和合作精神。审美情趣是指学生在语文活动中体验、欣赏、评价、表现和创造美的能力及品质。学生通过阅读鉴赏、品味语言艺术而体验丰富情感、激发审美想象、感受思想魅力、领悟人生哲理，并逐渐学会运用口头和书面语言表现美和创造美，形成自觉的审美意识和审美能力，养成高雅的审美情趣和高尚的品位。笔者以五年级上册第七单元教学为例，从看待单元与单篇、落实要素与要点、实现发现与发展三方面进行了实践探索。

一、用连续和联系的视野看待单元与单篇

部编版小学语文教科书采用"双线组织单元结构"，人文主题是贯串单元的内容线，语文要素是语文学习的能力线。单元中的课文是教材呈现的最小单位，课文之间内容上相互联系，在培养学生能力上各有侧重并存在一定的连续性。

五年级上册第七单元的主题是四时景物皆成趣，阅读训练要素是"初步体会课文中的静态描写和动态描写"；表达训练要素是"学习描写景物的变化"。初步体会就是在阅读时能清楚什么是"动态描写、静态描写"，能从动态、静态的角度品析文字。学习描写景物的变化也就是仿照文中的动态描写尝试写一写，将景物的细微变化描绘清楚。这是教材第一次以单元编排的方式对学生进行专门的文学品鉴能力的培养。单元包括三首古诗词和三篇课文。这几篇课文都是名家名篇，清少纳言、巴金、贾平凹是非常有影响力的作家，他们的文章文学性强，给人以精神滋养和美感享受，用不同的方式呈现动态、静态描写。学生在学习中逐渐学会欣赏、鉴别和评价不同时代、不同风格的语言，把握其思想情感和语言特点，提高审美情趣、审美品位。

在这一单元中,每一篇课文的呈现语文要素的方式也是不同的。在《古诗词三首》中,重点从诗句中体会动中有静、静中有动,感悟静则思远、动而情生。在《四季之美》中,感受四季中都有动、静态结合的美:春天最美是黎明天空变化的颜色美,夏天最美是夜晚萤火虫飞舞的朦胧美,秋天最美是黄昏乌鸦归巢、大雁齐飞的感动美,冬天最美是早晨落雪时炭火熊熊燃烧的和谐美。在《鸟的天堂》中,发现第一次到"鸟的天堂",作者没有看见一只鸟的影子,静态描写体现大榕树蓬勃的生命力;第二次到"鸟的天堂",作者听见到处都是鸟声,看见到处都是鸟影,动态描写证实这里的确是鸟自由生活的地方。在《月迹》中,欣赏"长了腿"的月亮会溜、会爬、会跑……动态描写趣味十足。

在同一单元语文要素的统领下,各篇课文承载的语文要素任务是不同的:《古诗词三首》点明单元主题,分清动态、静态描写;《四季之美》鉴赏动、静态之美,初步尝试运用表达方法;《鸟的天堂》对比动、静态描写,提升审美鉴赏能力;《月迹》寻找动态足迹,体会动态之趣。"习作:____即景"运用动、静态描写,呈现学习成果。

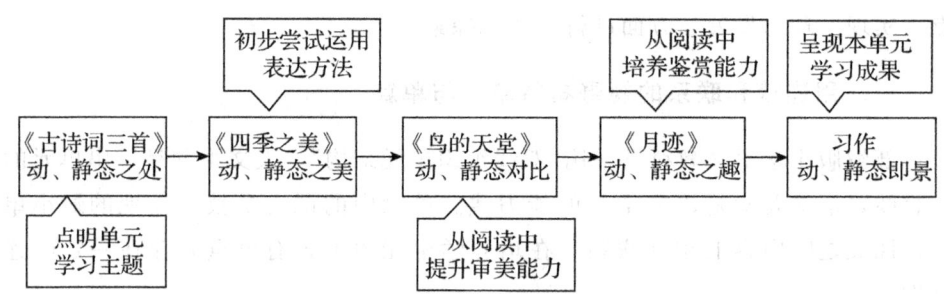

图1　五年级上册第七单元语文要素分解图

综观单元,每篇课文充分发挥单篇的学习价值,既承载相应的任务与使命,又相互联系、相互支撑。从欣赏、对比到审美、模仿形成连续不断的链条,将培养学生文学鉴赏能力落到实处。课堂教学在单篇中扎实推进,在单元中稳步提升。

二、用路径和情境的设计落实要素与要点

学习本单元之前,三、四年级有观察基础和想象画面的体验,学生之前学过观察周围事物、边读边想象画面。本单元主题是初步体会课文中的静态描写和动态描写,这一单元要引导学生想象画面,有意识地对比、鉴赏文字。部编

综观单元，分解要点，落实语文要素

小学语文教科书执行主编陈先云在解读教材时说过："这一单元的课文语言风格都充满作家的个性魅力，教学时，一方面要注意落实单元语文要素，体现本单元的重点学习目标；另一方面也要基于课文，挖掘有价值的学习内容，在情境中想象画面，为文学鉴赏打开路径。"在设计这一单元的课文教学时，要给学生充分的时间朗读，引导学生在反复朗读的路径中体会课文别样的韵味，品味其中独特的情境，品鉴动、静态之美。

在《古诗词三首》教学中，通过吟诵古诗，断句正音；品读诗句，锤炼用词；动静描写，体会意境；感情朗读，领悟内涵，初识诗句中的动、静态描写，欣赏"明月松间照，清泉石上流""月落乌啼霜满天，江枫渔火对愁眠""夜深千帐灯"等诗句中的动、静态描写。在《四季之美》课文教学中，借助情境，鉴赏动态景致，体会独特视角，运用方法迁移，尝试表达情感，体会动态美中的内涵，并在小练笔中练习运用动态描写。学习《鸟的天堂》，发现"动、静态"之美，对比"动、静态"之境，鉴赏"动、静态"之美，在动态与静态描写的对比中，感受鸟的天堂的不同景象，提高学生文学鉴赏能力。《月迹》一课，则是通过寻找月的踪迹体会动态之趣，朗读品味意境，体会作者细腻的感受和动人的描写。在单元习作《动、静态即景》中，利用回忆画面，帮助学生挑选素材，在习作实践、赏析修改等环节回想生活中的画面，写出独特的动静之美。

（一）《古诗词三首》：认识动、静之态

以往的古诗词教学重点在于"理解诗意，体会诗情"，《山居秋暝》《枫桥夜泊》《长相思》这三首古诗词被编排在本单元，从诗句中要让学生初识动静之态。

教师在完成正音、朗诵、理解等环节之后，可以引领学生想象诗词中的画面。感受幽静的松林间，月光轻轻洒下，汩汩的清泉，嬉笑的浣女，水面上的渔舟摇动莲叶，留下一条条波纹。学生细致品味动态和静态的景物，体会动静结合，最终在头脑中形成一幅秋夜山林美景图。初识动态与静态描写，再吟诵古诗词中的画面美。最后，教师总结：在"静"中之景与"动"中之声的不断转换中，诗人的孤独之情、思乡之情渐渐浮出，这思绪时断时续，却久久不能散去。许多古诗词都会有这样的描写，你可以在吟诵中不断发现。这样的教学为理解古诗词探索了一条新的路径，并为初步形成文学鉴赏能力做好铺垫。

（二）《四季之美》：鉴赏动、静之美

在认识动、静态描写的基础上，《四季之美》的教学重在引导学生体会四季景物的动态之美。教学可分为两大板块。

5

板块一：初读课文，体会独特视角。

《四季之美》写了春天黎明时分天空颜色的变化，夏夜萤火虫翩翩飞舞的情景，秋天黄昏乌鸦归巢、大雁比翼而飞的景致，还有冬天白雪纷飞、炭火由燃烧到熄灭的过程，凸显了四时景物的动态美。在初读课文时，教师让学生回忆以前学过的课文中描写了夏天的哪些景物，经过交流发现："荷花、暴雨、烈日、蝉鸣、星空、彩虹"等经常出现在作家笔下，而清少纳言所选取的"萤火虫飞舞"之景很独特，尤其是"雨夜中的萤火虫飞舞"，别说描写，见也是非常少见的。在她的笔下，黎明的天空是多彩而变化的；黄昏时分，夕阳斜照和夕阳西下不仅是时间不同，景物在细微处也不同。这样独特的视角让人产生耳目一新之感。教师带领学生边读边品味视角独特，选材独特，语言表达更是独特。在细细的品味中，学生逐渐体会到了作者别具一格的审美情趣。

板块二：借助情境，鉴赏动态景致。

教师引导：作者描写的都是独特的动态画面，第2自然段中写到夏季最美是夜晚，其中写了哪几幅画面？学生发现共三幅画面，第一幅明亮的月夜，第二幅暗夜里萤火虫飞舞，第三幅雨夜萤火虫飞行。教师顺势引导：这样漆黑漆黑的暗夜里，星星点点的萤光忽明忽暗地闪烁。眼前是到处流动的萤光，是无数飞舞的精灵，这是一种怎样的美？置身于这样的世界里，你仿佛走进了——童话里，仿佛飞进了——梦里，如梦如幻，这就是——朦胧的美。在音乐声中，学生朗读：夏天最美是夜晚。明亮的月夜固然美，漆黑漆黑的暗夜，也有无数的萤火虫翩翩飞舞。即使是蒙蒙细雨的夜晚，也有一只两只萤火虫，闪着朦胧的微光在飞行，这情景着实迷人。学生从对比中感受独特的动态之美，在音乐声中品味画面，在审美实践中学会鉴赏。教师设计了读、说、想等活动，让学生从朗读文字到想象画面，分清画面层次，欣赏动态情境，体会在静态画面的衬托下，动态画面的灵动，为学生鉴赏美提供必要的路径。

（三）《鸟的天堂》：对比动、静之境

《鸟的天堂》中，傍晚的大榕树是静谧的，早晨的大榕树则是热闹的，一静一动，特色鲜明；在教学中，教师引导学生不仅体会到榕树形态上的"静"，还能体会出作者看不到鸟的"静"。在体会"动"的时候，学生借助表格对比动静变化："我们继续拍掌，树上就变得热闹了，到处都是鸟声，到处都是鸟影。大的，小的，花的，黑的，有的站在枝头叫，有的飞起来，有的在扑翅膀……"从中，学生不仅感受到动态描写和静态描写的画面不同，语气和节奏也不同。

即便是相同的景物，在不同的时间里，境遇也是不同的。与以往教学相比，围绕"动、静态描写"语文要素展开教学，学生更能收获如何鉴赏文字，如何从生活中发现动、静之美。

(四)《月迹》：体会动、静之趣

《月迹》是一篇略读课文，文中既有对月亮爬竹帘格儿的动态描写，又有对月光洒满院子的静态描写，在一群孩子对月迹的追逐之中，写出了童心、童趣。

这篇略读课文，教师可以给予充分时间，让学生细读文字，品味文字，从充沛的朗读中寻找"月迹"：竹窗帘儿上、穿衣镜上、葡萄叶儿上、瓷花盆儿上、锨刃儿上、水里、眼睛里……月亮处处留着足迹。在"寻找足迹"的过程中，学生真切地感受作者对童年月夜的回忆，在品读语言中感受"动态的变化之趣"。

三、用品味和品鉴的思考实现发现与发展

根据部编小学语文教科书特点，教学时要综观单元整体，在单元视域下品鉴静、动态描写，形成阶梯式教学要点：初步感知—细细品味—文学鉴赏—实际运用。这样安排既突出了每一篇课文要点，又具有合适的坡度，为促进学生品鉴能力的发展找到适切的路径。

《古诗词三首》韵味四溢，《四季之美》娴静委婉，《鸟的天堂》盎然生趣，《月迹》则清新雅致。在品味文章语言和品鉴文字情感之中，教师与学生一起领略作家敏锐的感受力和超凡的语言驾驭能力。教师要引导学生品读、积累课文语言，梳理画面信息，对比动、静态描写，培养学生初步的文学品鉴能力。例如在《四季之美》的学习中，学生通过读文字、想画面、说感受、引资料等方法，体会了夏天夜晚的朦胧美，品味了秋天黄昏的动人美，欣赏了冬天早晨的和谐美。在学生的朗读中不断加深理解，逐步体会虽然没有壮观的景象，虽然只是细小的景物，却充满着美妙的诗意。动、静态描写的学习让学生跃跃欲试，教师为学生带来一段视频，学生可以观察到雨中的新芽、落日的余晖、涨潮的海水拍打海岸……学生从视频中选择自己观察到的细微之处，说说看到的景色。有的学生这样描绘画面：夕阳西下，红彤彤的光洒满了大地，太阳在晚霞的陪伴下，光线逐渐变暗，过了一会儿，太阳缩成了一个小圆点，倏的一下，它不见了。有的学生说：雨滴落在屋檐，"滴答，滴答"，发出清脆的响

声,这世界就在这雨声里安静地睡了。雨滴敲打着树枝,枝上的新芽摇曳,它张开嘴,贪婪地吮吸着雨水……学生的描述静中有动,动中有静,细微中有变化,变化中有真情。学生在交流中碰撞思维的火花,在欣赏中增强文学鉴赏的意识。

在本单元的课后题中,分别提出了想象诗句描绘动、静态之景,联系上下文体会动态描写等要求,为培养学生文学品鉴能力提供了抓手。另外,小练笔、语句段运用为习作做好了铺垫,交流平台再现了动、静态描写的精彩画面,为品味动、静态描写表达效果做好了铺垫。

品味和品鉴是吸收营养,发现和发展是建构能力。在学习本单元之前,学生也曾有过写景的经历,虽不知动、静态为何物,但其中不乏动、静态描写。在本单元习作时,教师从观察的角度、描绘景物的细微变化等方面指导。学生将课文语言迁移、内化,从观察画面、想象画面中发展思维,在交流中提升语言的精致度,从锤炼文字中发现动、静之美,发展文学鉴赏能力。综观本单元的教学,以初步体会动态描写和静态描写为目标,做好每一要点的定位,这样才能促进语文要素的落实。

长课文教学要以落实阅读能力为核心

北京市平谷区东交民巷小学马坊分校 张 静

小学语文部编版教材自 2019 年 9 月全面铺开,为让广大教师尽快吃透教材,从人民教育出版社到地方教研组织培训,均以部编版教材解读为核心,为教师们讲解教材编排特点、各年级能力训练点、单元主题要素、核心素养……在一年的实践研究中,教师们对一些"长课文"感到力不能及。"长课文如何既保证课时又保证质量?长课文怎样教、如何学?"成了语文教师时常讨论的话题。有没有一种教学策略可以解决这一系列问题,让教师对长课文不再产生畏难情绪,让学生们能轻松学习长课文呢?经过研究,笔者认为可以根据长课文的特点,以落实阅读能力训练点为核心,抓主要去次要,增强长课文教学效果。

一、阅读能力训练点概念解读

阅读能力是指能完成对文章的阅读所具备的本领,包括对文章感知、理解、鉴赏等具体阅读活动,以及顺利完成阅读所必需的正常动机、兴趣、情感、意志和个性。阅读能力训练点有以下五个方面。

(一)整体感知

即对文章有总体的理解。学生将文本作为整体,用于理解文本主要写什么、确定主题等。有时主题已经直接呈现,有时则要求学生通过关注多个具体信息,从中寻找某一特定种类的信息,建立最具概括性、最中心的观点,对文本产生整体观。

(二)获取信息

学生寻找文本中某一特定信息,并提取出所需信息。有些信息可以直接找到,有些则隐藏在句子、段落中。学生要能从句子中直接或间接提取信息、对比分析,甚至对相似信息进行辨别。

(三)形成解释

阅读者对文本中某一现象进行解释，发现内在关联。学生利用其本身已具备的知识结构，联系处于文本各部分的相关信息，加工此类信息，继而进行逻辑上的推断，加深对文本的理解。

(四)做出评价

评价文本中的人物或情节等。阅读者把在文本中找到的相关信息以及其他知识相联系，思考信息，用自己的观点对文本中人物或情节进行评价。

(五)实际运用

阅读者在文本的语言情境中，思考文本的内容，联系自己极具个性的语言经验，获得独特的体验、思维方法，解决实际问题。

语文阅读能力具有综合性的特点，它包括理解、领悟、鉴赏、评价、应用等五方面能力，这五方面包含了对文章的完整理解。

二、长课文中的阅读能力点

(一)什么是"长课文"

"长课文"是指那些文字多、篇幅长、容量大的文章。部编版教材中，各个年级都有篇幅超长的课文，如一年级下册的《动物王国开大会》、三年级上册《卖火柴的小女孩》、四年级下册《小英雄雨来(节选)》、五年级上册《牛郎织女》、六年级上册《金色的鱼钩》、六年级下册《骑鹅旅行记(节选)》等。

人民教育出版社小学语文编辑室熊宁宁老师认为，长课文能让学生从阅读初期就有从整体上观照文章的初步意识，并且能够运用已有的阅读知识、阅读能力进行自主阅读，成为一个积极主动的阅读者。

(二)长课文的特点

上述几篇长课文，具有以下特点：1.体裁活泼，多是童话、民间故事、小说，内容简单易懂，学生读起来很有兴趣；2.结构清晰，随着故事的发展，学生很容易分清各个情节或故事的各个阶段；3.图文并茂，能帮助学生梳理文本内容。

(三)长课文中的阅读能力点

从单元导读页，可以清楚地知道本单元的语文要素，参考本课课后习题，发现特定的阅读能力训练的"点"，这些训练点由浅入深、由易到难，有梯度地螺旋上升。上述长课文的阅读能力点见下表。

表1 长课文阅读能力训练点一览表

课题	年级	单元训练点	课后题	阅读能力点
《动物王国开大会》	一下	通知事情时，要把重要的内容说清楚、说完整。	提取时间、地点、参加人、事情、通知人、通知时间。	提取信息
《卖火柴的小女孩》	三上	感受童话丰富的想象。试着自己编童话，写童话。	1. 小女孩擦燃了几次火柴？每次擦燃后看见了什么？表达了她怎样的愿望？ 2. 和同学们交流印象深刻的部分，说说你的感受。	提取信息 实际运用
《小英雄雨来（节选）》	四下	学习怎样把握长文章的主要内容。	为什么说雨来是小英雄？照样子给其他五部分列小标题，再说说课文主要内容。	做出评价 整体感知
《牛郎织女》	五上	了解课文内容，创造性地复述故事。 提取主要信息，缩写故事。	1. 说说牛郎和老牛是怎么相处的，他和织女是怎么认识的。 2. 发挥想象把下面的情节说得更具体，再和同学演一演。 牛郎经常把看到的、听到的事告诉老牛。 仙女们商量瞒着王母娘娘去人间看看。	提取信息 实际运用
《金色的鱼钩》	六上	阅读时，关注神态、言行的描写，体会人物品质。	老班长是个什么样的人？你是从他的哪些言行中看出来的？最让你感动的是什么？	做出评价 实际运用
《骑鹅旅行记（节选）》	六下	了解作品梗概，把握名著的主要内容。	小男孩尼尔斯变成小狐仙之后，他的世界发生了什么变化？	提取信息

三、以落实阅读能力为核心的教学策略

讲解长课文，不需要面面俱到，避免课堂上"零敲碎打"。将长文讲短，根据文章特点，依据课后题，选取合适的阅读能力训练点，一课一得，得得相连。这样，不断累积各个阅读能力点，学生会逐渐形成扎实而深厚的语文素养。

(一) 提取信息，读清文本内容

将长文讲短，可以让学生从较长的文本中提取有用信息，提炼、概括、精简学习内容，依据课后题的阅读训练点去粗取精。例如《动物王国开大会》这篇课文，全文由狗熊发布通知展开故事情节，结构相似，四次通知对应四次情节发展。

课后题是"提取时间、地点、参加人、事情、通知人、通知时间等信息"，即在提取信息的同时，明白"通知事情时，要把重要的内容说清楚、说完整"。所以，提取关键信息，就是这篇课文的着力点。教师要帮助学生准确提取关键信息，提升阅读能力。

在课堂上，教师借助课文插图，从重复的故事情节中厘清层次。先让学生找出四次通知，然后对比四次通知。通过朗读，学生很容易发现四次通知中缺少的要素。在充分提取信息后，学生最终明白：发布通知时要把重要的内容说清楚，重要内容包括时间、地点、人物和事件等。虽然是长课文，但整个教学环节清晰明了，学生活动有明确的指向性。

（二）整体感知，读懂文本层次

想要整体感知长课文内容，就要抓大放小，让学生从整体入手，读懂文本层次。

四年级下册《小英雄雨来（节选）》全文3350字，在小学阶段字数最多。按上表所示，单元语文要素为"学习把握长文章的主要内容"，课后第二题是"列小标题，说主要内容"，整体感知是对应本题的阅读能力训练点。

1. 梳理人物关系，厘清情节

《小英雄雨来（节选）》中人物关系较为复杂，为了读懂人物关系，学生以"雨来"为中心，按照人物的出场顺序，绘制人物关系图。这种方法可以在短时间内，让学生清晰地知道小说中人物结构关联。这是将长文讲短的有效手段。几分钟之内，学生就把文中出现的9个人物串联起来，让学生非常清楚地知道小说的人物与情节。同时，也为给每一部分拟小标题做好了框架准备。

2. 学会拟小标题，整体感知

在引导学生整体感知课文内容后，可以先尝试给每一部分加小标题，然后把小标题串联起来，就能把握课文的主要内容了。

教师可以引导学生抓住每一部分的核心人物和核心事件，采用摘录法、概括法等思考"雨来在做什么"，或者"雨来怎么样"，得出小标题。如：游泳本领高、上夜校读书、掩护李大叔、智斗小鬼子、河沿上枪声、雨来没有死。然后串联小标题，用几句话概括出全文的主要内容。抓住核心内容，整体感知长课文，从中培养学生精准概括的能力。

（三）做出评价，读明文本内涵

判断学生对文本是否读懂，可以针对文章的核心问题引导学生展开深度的学习。核心问题阅读容量大，语言内涵丰富，尤其是对人物或情节进行评价，学生由文字表象走向人物形象，真正理解文本。

例如在《小英雄雨来（节选）》中，"为什么说雨来是小英雄"是本课的核心问题。抓住这个核心问题，就可以引领学生逐步走向文本内容深处，体会人物形象。学生带着问题思考，在关键地方停下来做标记：在危急时刻，雨来勇敢地掩护交通员李大叔，这是英雄之举；面对日本鬼子威逼利诱，甚至枪毙，雨来没有说出半点秘密，这是英雄之举；在枪响之前，趁鬼子不防备，一头扎进河里机智脱险，这是英雄之举；"我们是中国人，我们爱自己的祖国"，雨来学习课本内容，这是英雄之举。

六年级上册《金色的鱼钩》也要求评价老班长是个什么样的人，并说说你是从他的哪些言行中看出来的。也可以从评价人物入手，聚焦英雄形象，贯穿整个课堂，实现核心价值观和关键阅读能力的双效增值。

（四）实际运用，补充文本留白

长课文可以将文本讲短，也可以将文本讲长。合理运用教材文本的留白处，让学生在想象中感知，在想象中体验，并以文本为支点，构建全新的想象空间。

例如在《动物王国开大会》中写了狗熊通知大家，但究竟是如何告知的，没有直接叙述，这就是文本的空白处。教师可以引导学生联系文本和实际生活经验，想象留白部分。再如《卖火柴的小女孩》中，课后题是"和同学们交流印象深刻的部分，说说你的感受"，《牛郎织女》单元主题是"了解课文内容，创造性地复述故事"。处理这些训练点，教师可以组织学生就这些空白处一边朗读一边想象，在想象的过程中补充故事、创编故事，从而形成情节前后发展的真实体验，与自身相联系，学以致用。

四、长课文教学模式

综观部编教材中的长课文，童话、小说等文体较多，由于单元语文要素不同，不同单元的课文会有不同的阅读训练点。教师要精准把握阅读要点，在保证落实语文要素的同时，优先关注课后习题。长课文的教学一般可以概括成以下模式：看单元要素→分析课后题→找准阅读训练点→长文阅读实践→课堂交流提升→积累阅读方法→形成阅读素养。

  小学语文教师在遇到长课文这样的难题时，要敢于深入研读教材，积极实践直至解决问题。通过对长课文的研究，结合课堂教学过程，精准阅读训练点，落实阅读能力，归纳出长课文的教学策略，有效提高学生阅读能力。

小学语文课堂要以生为本,更要深度学习

北京市平谷区东交民巷小学马坊分校　张　静

2019年9月,部编版教材全面铺开。新时代、新教材、新课堂,呼唤深度学习。深度学习在我国已经不是一个陌生的词语了,深度学习的出现及应用是素质教育的必然趋势。语文课堂教学要以教师为主导,以学生为主体,以学定讲,以学定教,以学评教,让课堂呈现"师生互动、充满活力、展现智慧、富于创造"的生命状态。

一、解读以生为本、深度学习概念

以生为本,是指教育要尊重学生权益,以学生为主体,充分调动和发挥学生的主动性,遵循学生的身心发展特点和教育教学规律,提供适合的教育,促进学生生动活泼学习、快乐健康成长,全面、主动、有个性的可持续发展。

深度学习是指在教师的引领下,学生围绕具有挑战性的学习主题,全身心参与、体验成功、获得发展的有意义的学习过程。深度学习是基于理解与迁移的学习,学习者在学习的过程中能够将新的思想融入原有的知识储备中,并利用知识解决实际问题。

以生为本的学习,促使教师在课堂中时时关注学生的学习状态,根据学生的参与、探究情况调整教学策略,从而发展学生思维,让学生真正做到深度学习。

二、小学语文教学中开展以生为本的深度学习策略

(一)以生定讲,确立深度学习目标

开展深度学习,最首要的就是确立学习目标。学习目标是教学的基础,不仅有助于教师更好地把握教学的方向,还可以在一定程度上提升学生的学习效率。针对部编版语文教材编排特点,教师在备课时不能面面俱到,把要讲的、想讲的统统搬到课堂上。必须把学生的已有知识当作学习生长点,确定清晰、

明确、可达成的教学目标。

根据单元语文要素,确定与之相关的教学内容。同一单元中,精读略读课文、交流平台等各自承载着不同的功能。教师要有单元整体观,梳理知识脉络,针对不同的训练点,帮学生形成系统。例如:在三年级预测策略单元中,三篇课文的侧重点各有不同:《总也倒不了的老屋》重点在于示范预测策略,借助旁批,学习预测的基本方法,提示学生可以在哪里预测(题目、图画、故事内容),可以预测什么(故事的情节、故事的结局)。《胡萝卜先生的长胡子》《小狗学叫》重点在于引导学生运用预测策略进行阅读,尝试一边阅读一边预测。这样,教师在设计课时教学目标时,重点突出,难点分散,循序渐进,整合完成单元训练重点。

崔峦先生认为:学生的"学"要落在实处,教师的"教"要有启发性,教学目标要少而精。阅读教学要让学生感受到语言的魅力,感悟到表达的精妙,在培养语感、整体把握的能力,领悟读法写法上下功夫。在理解课文内容上,教师往往低估学生,学生已经理解的就不用频频提问。教学起点在哪里?笼统地说,"跳一跳可以摘到桃子"之处;具体地说,学生初读课文后,已知、已懂、已有所感悟的,就不必再讲再问了,教学起点应从学生质疑、普遍关心的问题开始。教学的过程就是在个人读书、思考的基础上,通过师生、生生对话解惑的过程,是解决提出的问题又产生新问题的过程。

确定以生为本的教学目标,精简教学环节,采取模块结构,整合问题,会意兼得,体现训练过程。一般可这样设计:初读——有个人初步感受,提出希望解决的问题;再读——整体把握内容、结构;细读——抓住重难点,得意、得言;练习——拓展、积累、运用。过程是由方法造就的,讲究过程就一定要讲究方法。厘清了课文结构才能让学生更好地理解课文内容,掌握基础知识,从而达到教学目标。确定教学目标和内容时,学生已经会的不需要讲,讲了学生也学不会的也不需要讲。教师在备课时,要预设学生可能会遇到什么困难,立足障碍点确定重点、难点,设计教学目标及环节。

(二)以生定教,优化深度学习过程

在小学语文教学中开展深度学习,优化教学内容是关键,不仅可以帮助学生更好地吸收知识,还能在一定程度上提高学生的综合能力。如何教,才能做到深度学习呢?

1. 以兴趣入手,营造氛围

《脑科学与课堂》一书中提到:在处于压力情境之下,受试者的成绩至少下降30%……积极情绪能提升学习体验,教师要营造一种促发学生积极思考的气氛。在轻松的氛围中,学生才能做到敢想、敢说,这是学生会想、会说的基础。

教师要细读文本,感受文本之妙,找准语言训练点、能力培养点,才能去粗取精、去伪存真。细读之后,要披沙拣金,要深入浅出。落实学生的学,要落实学生学习的主体地位,使学生真正成为课堂上的主角、主人;要落实学生学习的时间,教师要尽可能把自己的活动减下来,才有可能把尽可能多的时间给学生加上去;要把学生的学习活动——读、思、问、品、议、写贯穿于教学全过程。要看得出学生对内容的理解由表及里,对语言的品味由缺少感觉到体会到其精妙,对文章写法由没有关注到有所领悟,对谈法、写法由有所知到能够用。所以在教学中要精心设计课堂中的问题。好的问题是课堂中的点睛之笔,会起到"一石激起千层浪"的效果,能让学生巧妙地接受,更好地培养他们的思维能力。提问要做到以下几点:(1)意思必须要明确;(2)难度要合适;(3)要有思考价值和回答价值(紧扣教学重点,围绕教学任务、目标而设计。问题要通过学生认真读书、思考后回答,这些答案要学生用自己的话进行回答);(4)必须深思熟虑,精心设计,坚决杜绝"刚说就改"这样的盲目性、随意性;(5)有较强的目的性,教师必须清楚问题的目的;(6)提问要体现层次性和连贯性;(7)提问不能过多,不能过碎。

部编版五年级下册《草船借箭》这一课,在课堂快结束时,教师问:"胜败乃兵家常事,重要的是总结经验教训,他们会怎么想怎么说,请大家自报一个角色,说给大家听。"其实这个问题就是回顾课文的主要内容,这样一问,就引起了学生的兴趣,学生的回答更是精彩至极。如果教师只是问"曹操为什么会失败?""周瑜为什么会胜?""诸葛亮的计策好在哪儿?"这样的问题,学生的兴趣就大大减小了。相同的结果,可能通过不同的过程得到;但不同的过程,却能对学生产生截然不同的影响。兴趣盎然的问题设计,可以使学生在轻松愉快的教学活动中,不知不觉地把知识学懂,把本领学会。

问题的设计要根据不同的课文、不同的目标等实际情况"具体问题具体设计",教师要做到"心中有招儿",教师的思想和方法应符合教学规律,这是根本的"心中之招儿"。面对一个具体的教学内容采取什么针对性的问题,教师要考虑学生的接受能力、思维方式等,而没有一种固定不变的"招数"。

教师"教"得如何决定学生"学"得如何,"教"既是服务于"学",又是"学"的质量的重要保证。怎样服务于"学"？叶圣陶先生在1977年8月曾作"学步"诗，用稚子学步比喻小学生学习。诗中提到"所贵乎教者，自立之锻炼"，可见自己学是语文教学第一要义。"诱导与启发，讲义并示范，其道固多端，终的乃一贯，譬引儿学步，独行所切盼。""而在导之者，胸中存成算，逐渐去扶翼，终酬放手愿。"叶老认为，教师所做的"诱导""启发""示范"的工作，对学生的"扶""导""引"，都是为了"放手"，为了"独行"，即"教是为了用不着教"。

教师可以从哪些方面服务于"学"？发动——把每个学生学习的主动性调动起来，把每个学生的学习潜能发掘出来；营造——创设民主、宽裕、和谐、愉悦的学习氛围，使每个学生在极其放松的心态下享受语文学习；导向——使每个学生目标、任务十分明确地投入学习，而不是受老师被动的牵引；放手——给足学习时间，开放学习空间，多放手、少干预也是服务；帮扶——如，用问题引路，用方法助学，用朗读示范，用话语点拨，用生成促学，用评价激励。教师的作用：学习过程的组织，学习目标的厘清，探究问题的整合，重点、疑点的点拨，学习方法的指导，学生精彩的生成……语文课堂应该属于学生。教师要关注学生学习的需求，学习中的困惑，独特的感受，在能力、方法、习惯上的收获。语文课堂应该是学生学习语文、享受成功的课堂，是问题不断、精彩迭出的课堂。优质、高效的教学"彩"要出在学生身上，成功体现在"学"的成效上。

朗读是非常有效的体会文章情感的手段。好的朗读可以创造语言形象，把人带入文章所描绘的情境中。它不仅能以声、以情表达人的内心感受，而且更具有传情、动人的功效。好的朗读不光是恰当的声音、语调、快慢、轻重，还要通过理解课文内容让学生自发地从内心感悟课文，享受课文的美，培养学生的语感。这些都体现语文课的一个特点，以情育人，以情感人。教师要创造朗读的情境，调动出学生的感情后再读，就不只是声音上的抑扬顿挫；加进了自己理解的朗读，才算得上真正的朗读！

用情境激发学生想象，感悟之后，读出感情。在《月迹》一课中学生读到月亮爬到了窗前的穿衣镜上，又爬到那竹帘格儿，然后在粗粗的桂树中、院子里、眼睛里寻找月迹，趣味十足，特别适合朗读。在学习《军神》这一课时，读到刘伯承双手撕破白垫单的时候，教师对朗读的设计是这样的："撕破白垫单，这可是崭新的，他得忍受多大的疼痛？"当学生们惊奇地发现刘伯承主动要求不用麻药的时候，教师还趁热打铁不断为激起的情感"升温"："请你想象我们的手指刺个口子都很疼,而他伤了眼睛,又不用麻药就手术,还说出了医生割了几刀!"……这时学生再读课文,那种感情就从心底迸发出来,这精心设计的朗读方案使学生在这合情合理的想象中,深刻地体会了本文的情感。

教育之道在于和谐,教育者"润物细无声",受教育者"如沐春风",这是我们追求的目标。由此看来,在课堂教学过程中,教师的语言要有艺术性,更要符合文本的特点,要能最大限度地调动学生的学习热情,拉近师生距离,创造出课堂教学和谐的、艺术的氛围。

再举一例:在语文基础知识中,词语听写是不可少的。听写过后,出现错误怎么办?教师甲让学生把错的词语抄写3遍,再重新听写;教师乙让学生把错误的词语改正后写到黑板上,当"挑错专家",跟其他同学说说哪里容易出错,提醒别人不要再错。教师甲的做法或许能做到瞬时记忆,教师乙的做法才是以学生为本,让学生学得有趣、轻松,记得更长久、更实效。

教师是学生的学习伙伴,是课堂的引领者。语文教师要用生动的语言感染学生,用智慧的语言指导学生,用抑扬顿挫的语言教会学生读书、做人。教师可以将评价语和体态语相结合:爱抚地摸头,亲切地握手,深情地拥抱,由衷地鼓掌,有力地竖大拇指,加上真诚的赞语,如此声情并茂,更能传播一种情绪、一种感情,使学生产生被认可的满足感和成就感。当学生接受评价、主动学习,直到产生对求知内容本身的兴趣时,就完成了教育的重要过程。

2. 从已知出发,搭建支架

薛法根老师说过:"语文教学的价值就是要让学生经历从不懂到懂、从不会到会、从不能到能的学习过程,并在这样的过程中获得生命的成长。"从不懂到懂,就意味着从学生已有水平出发,达到课堂教学目标水平。在此过程中,需要教师帮学生搭建支架,建立联系,形成知识脉络。

在学习《四季之美》这篇课文时,学生读这几句话:夏天最美是夜晚。明亮的月夜固然美,漆黑漆黑的暗夜,也有无数的萤火虫翩翩飞舞。即使是蒙蒙细雨的夜晚,也有一只两只萤火虫,闪着朦胧的微光在飞行,这情景着实迷人。学生遇到的问题有:(1)没有见过萤火虫的样子。(2)不能想象文字中的三幅画面样子。(3)体会不到文字中的朦胧美。教师出示萤火虫图片,然后引导:"这样漆黑漆黑的暗夜里,星星点点的萤光忽明忽暗地闪烁。眼前是到处流动的萤光,是无数飞舞的精灵,置身于这样的世界里,你仿佛走进了——童话里,仿佛飞进了——梦里,如梦如幻,就是——朦胧美。"随后在音乐声中欣赏"明亮的月夜""漆黑的暗夜无数萤火虫飞舞""雨夜一两只萤火虫闪烁"三幅画面。此时学生通过体验，形成了新的认知，再读课文，韵味自然就能读出来了。

在《动物王国开大会》这篇课文中，全文由狗熊发布通知展开故事情节，结构相似，四次通知对应四次情节发展，这是学生已有的知识水平。在课堂上，借助课文插图，教师和学生一起从重复的故事情节中厘清层次。先让学生找出四次通知，然后对比四次通知。通过朗读，学生很容易发现四次通知中缺少的要素。学生从对比中发现：发布通知时要把重要的内容说清楚，重要内容包括时间、地点、人物和事件等。课堂中，学生在教师设计的支撑中获得发展，做到了深度学习。

在教学中，教师帮学生建造"支架"，引导学生不断积极探索，不断建造新的能力，实现由已有水平发展到未知水平。

3. 用主动构建，获得发展

语文学科的核心素养包括语言建构与运用、思维发展与提升、审美鉴赏与创造、文化传承与理解。要培养学生获得核心素养，在课堂教学中，教师可以利用图文并茂、设置情境、小组合作、实际操作等教学手段，由易到难提升学生能力。如果这些手段能促使学生主动思考、学习，那么学生的理解力会增强，会形成永久记忆，促进学生思维发展。

在理解"夕阳斜照西山时，动人的是点点归鸦急急匆匆地朝窠里飞去。成群结队的大雁，在高空中比翼而飞，更是叫人感动"这句话时，为什么是令人感动的？学生思考了近一分钟，没有人理解。教师拿出资料："我手里有一些资料，或许能帮你理解为什么是感动的。谁想要？"学生们迅速拿走资料，仔细阅读，思考联系。

资料1：

据说当老乌鸦年老体衰，不能觅食或者飞不动的时候，它的子女就四处去寻找可口的食物，衔回来嘴对嘴地喂到母亲的口中，一直到老乌鸦临终，再也吃不下东西为止。

资料2：

雁阵排成"人"字形时，飞行的速度会比单飞高出71%。雁阵不停地鸣叫，这是强壮的大雁在鼓励落后的同伴。如果哪只大雁因为过于疲劳或生病而掉队，雁群也不会遗弃它。它们会派出一只健康的大雁，陪伴掉队的同伴落到地上，一直等到它能继续飞行。

学生主动读资料，读懂了乌鸦归巢是为了自己的亲人，大雁比翼齐飞是为了集体。更有学生发现前者是一份责任，后者是一种奉献，所以更让人感动。在学习知识的过程中，由学生主动发现问题，结合资料解决问题，构建深度学习，着实提高学生的能力。

在语文教学中，教师要立足学生，立足学情，花时间去琢磨学生、琢磨课堂，关注学生在课堂上的反应，了解学生的需求，引领学生进入"深度学习"的状态中，真正做到"以学定教"。不论是研讨、交流、合作等任何活动，都需要建立在学生积极主动思考之上，这样学生的能力才能逐步获得发展。

(三)以生评教，增强深度学习效果

陶行知先生说过："学会学习"本身要比"学会什么"更为重要。深度学习的课堂教学评价，要从学生的发展出发，学习效果的检测不只在于学习了多少新知识；学生学习的态度，与教师、同学的交流，是否敢于探索知识，是否真实体验，是否获得成功，是否有被认可的快乐，都是以生为本、深度学习的检测标准。以生为本的深度学习贯穿人的一生，是持续发展的过程。以生为本的评价，促使教师不断反思如何培养学生的学习能力，引导他们学会如何学习，最终达到教学相长，增强深度学习效果。

三、结语

在小学语文课堂教学中，教师要当好组织者、支持者、引领者，要彰显学生的主体作用。教师不是把知识平移、传输、灌输给学生，而是由教师带领学生进入知识发现、发展的情境、过程，引导、帮助学生成为知识发现的"参与者"而不是旁观者。学习学科的基本结构，以联想的、结构的方式去学习，是深度学习的重要特征。"活动与体验"是深度学习的核心特征。坚持以生为本的深度学习，学生不需要静待接受知识，而是主动"进入"知识发现发展的过程，"亲身"经历知识的"形成"和"发展"过程，这样才能获得终身发展的能力。

让诗意评价点缀魅力课堂

北京市平谷区东交民巷小学马坊分校　张　静

在诗意课堂中，不论是课堂导入、问题设计，还是课堂立意、课堂表现都是诗意的，都体现着教师的教学智慧。语文课堂，是把睿智、幽默、诗意的语言作为载体，用智慧启迪智慧、用思想启蒙思想的过程。什么样的语言可以成为摇动的风铃？什么样的语言可以成为孩子们登山的阶梯？什么样的语言可以浸入学生的心灵呢？可能是妙趣横生的导入语，可能是牵线架桥的过渡语，也可以是一语道破天机的总结语，我要说的是可以点石成金、一石二鸟、一石激起千层浪的评价语。掌握了这个法宝，诗意的课堂，就会有无穷的魅力。

一、点石成金：变"厌而不学"为"学而不厌"

枯燥无味的语言不应属于语文课堂。"你真行"是哪里"行"，"你真好"是哪里"好"，"你真棒"又是怎样一种"棒"呢？语文课中，"通情"才能"达理"，不仅理解课文要"通情"，评价也要"通情"，怎样才能使评价语成为情感的传递者呢？

其一，可以将评价语和体态语相结合：爱抚地摸头，亲切地握手，深情地拥抱，由衷地鼓掌，有力地竖大拇指，加上真诚的赞语，如此声情并茂，更能传播一种情绪、一种感情，使学生产生被认可的满足感和成就感。有一个经典的例子：特级教师于永正在一次公开课上不经意地让一位男同学读课文，这位同学把课文读得正确、流利而又有感情。于老师听完他的朗读后快步走上前去，用力地和这位男生握手，说："你读得比播音员还要好，我为能和你握手感到光荣。"于老师的体态评价处处显出那样真诚，那样平易近人，而又那样充满前进的动力。教师适度的体态评价能让学生意识到我们在关注着其细微的进步，并和他一起分享着这种进步带来的快乐，极力争取更大的进步。当学生在接受评价、主动学习，直到产生对求知内容本身的兴趣时，不就完成了教育的重要过程吗？

其二，可以让评价语言机智多变。评价语要常用常新、层出不穷，时时给学生以因时、因情、因景、因文、因人而异的新鲜评语，最好能让学生学而不厌，听而不倦。我上《账单》一课时，课堂结尾处，学生写出了对终日忙碌而不求回报的妈妈所说的话。我让学生配乐朗读，读着读着，学生的眼泪大滴大滴地掉落，声音哽咽。我忙走过去，轻声说："孩子，想自己的妈妈了，是吗？你能想到妈妈洗衣服手都搓红了，看来你很懂事，因为你的心里时刻在装着妈妈的爱呀！"孩子们的回答继续着，此时我的眼眶里盈满了泪水。我深情地对全班说："孩子们，老师要为你感到高兴，因为你们明白了妈妈的爱就藏在一点一滴的小事中，妈妈的爱就是那样的无私而不求回报！"在那短暂的时间里，多少画面在眼前闪过，多少感动油然而生！

这样的评语虽然只是只言片语，却传递着教师对学生的肯定、引导和情感期待，那些评语是教师一腔关爱的真挚流露，必定会点石成金，深深地打动孩子，并能使学生从"厌而不学"变成"学而不厌"。

二、一石二鸟：变"一枝独秀"为"春色满园"

语文课堂是学生的课堂，每个学生都能畅所欲言，这样才能锻炼孩子的语言思维，提高学生的表达能力。教师的"讲"有教师的评价，学生的"说"也可以有学生的评价。近年，学生自评、生生互评、师生互评渐渐提上课堂，这种"春色满园"式评价，改变了以往"一枝独秀"的做法，达到教学相长、一石二鸟的效果。

(一)学生自评

学生的水平是不可小觑的，每个孩子都能对一件事发表自己的看法，他们的年龄虽小心可不小。学生做了好事或错事，他能对自己的行为进行正确评价，这也意味着他能对自己的课堂表现做出评价。

《义务教育语文课程标准(2011年版)》明确规定：小学各年级的教学都要重视朗读，要让学生充分地读。在读中整体感知，在读中有所感悟，在读中培养语感，在读中受到情感的熏陶。真正的阅读是读者与作者的心灵对话，阅读过程是一个"物我回响交流"的过程。这是精神的自由交流，是思想火花的碰撞。在学习《肥皂泡》时，教师注重带着自己的感受朗读，让学生用自己的语言描述看到的景色，然后自我评价。学生用个性化的语言、独特的感悟理解了肥皂泡的晶莹、轻盈。渐渐地，他们忘我了；渐渐地，他们仿佛就是冰心正吹出的一个个轻清透明、玲珑娇软的球儿。学生自评的朗诵让课堂充满了诗意。

(二)生生互评

　　语文课是感悟语言的过程。感悟要调动感觉、知觉、联想、情感等，去触摸言语对象的整体存在，通其气，辨其味，感其情，品其美。充分激活本来凝固化的语言，充分施展人性，使情感交融，造成一种痴迷如醉、荡气回肠的人化情境，从中体悟到语言的妙处，学会语言本领。感悟以原有的相似的知识或经验为前提，也因它们的差异而产生差异，也就是每个人对文章的理解都可能是不同的，他们或多或少都有自己的感悟。在教学中，学生自评和生生互评一般是相互结合的。生生互评的意义是促使学生在思想的碰撞、情感的交流中，形成民主、自由、开放的学习氛围，发展交往合作的学习能力，开展主动、有效的互动学习，相互取长补短，共同进步。教师在语文课堂中要教给学生善于欣赏、乐于分享的态度，并教给学生互评的方法，经常性开展互评活动。

(三)师生互评

　　诗意的语文，引领学生获取诗意中的感受、体验，慢慢地积淀、沉醉，师生互评就是这诗意中浓墨重彩的一笔。我在教学《小池》的时候，一位学生读得只是通顺、有节奏，但毫无美感。我对她说："你觉得自己读得怎样?""不好。""听听老师读，你来评价一下老师读得怎么样。读过之后，她说："您读的时候，我好像能看见荷叶、荷花、蜻蜓。"我对她说："你很会听，也能正确评价谁读得怎么样。那好，你现在就想着无边的荷叶亭亭玉立，一片碧绿，娇小的荷花，在清风的吹拂下，引来了调皮的蜻蜓。再读一遍，行吗?"第二遍的朗读得到了同学们的赞叹。我让其他学生评价，在赞叹声中她骄傲地说："老师，我真高兴，这次我会读了!"其他学生也跃跃欲试，整堂课就在这师生互相评价、交流中进行着。一节课下来，学生加深了对古诗的认识，而且朗读声情并茂，课堂趣味盎然、感人至深。

　　教师评价可以有以下几个特点。

　1. 准确得体

　　例："你读得很正确，若声音再响一点点就更好了。""老师、同学们又没追你，你干吗读得那么快?要注意呀!""读得真好听，老师要感谢你的爸爸妈妈给了你一副好嗓子，如果要是加上表情就更加能传情达意了，不信，你试一试!"

2. 生动丰富

例："这个句子你读得多好呀！请你再读一遍，大家仔细听听！""老师都被你读得感动了。""到目前为止，你是念得最出色的一个！""老师觉得，你长大了一定能当个播音员！"

3. 生动巧妙

例：有时学生说错了，可以这样评价——"说错是正常的，老师最喜欢说错的孩子。没关系，再说一下！"有时，学生重复了前几个同学的回答，老师也不会指责学生没认真听课，笑笑说："噢，你认为这很重要，再强调一下，对吗？"

三、一石激起千层浪：变"事倍功半"为"事半功倍"

诗意的语文课堂体现在教师精心设计的充满诗意的语言中，教师善于运用"一石激起千层浪"的评价语，才能起到"事半功倍"的效果。比如：孩子，你知道吗？你在不知不觉中就学会了抓住文中的词语体会，这可是一项本领呢；你把课外资料带到了课堂上，我们都要感谢你呀；看看你一边写一边画的认真样子，我真不相信你是三年级的孩子，真会学习……听了这些评语，如果你是学生，也会有一种被感染的感觉吧，这种"点石成金"的事，教师何乐而不为呢？

诗意是语文生命的血液，语文是诗意栖息的家园，在诗意的课堂中，要引导学生感知美、发现美。优质的评价语言是有魅力的，具有导向性、激励性、启迪性，让学生如沐春风、"评"有所获，真正起到点石成金、一石二鸟、一石激起千层浪的作用。

如何提高高年级后进生的阅读能力

北京市平谷区东交民巷小学马坊分校　张　静

高考过后，哗声一片，"语文"成了今年的爆炸话题："语文为王的时代来了！""一张高考试卷以前约7000字，现在是9000字左右，密密麻麻！心乱如麻！"高考语文难度之大、考查名著范围之广、对古诗文之重视、对阅读能力要求之高引发大家的热议。中、高考改革以来，各科试卷阅读量逐渐加大，阅读宽度、广度、深度逐渐加强，学生的阅读能力直接影响他们的中、高考成绩。这项改革像一根指挥棒，倒逼小学要比以往更加注重阅读教学，尤其是培养学生的阅读能力。

一、小学高年级学生的阅读现状

近几年，语文教师越来越重视阅读教学，在课堂上引进同一题材或同一文体内容，进行群文阅读、比较阅读等。学校提倡学生读经典名著、读课外读物，社区举办读书活动，为学生们创造了更好的读书氛围。但也有部分教师坚持自己的观念，仍在进行支离破碎的分析讲解，留一些重复抄写的作业。小学高年级的学生，他们的阅读能力如何呢？

仅以本次毕业考试试题中短文——肖复兴的《前方遭遇塌方》28、29小题答题情况为例分析（短文内容不再赘述）。

> 28题：文中第11自然段中说："可以，但我得请一个人和我一起唱。"请你说一说为什么请的是我？（2分）
> 0分举例：
> 28. 我可以和他一起唱歌，让他有自信。

1分举例：

> 28. 答：因为在经过塌方处时，只有我留了下来。

2分举例：

> 28. 因为在最危险的时候是我陪着他，给使他有信心和勇气，所以他激请我们一起唱。

29题：开车的这个眉清目秀的成都小伙子是一个怎样的人？请结合具体事例简要分析。（3分）

0分举例：

> 29. 答：开车的人是一个胆大包天，不听劝告的人。

> 29. 答：是个机灵的人，还是一个笑微微的人，很谨慎的人。

1分举例：

> 29. 我觉得文中的小伙子是一个做事情认真，为他人的生命着想，把别人放在第一位，生命在第二位的人。

3分举例：

> 29. 答：是一个遇事沉着冷静，为大家着想的人，在得知前方路段有危险，很有可能掉入江中时，司机没有慌，让大家下车走过这段路，自己冒着危险把客车开过去。

　　第28小题，多数学生写出了"我陪伴司机渡过难关"，这只是表面意思。约45％的学生没有写出"我的行为给了司机信任、鼓励、勇气"等深层意思。第29小题，约30％的学生只写出了成都小伙子是一个怎样的人，没有按照要求结合短文的具体事例分析。少数学生不写，或者词语概括不准确。两道小题中，有约25％的学生完全答对，但也有15％左右的学生写出的答案跟短文内容不相关，不符合文意。也就是说每道小题都有15％左右的学生不得分。

二、后进生阅读现状成因

这15%的学生着实成了阅读短文的后进生。那么，这些后进生为什么得分率不高呢？

表1 后进生得分率不高原因分析表

答题情况	占比例（大约）	原因	
什么都不写	5%	没有时间，学生做题速度慢	认为自己做了也不对，干脆不做
写了，不得分	10%	与短文内容不符	缺乏基础知识

从答题情况看，学生阅读短文的信心、基础知识、方法技能各项都有欠缺。从试卷问题看本质原因，还是出在教学中。

1. 追溯一、二年级教学。低年级阅读短文时，教师会将短文读两遍后，再让学生作答。低年级学生能正确写出答案，部分学生靠的不是阅读，而是听。文字不在眼睛里，而是在耳朵里，文字从眼睛反应到大脑的距离越来越远，速度越来越慢。久而久之，导致部分学生缺乏阅读意识，没有阅读能力。这也是学生到三、四年级，阅读问题一下子就暴露出来的原因。

2. 学生缺乏必要的阅读知识。在语文课堂中，学生们朗读、默读，讨论探索……除了浓浓的自主探究，美美的人文情怀，阅读教学还需要什么？那就是必要的阅读知识和方法。学生缺少必要的阅读知识，阅读基础不牢固，导致不能顺利解决阅读问题。

3. 教师缺乏阅读短文教学意识。一部分教师对阅读短文也是束手无策，听之任之，不讲解也不订正。有的教师自身做阅读短文都是一知半解，完全依靠参考答案。也有的教师认为训练阅读不如复习字词有抓手，有效果，于是干脆放弃。教师缺乏阅读短文教学意识，学生的阅读长期处在自然状态、原始状态。

4. 教师缺乏订正阅读短文的方法。教师让学生先做完阅读短文，判过之后，再将答案公布，学生一字一句抄答案。教师觉得学生练了，答案也改过来了，学生应该就会了，其实不然。

几种原因综合起来，部分学生由不会—做错—不思考—不愿意阅读，如此恶性循环，学生谈"阅读短文"而色变，阅读后进生就产生了。

三、系统培养阅读习惯的策略

学生的阅读能力是语文素养的综合体现，阅读能力的高低与阅读量、阅读方法、阅读速度等各个方面息息相关。能力来源于习惯，那么，学生的阅读习惯怎样？常见课堂现象：琅琅的读书声此起彼伏，齐读居六、单读居四；配乐的朗读入耳醉人，撩起学生的真实感受不多；谈对伟人的感想"戴高帽"的居八成，在阅读后谈个性体会的占二成……常见试卷现象：基础知识扣分者寥寥无几，而阅读题得分率却迟迟上不去，哪怕是简单地找到文中的某个句子或根据文章谈自己的感受，这样的题空白者也大有人在。究其原因，学生没有阅读短文或者根本没有阅读这篇短文的勇气，也就谈不上什么感受了。常见社会现象：读报纸杂志的少，看娱乐新闻的多；用心写生活的少，发牢骚的多；看名著的少，看流行短篇小说的多……有好的阅读习惯的人少，能够正确从长篇中获取相关信息的人又少了一成。

纵观人的全面发展和终身发展，语文阅读习惯与能力相当重要。会"阅读"先要学方法，不断培养、有系统地培养才能形成习惯。本文将从以下几点谈谈如何有系统地在课堂中培养学生的阅读习惯。

(一)对比阅读，读出文字的内涵

对比阅读是为了突出两个句子中不同的部分，不论是低年级还是高年级，每篇文章中都有可对比的地方。这不同的部分可以是作者所运用的独到的语言；可以是语言的表达方法，比如反问、感叹等；还可以是各种修辞表现手法……通过对比，让学生找到学习语言文字的落脚点，体会文字背后的意义所在，是提高学生的语言感知能力的一个有效途径。在上一年级《咕咚》这一课时，教师就安排了几次对比阅读。这一课要求借助插图阅读，第一次对比：让孩子在读课文的基础上，对比几幅插图，发现小动物表现不相同。第二次对比：小兔子听见了拔腿就跑，对比狐狸、山羊、小鹿一个跟着一个地"跑"起来。第三次对比：逃跑的小动物和没跑的野牛做比较，教师询问它们到底为什么这样奔跑？从对比中发现不能轻信别人的话。通过比较，学生体会到了表达文字中所蕴含的感情。这样的比较让学生读有所感，久而久之，学生在阅读时就会渐渐揣摩出文字的感情色彩，形成语感。对比阅读虽然在一至六年级都可以运用，但不能泛滥，在对比时要抓住那些牵一发而动全身的字词做比较，或

者是读者容易忽略的地方做比较，力求唤起学生的感悟，加深对文本的理解，继而养成良好的阅读习惯。

(二)批批画画，读出文本的深度

许多名师常说"不动笔墨不读书"，意思就是在学生阅读的过程中，要逐段、逐句、逐词地品析、欣赏，读出其中的妙处，理解文章的内在情感，读出文本的深度。笔者注意到，在小学语文课本中曾选取过三位伟人读书时边批画边想的场景。1.《陈毅读书》片段：老师惊讶地问："这些符号是什么意思？"陈毅回答说："画圈圈的，是不明白的，加黑点的，是生字。"2.《少年时代的毛泽东》片段：几天以后，毛泽东把书还给那位同学时，抱歉地说："对不起，我把书弄脏了！"那位同学翻开书一看，书上用毛笔画了许多圈圈点点。3.《一夜的工作》片段：他一句一句地审阅，看完一句用笔在那一句后面画一个小圆圈。他不是普通的浏览，而是一边看一边思索，有时停笔想一想，有时还问我一两句。从伟人读书的习惯看，批批画画是边读边思考的行动体现，同时也是培养良好阅读习惯、提高阅读能力的关键。那么，小学语文课堂中，应该怎样运用批画，培养学生的阅读能力呢？

在张立军老师的《欲速则不达》课堂上，运用批画可谓是恰到好处：教师先让学生批画"齐景公过于性急的句子"，多数学生找到了4处：1.齐景公霍地站起来；2.齐景公高声喊道："快快准备好车良马，让邹子韩枢为我驾车"；3.齐景公嫌邹子驾车太慢，亲自赶车；4.齐景公嫌马跑得太慢，弃车徒步走开了。教师不动声色，接下来和学生逐一探讨齐景公的心情。通过讨论，得出结论：齐景公过于性急的表现是第3个、第4个，而前2个属于合理的心急。让学生明白遇到事情可以心急，但不能急中失去理智。更妙的是此时教师让学生做第二次批画，修改刚才批画的结果。这一画一改中，学生得到的是什么？批画能力、辨别能力、思考能力、对文本的理解能力……可谓是一举多得！

在学习经典批画的同时，要思考平时课堂中的批画内容。低年级的批画可以稍简单一些，例如：1.用不同符号画出燕子妈妈和小燕子说的话；2.画出文章中谁帮助了小白兔；3.画出描写石榴花、叶子的句子……中高年级可以加深批画难度，例如：1.批画自己认为用得恰到好处的词语；2.批画自己有感想的地方；3批画课文的中心句、重点句；4.批画自己不理解的地方，以待讨论或讲解时加深印象……良好的批画习惯与方法正是学生独立学习、独立阅读的关键，教师要重视批画的作用，善于运用批画，提高学生批画的准确度，发展学生的阅读能力。

(三)恰当引导，读出文章的韵味

朗读能将无声的书面语言转换为有声语言，是一种边看、边想、边念的读书活动，是阅读、思维、想象、口诵等各种能力的综合运用。在新的《义务教育语文课程标准(2011年版)》中也明确提出："鼓励学生多诵读，在诵读实践中增加积累，发展语感，加深体验与领悟。"朗读架起了文本与阅读之间的桥梁，帮助学生加深了对作品思想的理解。在每一堂语文课中都离不开"读"，恰当地引导学生读，可以达到事半功倍的效果。

曾听过《红树林》一课，教师在课堂中这样引导：

师：出示"婀娜多姿"，请你选择一种姿态，美美地读一读。婀娜多姿用来形容什么？对了，红树林就如那沐浴而出、亭亭玉立的少女一般，多柔美呀，那就请哪一位婀娜的女孩柔美地给大家读一读？

师：淡淡的花香已经萦绕在了你的周围，停留在你的发丝上，停留在你的手指间，谁还想让这花香再停留一会儿？你来读。

师：绿浪翻滚，是不是就像一位位谦谦君子在向我们点头、招呼呢？男生读一读。

师：其实你已经说得很精彩了，这些树冠在海浪里时隐时现，就像一个个淘气的小男孩一样，多有趣呀，快来读一读吧。

师：老师跟你们合作读，男生读淘气的红树林，女生读婀娜的红树林，齐读有礼貌的红树林。

通过教师的点拨，学生读得有模有样，对文章的理解也渐渐加深。在不知不觉的学习中，学生已经能读出文章的韵味。

笔者在一年级教学时，为了让学生正确朗读《种子》一课"大地妈妈悄悄地呼唤：'醒醒吧，我淘气的种子们'"，教师引导："种子们正在睡着，不要吓着它们，大地妈妈，请你来呼唤吧！"当学生读得很好的时候，教师反问："大地妈妈，你为什么读得这么轻呢？"学生回答很有童趣："种子娃娃睡着啦！"这不正是如何读懂提示语的教学吗？

在听靳家彦老师的课的时候，关于"读"靳老师是这样说给学生的："读书不是念字，要读出意境、读出感受。""读书怎么读？要与理解相结合，读和懂、懂和读是相辅相成的，懂了意思再读就不一样了。""读书像品茶，要品读。喝茶的时候，第一遍总是要滗掉然后重新沏，喝第二遍的时候再慢慢品，正所谓'人生百味，尽在茶中'，读书也是一样。""读熟了要学会背诵，背诵时也需要有语气。"在听于永正老师的课的时候，老师这样说："我们在读的时候，要学会把长故事讲短，把一本厚厚的书读成薄薄的书。朗读时要做到眼到、口到、心到；默读时要眼到、心到。""这就是会读书——品读，古人读书称为煮书，读出其中的味道来，就是这个道理，我们要边品味感情边往下读。""背下来的才是自己的，什么时候用可以随时从大脑中提取。""三分文章七分读。"朗读指导在声音、语调、快慢、轻重等各个方面都有，通过理解课文内容让学生自发地从内心感悟课文，享受课文的美，培养学生的语感。这些都体现语文课的一个特点，以情育人，以情感人。调动出学生的感情后再读的时候，就不只是声音上的抑扬顿挫；加进了自己理解的朗读，才算得上真正的朗读。初读的时候，要读得正确、流利；再读的时候，边读边理解，体会课文中的感情；三读就要读出语气，读出感情。不一定非得按这"三部曲"去指导，但不能盲目地一读再读，甚至什么也没读出来也是好。在朗读时，全篇要读通顺；重点段要读得有感情；关键句要读得入情入境。

教师在设计朗读训练时要根据学生的年龄段，要恰如其分地使用引导语言，让学生在潜移默化中知道自己该读什么、怎么读、读到什么程度，形成良好的朗读习惯。

(四)拓展思维，写出别样的精彩

在阅读习惯的培养中，更不能缺少"写"这个环节。写出自己的感受，写出对文章人物的评价，写出对文章合理的想象等，加强语文学习内容与学生实际的结合，提高学生的表达能力。

在张立军老师《欲速则不达》一课中，教师让学生想象"当历史重演时，如何劝谏齐景公"，并适当运用板书上的词语"失去理智""违背常理""急于求成""欲速则不达"。教师不露痕迹地指导学生写话，这对于拓展学生思维，提高学生的表达能力、运用语言文字能力起到很大作用。有的学生说得有条不紊，教师予以夸奖；对于不到位的，教师在偏颇处予以纠正，在浅薄处予以引导，学生不仅学了这篇短文，理解了欲速则不达的道理，还实实在在地获得了词语、情感、经验的积累。

写话练习既让学生有话可说，有句可写，乐于表达，又可以检验学生对文章的理解程度，提高学生运用语言文字的能力。在写话练习中，低年级可以采用说的形式或者写得短一些，不会写的字用拼音代替，但一定让学生根据文本合理表达；中高年级可以提高写的质量，包括运用词语、写出真实感受、联系生活实际等。

当然，对于不同年级的学生，培养阅读能力的方法还有很多，像教师的充分导读、填空读、优美诗文的背诵等等，都能培养学生的阅读习惯，提高学生的阅读能力。叶圣陶先生认为："在课堂里教语文，最终的目的在达到'不需要教'，使学生养成这样一种能力，不待老师教，自己能阅读。"无论教师采取何种方式，都要注重情感体验，形成良好的语感。无论教师教哪个年级，都要有步骤、有系统地培养学生的阅读习惯，使学生学会独立读书、独立思考、独立理解，具有独立阅读的能力。

四、提高后进生阅读能力的方法

薛法根老师说过："语文教学的价值就是要让学生经历从不懂到懂、从不会到会、从不能到能的学习过程，并在这样的过程中获得生命的成长。"后进生出现阅读问题，教师绝不能忽视，不能让他们徘徊在原始状态。那么，怎样才能使后进生的阅读能力有所提高呢？

(一)培养阅读意识，建立阅读信心

六年级的短文，都在千字左右，怎样把千字的文章变成20字左右的答案呢？听起来很难，这正是后进生惧怕的地方。要培养阅读信心，首先要让后进生有勇气把文章读完。

1. 阅读短文最简单，答案都在短文里

在教学时，我告诉学生"阅读短文最简单，答案都在短文里"。一些后进生不信，我就带着他们，从最简单的问题开始，从短文中寻找答案。

以短文《最佳路径》为例，全文内容略。

> ②格罗培斯从事建筑研究四十多年，攻克过无数个建筑方面的难题。然而，建筑学中最微不足道的一点儿——路径设计却常让他大伤脑筋。对迪斯尼乐园景点之间的道路方案，他已修改了五十多次，没有一次是让他满意的。这让格罗培斯心里十分烦闷。
>
> 1.短文第 2 自然段中写"这让格罗培斯心里十分烦闷"，格罗培斯烦闷的原因是：_____
>
> 第一步：带着学生读题，判断去哪里寻找答案。即便是后进生，也能知道去第 2 自然段寻找答案。
>
> 第二步：从第 2 自然段找到题干中的原句。
> ②格罗培斯从事建筑研究四十多年，攻克过无数个建筑方面的难题。然而，建筑学中最微不足道的一点儿——路径设计却常让他大伤脑筋。对迪斯尼乐园景点之间的道路方案，他已修改了五十多次，没有一次是让他满意的。<u>这让格罗培斯心里十分烦闷</u>。
>
> 第三步：找到这句话的上文或者下文，寻找答案。
> ②格罗培斯从事建筑研究四十多年，攻克过无数个建筑方面的难题。然而，<u>建筑学中最微不足道的一点儿——路径设计却常让他大伤脑筋。对迪斯尼乐园景点之间的道路方案，他已修改了五十多次，没有一次是让他满意的</u>。这让格罗培斯心里十分烦闷。
>
> 第四步：判断这句话是不是答案，并归纳写出来：让格罗培士烦闷的原因是迪士尼乐园景点之间的道路方案，他已经修改了五十多次，仍然不满意。

课堂中我提醒学生："想找到更多的蘑菇，就得发现第一个，然后不放弃，它的周围一定还有。找阅读答案的方法也是一样，一定先找准题干位置，再寻找上下文，看哪句话和答案比较接近，写出答案。"几次寻找之后，后进生也坚信"阅读短文最简单，答案都在短文里"，就看谁的眼睛亮，找得准，就这么简单。

阅读的五大能力有整体感知、提取信息、形成解释、做出评价、实际运用。其中提取信息虽然是阅读的初级训练，却是阅读的基础。教师必须有意识地指导后进生的提取信息能力。当他们可以直接判断和筛选文本的重要信息时，就不需要刻意的逻辑思维过程，也就达到了阅读理解自动化的程度。

2. 按照方法找一找，你一定能做出来

从讲解到实践是有距离的。后进生听得懂教师的讲解，不一定能自己做出来。在阅读短文时，他们一定会遇到这样或那样的困难。在学生做阅读短文时，教师要时刻关注后进生，看看他们答题情况。当他们把答案做对的时候，要肯定他们的能力和方法。发现学生答案出现错误时，我就低下身子，悄悄告诉他："按照方法找一找，你一定能做出来。"然后一步一步提醒他：①弄清题意，找到题目要求中的关键字、词或句子。②从文章中找到相应段落，确定解决问题的阅读空间和范围。③联系上下文理解，写出答案。其间，后进生如果觉得困难，教师可以稍作点拨，让他看到自己也能做对。判题时，适当放松对后进生的要求，只要他们有进步，和答案沾边就算正确。

后进生更期待被肯定。此时，教师更要用耐心点燃他们的上进之火。当他们能做对一道甚至几道题的时候，你就越来越能体会到他们对语文阅读的虔诚和专注。后进生消除了畏惧心理，不再认为阅读题"高不可攀"，就初步建立了阅读的信心。

(二)夯实基础知识，加强阅读意识

后进生的阅读能力能不能在每一堂课中有所提高呢？能。任何技能、能力都不是凭空产生的，都需要经历从不会到会、从不能到能、从不熟练到熟练的过程。阅读能力也是一样，都是在一步一步扎扎实实的训练中形成并发展起来的。阅读能力的起点就在每一篇课文里。

1. 依据特点，学习基本知识

依据后进生的特点，笔者在学习文章时，每课设置一个知识训练点，将知识点分析透彻，挖深挖透。"伤其十指不如断其一指"，一堂课彻底解决一个小问题，真正给学生留下点儿东西，比浮光掠影、蜻蜓点水的教学要有效得多。比如：说明文的说明方法、记叙文的顺序、修辞手法以及作用等，可以分散到无数节语文课，让后进生慢慢掌握基本知识。

有人说这是应试教育，但是联系数学学科来说，数学不就是先掌握基础知识，再变换思维方式解决实际问题吗？但是，实践中不能把这样的知识积累变成题海战术。语文教学的任务是增加学生的语言积累和语文知识的积累，更重要的是形成、提升学生终身受用的阅读能力。

2. 依托内容，加强阅读意识

有了必备的阅读知识，教师还要在课堂中加强阅读意识。

(1) 批注要精准

建议低年级教师在带领学生阅读时，让学生将答案出自文中的哪一段、哪句话、哪些词语画下来，培养阅读文本意识。对高年级的后进生来说，这个基础也是他们所缺的。课堂中，教师可以关注后进生的批注，教会他们从文章中找到相应自然段、句子或词语，培养寻找信息能力。

(2) 要说更要写

课后题是教材编写者思想的精华，旨在培养阅读能力。有些课后题可以从文章中直接提取信息，教师一定让后进生写出答案，从解答课后题中得出一些经验。再如有些课后题：文中主要人物是个怎样的人，请你结合短文内容说说。如果有学生说"这是一个好人"，教师应该追问："好是哪一种？"概括人物形象一定要精准，然后再写出是从哪句话看出来的。教师在平时下功夫，最后复习时，后进生遇到这类题，不会觉得陌生。指导后进生，就要从学和练两个方面，使其掌握分析、解答阅读题的方法。这种阅读训练有方法可用，有技巧可学，一课一得，知识相连，奠定了后进生的阅读基础。学生的阅读意识就在这一堂堂语文课中练就，这样时间长了，学生习得的单项技能，就会内化为学生的自身阅读能力。

(三) 拍照展示讲评，提高阅读能力

我曾听见有老师在讲评阅读短文的时候这样说："阅读短文题我就不订正了，你们自己改吧！"阅读短文试题讲评相当重要，教师要带领学生从问题试卷中找到错误点，针对错点讲评，纠正错误的阅读方法，真正提升后进生的阅读能力。

教师抓住学生错误短文，拍照后屏幕展示。例：第一张试卷所答根本不是问题所问，他写的是全文从哪几方面写的。在全班展示这张错误试卷，让后进生分析错因（最好不是本人）。有些时候，这个错因能引起全班哄堂大笑，在笑声中，大家就记住了题要读完，审题要清。

学生的错误方方面面，教师在讲评的时候，拍照展示要寻找典型的、全班出现问题最多的，重在纠正错误的阅读习惯。当然，展示有很多种：可以拍照正确率高的学生试卷，听听他们的做题思路；可以拍照进步很大的后进生，对比几张阅读题进步趋势，肯定他的进步与阅读习惯。哪些学生的答案没有文本作为依据，必须要拍照展示并不点名批评。几次拍照展示过后，后进生做阅读题就细心多了，这样再从实战中不断改进阅读习惯，效果是很明显的。

五、结语

提高阅读能力需要专业化训练，没有科学的阅读方法与系统的阅读训练，学生的阅读就始终处于原始状态。提高后进生的阅读能力，不只是积累基础知识或者从阅读短文训练、讲评中提高得分率。在平时，还要引领学生进行课外阅读。后进生阅读能力提高应该有这样的过程："阅读短文→教会思路→练习解答→讲评展示→树立信心→中篇阅读→分享情节→阅读成长"。苏霍姆林斯基说，教育技巧的全部诀窍就在于抓住儿童的上进心。教师要不断关注每一个后进生，在无数个有实效的、扎实的课堂中，调动他们的参与积极性，不断改进阅读方法，让他们找到自信、获得发展，逐步提高阅读能力。

小学中年级课外阅读与口语交际课有效融合初探

北京市平谷区东交民巷小学马坊分校 张 静

自中、高考试卷改革以来，各科考试都增加了阅读量，阅读的宽度、广度、深度直接影响学生的中高考成绩。这根指挥棒倒逼小学要比以往更加注重阅读教学，尤其是课外阅读的质量。于是，"读什么书、什么时间读书、怎样让学生自主读书"成了语文教师时常探讨的话题。但是笔者认为最困扰一线语文教师的是"如何监测学生课外阅读情况""如何根据学生的阅读水平给予针对性的指导""如何保证课外阅读质量，真正让学生从阅读中成长起来"。为什么这样说呢？原因有以下几点：其一，学生的阅读时间一般在课外，进度不一，阅读质量不一，且不能保证每个学生都能完成阅读。其二，学生阅读完课外书目，教师无法监测读书质量，虽然一些教师用出阅读题的办法检查，但是无形中加重了学生的阅读负担，效果适得其反。其三，学生读书是为了完成读书任务而"读书"，不能联系生活，也谈不上"品味生活""阅读生命"。有没有一种办法可以解决这一系列问题，让学生在轻松愉悦的氛围中快乐读书、成长呢？经过研究，笔者认为可以将课外阅读与口语交际课有效融合，切实增强学生的阅读效果。

一、课外阅读与口语交际课有效融合的意义

先分析一下小学口语交际课的现状：口语交际是语文教学必不可少的一部分，在语文听、说、读、写四大能力中排行第二。但是，回顾周围教师的语文课堂，很少有教师提到这节课我们上了一节口语交际课，课表上也没有。教材中提到口语交际也只是在每个单元的综合实践活动中出现一次（北京版语文教材）。综观全国语文评优课，有阅读课、习作课，却没有口语交际课的评优。是不是这就意味着口语交际不重要了呢？不是。有的教师认为考试中不考口语交际内容，于是干脆不上口语交际课，这种做法极其错误。有的教师认为在阅

读中回答问题,就是口语交际了,这也是不对的。一些学生遇到陌生人不敢开口,不敢说出自己的想法,更不用说交流了。所以,提高学生的口语交际能力也是亟待解决的问题。

《义务教育语文课程标准(2011年版)》中提到:"口语交际能力是现代公民的必备能力。应培养学生倾听、表达和应对的能力,使学生具有文明和谐地进行人际交流的素养。口语交际是听与说双方的互动过程。教学活动主要应在具体的交际情境中进行。重视口语交际的文明态度和语言修养。努力选择贴近生活的话题,采用灵活的形式组织教学,不必过多传授口语交际知识。鼓励学生在各科教学活动以及日常生活中锻炼口语交际能力。"从《义务教育语文课程标准(2011年版)》中提取对口语交际要求的关键词有:贴近生活的话题,交际情境、倾听、表达、应对,锻炼口语交际能力。

学生的课外阅读书籍中有许多贴近生活的话题,并能满足口语交际所需的各种要素。所以,课外阅读与口语交际相融合是可行的。另外,对于语文教师而言,一方面,课外阅读的时间多数在课间、课外,如何让学生高质量读书、如何监测是个棘手的问题;另一方面,口语交际没有适合话题、话题谈论意义也影响教师上课情绪。其实,综合两方面,课外阅读可以为口语交际提供话题和气氛,口语交际可以监测学生读书质量,督促学生带着思考读书,将两者合二为一,不正是一举两得吗?

二、课外阅读与口语交际课有效融合的方法

那么,怎样将课外阅读与口语交际课有效融合呢?

(一)读书之前口语交际,激发学生阅读兴趣

有一个常见现象,小学孩子上课,年龄越大,孩子越不爱举手,年龄越小,越爱表达。所以,从中年级开始,趁着孩子们还没有丢掉表达的勇气,在口语交际课上,要教会孩子自然、大方地表达自己的观点,并从想说话、敢说话做起。

古代教育家朱熹说过:"教人不见情趣,必不乐学。"阅读兴趣非常重要。在给学生推荐《列那狐的故事》一书时,我就先把书拿到课堂上,"同学们,看看封面,你最想知道什么?""书名!""作者!""为什么画了一只狐狸""曹文轩推荐的,曹文轩是谁?"……一下子冒出了那么多问题,每个问题我都制作好幻灯片,让他们了解相应的知识。就让那些不敢发言的孩子念一念,给他们一个

机会。

为保证孩子们喜欢读这本书，我读了《列那狐偷鱼》《叶森格林钓鱼》等几个故事，边读边让孩子们猜一猜下一个情节。比如："列那狐看着大道上远远驶来一辆马车，车上装的都是新鲜的鱼，他馋得直流口水，怎样才能吃到鱼呢？他眼珠一转，就想出了一条妙计。你猜这条妙计是什么？"孩子们的想法真是五花八门："狐狸拿一块石头，放在马路上，车一颠，鱼就会掉下来。""想一个办法把赶车人引走，列那狐就能吃到鱼了。""拿一个蜂窝，让蜜蜂蜇赶车人，他顾不上看鱼，列那就得逞了。"就连最不爱发言的小周也参与进来，我真高兴，"你们的主意还真不少，可是列那狐用的是这个办法，看看插图——装死。"一个小小的竞猜环节，勾起了孩子们的好奇心，大大增加了故事的趣味性。而且孩子们在竞猜环节、听故事、说想法中敢于发言，听得更认真了。临近下课，我问："你们想不想知道这只狐狸还有什么有趣的事？""想！""可以借书，可以买书，你们自己选吧！等你读到有意思的地方，一定要讲给我听哦！"

读书之前的口语交际课更多的是激发学生读下去的兴趣，教师设计了很多"引"和"猜"的环节，吸引孩子的目光，引发他们的注意力，调动积极性，激发他们读书的冲动。俄国教育家乌申斯基指出：没有任何兴趣，被迫进行的学习会扼杀学生掌握知识的意愿。学生有了兴趣，才能从内心的深处对课外阅读产生主动需要。不到一星期，孩子们几乎人手一本《列那狐的故事》，课间或完成学习任务后，他们都主动往下看，抢着向我汇报呢。

(二) 读书之中口语交际，监测学生阅读质量

一本300页左右的书，尽管故事情节非常有意思，有的孩子还是没有勇气连续阅读到最后。所以当孩子读到三分之一、三分之二处，就可以安排一次口语交际：交流书中有意思的情节。

学生读《宝葫芦的秘密》两周后，口语交际课开始了。在活跃的课堂气氛中，孩子们畅所欲言，只要与书中内容相关，都可以表达自己的观点，没有对与错，只要敢说，说得有理有据，都能赢得掌声。像宝葫芦的来历，宝葫芦的神通，王葆同学的秘密……只要有一个孩子谈到这个话题，其他的孩子都能纷纷说出书中情节，或高兴，或苦恼，此时他们不断传递信息，启发思维。在这样无拘无束的情境中，可以唤起每个人的表现欲望。表达、倾听、交流不断地进行着，无形中培养了孩子的口语交际能力。而且教师此时就能监测到真实的读书情况：哪个孩子读书是浮光掠影，哪个是浅尝辄止，哪个刚读几页，哪个专心就一目了然了。教师在课堂上要对这些孩子给予针对性的指导、鼓励、引导，必要时翻看他的书和他一起读一读，暗示他接下去要认真读书，相信孩子会感受到的。

就像学科复习一样，读书之中的口语交际课起到的是承上启下的作用。既能有效地检查阅读情况、巩固阅读成果，又能让学生享受阅读的乐趣，激发学生继续阅读的兴趣与热情。经过几次这样的交流，学生们就能顺利完成一本书的阅读，这样的口语交际课真正推动了课外阅读的步步深入。课上学生们的交流是表达情感、探究问题、揭示规律、发展思维的必要手段和途径。同时，对学生语言的规范、听说的态度以及说话习惯等方面的指导和训练，对学生思维能力和创新能力的培养，都非常有效地促进了学生口语交际能力的提高与发展。

(三)读书之后口语交际，提高学生阅读水平

读书要做到读中思、思中读，从书中汲取正能量，学生的智慧就会在阅读中自然地生长。孔子曰"学而不思则罔"就是这个道理。但是，对于成人来说，读过一遍书之后，都会遗忘很多情节，何况是中年级的学生呢？于是，在读完整本书之后，口语交际课的内容就是"思辨"。从辩论中得到新的启示，可以再现故事人物、情节、感情，让学生更清晰地走近人物、走近作者，触摸灵魂。

比如在口语交际课中，讨论《窗边的小豆豆》主人公小豆豆是不是惹人喜爱？别看只是三年级的学生，他们的观点可不统一，刚开始他们的争论是再现原文："很惹人喜爱，因为她总是能干一些稀奇古怪的事，比如到窗户边和艺人说话，和燕子还有她家的小狗洛基说话。""她总是有没完没了的话说，第一次和小林校长谈话，她一个人竟然说了四个小时，也就是小林校长，要是我呀，头都得炸了，我不喜欢她。""我喜欢小豆豆，她多天真，而且善良，她的同学泰明身患小儿麻痹症，她没有看不起他，而且处处帮助他。""我觉得从她被退学就可以看出她应该还是缺点多，优点少。"接下来他们就到了联系上下文的阶段："小豆豆确实很有爱心，很善良，每天回家和小狗玩不说，一次小狗咬伤了她的耳朵，她怕妈妈把小狗送走，捂住耷拉下来的耳朵，先让妈妈答应不怪小狗，然后才去的医院。""小豆豆很有好奇心，她由于好奇，钱包掉进了厕所，后来，掉进粪坑里、水泥堆里等，全是由于好奇！"交流丰富了学生们的内心情感，最后学生们的认识又提高了一层："她由开始的不遵守秩序到遵守，而且在公共场合能守规矩，有礼貌，比如祭拜四十七义士时她特别安静，看到

聋哑人打手语不敢贸然打扰。"……读着、交流着、思考着。思维驰骋、表达流畅，学生们就在阅读与口语交际融合中成长着。

在口语交际课中，学生们再现书中人物形象及故事情节，调动各种感官与思维一起活动。从整体到局部，从人物外貌到性格，从主要情节到历史背景，每个人都会说上几句。从孩子们有理有据有节的"说"中，充分调动他们的思维，在比较中阐述与别人不同的观点，由发散思维到集中思维，往往能产生更多的新发现、新观点、新见解。教师可以从交流中评价阅读，也可以从阅读中评价口语交际。

三、课外阅读与口语交际课有效融合的模式

课外阅读与口语交际课融合模式："课前阅读→创设情境，引出话题→口语交际→交流提升→激发读书动力→课后阅读→分享情节→口语交际→阅读成长"。阅读一本书需要上几次口语交际课，这样的课堂是高效的、动感的课堂。教师从激发学生兴趣入手，调动每个学生的参与积极性，营造宽松、和谐、平等的课堂。课外阅读与口语交际的有效融合，使学生在读书中获得乐趣，在合作交流中加深对书籍的理解，创建了"课外阅读与口语交际有效融合的教学模式"。现在，很多语文教师上课外阅读课，有导读课和分享课之分，究其根本，都是与口语交际分不开的。无独有偶，特级教师王文丽在上阅读分享课《本爱安娜》，也是有"课前阅读→分享情节→口语交际→阅读成长"的环节。在口语交际中，学生们再现了本、安娜和其他人物，再现了主人公之间的爱情，并与学生们探讨爱情观、生活中是否有你们的本或安娜。这是六年级的学生初次在课堂上讨论爱情这个主题，但相信这本书、这堂口语交际课会给他们启迪，让他们终生难忘。

曹文轩说过："天下事，多到不计其数，人不可件件亲自实践。人这一辈子，无论怎样辛劳、勤勉，实际上只能在极小的范围内经验生活，经验人生。个人之经验，九牛一毛、沧海一粟。书呈现了不同时期的不同经验。一个识字人，只需坐在家中，或案前，或榻上，或瓜棚豆架之下，便可走出可怜的生活圈栏，而进入一个无边疆域。明明就是身居斗室，却从别人的文字里看到了沙漠驼影、雪山马迹、深宫秘事、坊间情趣……读书渐久，经验渐丰，你会一日又一日地发现，读书使你的心灵宛如秋天雨中的池塘，逐渐丰盈。"学生们的阅读何尝不是如此呢？课外阅读与口语交际课相融合，学生们渐渐产生了读书

的兴趣，并阅读了《草房子》《夏洛的网》《窗边的小豆豆》《宝葫芦的秘密》《列那狐的故事》……

  课外阅读为听、说训练提供了广阔的天地和极好的机会，为学生的说提供了材料。读得懂，则有利于说得明白，有利于听得懂；说得明白，听得懂，又会促进学生对语言的理解。理解与表达的训练，口头语言与书面语言的训练，就是这样自然地融合在阅读教学之中。课外阅读有一种倾向就是阅读多，表达少。在口语交际课上，学生们在讲述故事中历练自己的说话能力。阅读是吸收，吸收是为了表达。阅读的理解与积累，直接影响语言表达能力，语言表达能力又能促进阅读的深度与广度。就像人的呼吸一样，有呼气和吸气才能完成一次呼吸。阅读就是吸收，口语交际就是释放，学生的理解、表达能力就在这吸收和释放中循序渐进，螺旋式不断提高。课外阅读与口语交际课相融合，让学生们在阅读中不断成长。

中年级加强学生阅读的研究

北京市平谷区东交民巷小学马坊分校　张　静

著名儿童文学家梅子涵老师这样描述阅读的意义："她把梦在白天里给你，她把温暖在寒冽里给你，她把天真在微笑里给你，她把希望在苦难里给你，她把哲学在幽默里给你，她把巨大在轻小里给你，她把一个世界放在一个故事里给你，她把一辈子的路途放在一天里给你，她把任何庸常生活里没有的全部提拎了来给你，她把你提拎到你的心里根本就闪现不出来的高贵里。"阅读能陶冶人的情操，洗涤心灵，给人知识和智慧。在小学阶段，怎样能让中年级的学生喜欢上阅读呢？和低年级做比较，中年级孩子多了一些独立性，可自控能力仍不强。在他们的眼里，有许多事情比阅读更有意思，比如打游戏、玩手机、玩纸牌……那么，在充满活力的学校里，在热热闹闹的课堂上，怎样让孩子静下心来，自愿读上一本好书呢？

有些教师认为：在语文课堂中，在学好教材的基础上，多读几篇相关文章，就是拓展阅读了。也有教师认为：阅读应该放在课外，有兴趣的孩子多读一些，没有兴趣的孩子，让他读也没用。新课标指出：中年级段（3~4年级）要养成读书看报的习惯，收藏并与同学交流图书资料。课外阅读总量不少于40万字。40万字可不是读几篇文章就可以的，这要求中年级孩子至少要读到3~5本200页左右的书。

既然要读书，要阅读，那么就应该全员参与，这就要求教师激发学生的阅读兴趣，让学生处于一种自愿的状态，凝神静气地读。在语文教学实践中，培养中年级学生的阅读兴趣，笔者认为应从以下几个方面入手。

一、唤醒学生阅读意识，欣然走向阅读

美国伊利诺大学阅读研究中心主任理查德·安德森教授主要从事儿童阅读研究，他曾深入地研究了中国儿童的课外阅读并与美国的儿童阅读做了比较，得出了如下结论：一个中国普通家庭和一个美国普通家庭为孩子提供阅读材料的经济能力大体相当，但是美国儿童的阅读量却是中国儿童的六倍。安德森教授认为主要原因在于中国父母给孩子选择的课外读物过于"超前"了，太重视知识化了，甚至太难了。为了不让孩子对阅读产生畏难心理，教师要选择适合中年级孩子认知水平的、情节有趣、易于阅读和理解的故事内容，增加学生的阅读量。

新的学期，新的一天，开学第一课，孩子们还处在兴奋之中，教师就为孩子准备了礼物：每人一个精致的信封。"同学们，你们猜，老师给你们准备了什么礼物？"孩子们的想法真多，"巧克力""钞票""信""花"……"快打开看看，里面有什么？"里面装的是彩色的书单：《小王子》《窗边的小豆豆》《夏洛的网》……孩子们念着，想着这是什么呀？教师接着询问："你们觉得哪个更有意思？"在争论之后，大家一致同意喜欢《窗边的小豆豆》，因为有一个同学说"小豆豆"和他们一样大，也是个学生。理所当然地，《窗边的小豆豆》就是你们今天的礼物，每人一本。热烈的掌声响过之后，孩子们迈出了第一步，顺利地走向阅读。

以往的教师推荐书目过多地强调作用，对中年级小学生的兴趣意识培养重视不够，所以学生接受起来被动，往往结果不尽如人意。因此在小学中年级开始重视培养阅读意识，对于推动学生阅读是非常必要的。

二、培养学生阅读兴趣，轻松持续阅读

教师推荐书目仅仅是阅读的开始，怎样让每一个孩子都参与阅读中，促进全班孩子阅读呢？这就要求必须有时间保证，每周固定一节阅读课，每天下午有 20 分钟阅读时间（有阅读课那天除外）。

在阅读中，教师不管不顾是不行的，大包大揽也不行。于是，一节阅读课就分成了三个部分。

第一部分，默读。"请你先安静地阅读《窗边的小豆豆》第一章，看看你觉得哪里最有意思，等你们小组都读完了，就互相说说。"设计交流环节是非常有效的，从能力的角度来说，中年级孩子的表达欲望较为强烈，好奇心较强。德国美学家沃尔夫冈·伊瑟尔在《阅读活动·审美反应理论》一书中认为："每一阅读瞬间都在刺激记忆，而被激发的记忆则能够通过不断调整视角的方法使各个视角活跃起来。"孩子们看了第一章后，都期待与别人交流。

第二部分，交流。"你觉得哪里最有意思呢？开始交流吧。"这次的阅读可让孩子们激动了："小豆豆把课桌盖开开关关地弄上上百遍，全班都上不了课啦！""小豆豆要转到新学校了！""小豆豆站在窗边把化装广告宣传员叫进来，给大家表演！""小豆豆跟小燕子说话那，真有意思！""小豆豆的新学校是个'电车学校'！那是什么样子啊？"……书中的小豆豆确实很有意思，孩子们一板一眼地读着书中的句子，其他孩子的眼里闪烁着光芒：有理解，有高兴，有期待。语文课程标准强调，"阅读是学生的个性化行为"，"要珍视学生独特的感受、体验和理解"。此时，教师要充分肯定孩子们的阅读感受，大肆渲染情境，并设法唤起孩子的阅读期待。

第三部分，期待。临近下课时，对全体孩子说："你们读得非常认真，喜欢小豆豆吗？尽管喜欢，谁也不许往下读！""啊？为什么？让我们读吧！"尽管孩子们一再请求，教师也没有应允。但是，书在他们自己手里，结果会怎样呢？

中年级的孩子，缺少持续的注意力，教师这样让全班孩子共读一本书，营造一种阅读氛围，孩子们在课间都在交流小豆豆的故事，偷偷地往下看。就这样，前几节课看的时间短一些，交流的时间长一些，逐渐改成阅读的时间多一些，交流的时间短一些。这样循序渐进，孩子们就能产生阅读兴趣，轻轻松松地持续阅读了。

三、引导学生开展阅读汇报，切实爱上阅读

有了阅读意识、阅读动机，产生了阅读期待，这还不够，这只是短时间的羊群效应，怎样把这种阅读热情持续下去，让孩子自主阅读呢？这就需要教师在阅读中开展阶段性活动，一步一个脚印儿地走下来，扎扎实实地提高阅读兴趣。

(一)汇报展示

中年级的孩子乐于参加各种活动，如果把阅读与绘画、讲故事、朗诵、表演等形式结合起来，孩子们就更有兴趣了。这些活动非常适合中年级孩子的心理特点，阅读与活动共同开展，动静结合，使孩子们在鼓励下获得成功感，从此对阅读更加感兴趣。在这些活动中，教师要注意多给孩子们鼓励，创造机会让中年级孩子积极参与，让他们主动表现自己。

第三小组的几个孩子主动要边读边表演《窗边的小豆豆》第六章里"试胆量"

游戏：校长宣布，晚上到九品佛寺院里进行"试胆量"游戏，几个孩子当"鬼"，其他孩子捉"鬼"。只见这几个孩子有的蒙面，有的裹腿，哆哆嗦嗦地一步一步地走着，读到"鬼来了！"他们就大喊一声，跳起来。这情景让全班孩子都很兴奋。即便是随着孩子年龄的增长，这些回忆、这种经历也是宝贵的财富。这些财富让孩子之间产生共鸣，迸发出智慧的火花，增进孩子的阅读兴趣，让孩子有足够的动力读完这本书。

（二）推荐书目

新课标建议要"培养广泛的阅读兴趣，扩大阅读面，增加阅读量，多读书，好读书，读好书，读整本的书"。经过这样不断阅读、不断促进，孩子的思维就会活跃起来，视野就会开阔起来，这就促进孩子自愿读书。这样仅仅几十分钟的课上阅读就满足不了孩子了，他们开始大量的课下阅读。怎样能让孩子从顺利读一本书到读多本书呢？

这就要求教师抓住孩子的心理特点，通过"比书单，荐书目"活动，激励孩子多读书。孩子们的书单可以是表格，可以是图配画，用自己喜欢的形式把书名、有趣的情节告诉同学。同时比一比谁读的书多，谁讲的故事更精彩，把大家感兴趣的书做成推荐书目表。这样，孩子们就可以购买喜欢的图书，继续阅读。此时，教师推荐的几本书已经满足不了孩子们的需要了。积少成多，孩子们就有了许多可选的书目，他们把阅读当作一种快乐的创造，有了源泉，有了活水，就有了发展。

在阅读中，中年级学生也许不能说出书中的始末缘由，不能记住大量篇幅，但是，这时的阅读是奠基，基础不打好，往上搭再漂亮的砖瓦也不实用。中年级学生的阅读兴趣相当重要，这是推动学生阅读的直接动力。只有让孩子在舒适的氛围中享受了阅读成功的喜悦，对阅读本身发生浓厚的兴趣，而且随着进一步阅读，兴趣像滚雪球一样越来越大，孩子们就会切切实实爱上阅读。

提高小学作文课实效的研究

北京市平谷区东交民巷小学马坊分校　张　静

小学3～6年级都有作文课，每周2节，课时占语文总课时的三分之一。但是，有一个现象非常普遍：小学生到了高年级，提到作文仍然是皱眉头、咬铅笔，许多孩子都觉得头疼。有的孩子是因为没有素材可写，有的写得不细致，有的干脆不会写。大量的作文课被挤占成了语文阅读课，仅有的作文课用来指导、讲评的时间也不多，经常像自习课一样孩子自己写作文。这样下来，孩子的作文能力怎么能提高？要想提高小学生的作文能力，必须提高小学作文课的实效性。

《义务教育语文课程标准(2011年版)》提出："积极倡导自主、合作、探究的学习方式。"这一理念的提出顺应了现代社会知识爆炸的要求，是构建学习型社会的需要，是竞争与合作的大背景的需要，也是个体实现可持续的自我发展的需要。这一理念不仅适合阅读课，更适应作文课。作文课中，学生是学习和发展的主体，把课堂时间还给学生，让学生唱主角，学生在自己的发现过程中，能够同时体验到发现知识的兴奋感和完成任务的自信心，这样既激发了学生学习作文的兴趣，又增强了学生克服困难的勇气和决心。因此，教师应增强学生的主体参与意识，使课堂"活"起来。只有通过学生的亲身实践和领悟去获得知识，才是最佳学习途径。教学过程中，要创造一种使学生能真正处在"学作文""用作文"中的情景，促其自觉、积极地学习知识和思考问题。

本文主要从四方面入手，提高作文课实效：一是营造和谐氛围，消除作文恐惧；二是丰富教学手段，调动作文情绪；三是学生亲身参与，掌握作文关键；四是重视作文评改，提高作文质量。

一、营造和谐氛围，消除作文恐惧

心理学教授巴甫诺奥曾写过《快乐学习法》一书，这本书中赋予快乐学习以更广义的解释。他认为：快乐学习是一种享受，学到新知识是一件快乐的事，读书、上课、完成作业、与同学交往、向老师提问等，都是很有趣的学习。而我们现在的很多学生，由于各种原因，对学习失去了兴趣，每天坐在教室里被动地学习，少有快乐可言。在这种心理支配下，我们怎么能激发孩子的动力？所以上好作文课、提高作文课实效的首要前提是让学生不怕作文，并体验到学习作文的乐趣。在这方面我做了一些尝试：

(一)课前演讲激情趣

知识的掌握，能力的内化，说到底需要学生自己的体验和实践。教师单向灌输知识的教学模式，学生处于被动的位置上，心智处于压抑的状态中，积极性和主动性无法真正调动起来。只有当学生以主人的姿态出现在作文教学活动中，作文教学才有脱胎换骨的变化。课前三分钟的展示活动，为学生提供了参与的平台。为了展示成功，获得大家的肯定，每个学生都在积极准备。他们精心地去搜集材料、组织材料、反复练习。由于展示内容新颖，有名家故事，有童话，有演讲，甚至有单口相声，学生们爱讲、爱听，作文的积极性、主动性也就被调动起来了。

(二)多样导入引兴趣

导语是一堂课的切入点。设计优美生动的导语，创设一种与教学内容相关的美的情境，叩开学生的心灵是很重要的，可使学生或悄然动容，或神思飞越，或跃跃欲试，或期待盼望，从而很快进入"共振"的境界。

情景再现："同学们，看，这是三根火柴，很普通，给你一根，撅一下，能撅折，没有任何机关，就是普通的火柴。(拿一瓶水)这是一瓶水，你掂掂，重吗？我想问问你们，三根火柴能把这瓶水吊在桌边，你信吗？为什么？"孩子们的眼睛瞪得老大，什么？吊起矿泉水？三根火柴？可能吗？接下来我播放视频，让孩子们看了一下实验过程，看完之后，孩子们还是不敢相信，一些着急的孩子早就摩拳擦掌："老师让我们也试试吧！""我们小组也想试！"教师努力创设一种让学生感到愉悦的学习情景，从而达到师生共同参与、情感交融、享受作文的效果。

二、丰富教学手段，调动作文情绪

情感在学生的学习过程中起着至关重要的作用，尤其是在作文教学中更是举足轻重。每个学生都拥有一个色彩斑斓、扑朔迷离的情感世界。教师应该善于利用作文教学的优势，抓住情感教育这一要素，运用各种有效的方法，激活学生的情感细胞，引导学生游历知识的乐园，采集丰硕的果实。情感是作文学习中的心理基础。只有激发学生的情感体验，调动学生的情感参与，才能准确地写出文字，形成"心理相融"，只有这样学生才能更细致地表达自己的思想感情。

（一）学生有情，教师先有情

在作文教学的过程中，教师的情感也同样能感染学生，引出学生的情。语言的交流也就是情感的交流，教学语言起到一个不可忽视的作用，通过生动、形象、幽默、富有情感的教学语言点燃学生心中的情感之火，把深奥的道理浅显化，使抽象的概念形象化，还可以创设一个宽松的教学氛围。首先教师在备课的过程中必须有充分的准备，深入挖掘可能会出现的作文素材，细心揣摩真情实感，写出人情美、言辞美，没有这种情感的积聚也就不可能倾情，这就对作文教师的教研能力提出了更高的要求。

实验的趣味性、全员性、参与性带给孩子们丰富的感受和体验。这节课的重点在于抓住学生的真实感受写具体。教师重点指导孩子说出"紧张时刻"的心理、动作、神态、语言等。学生在参与教学活动中，从不可思议的推论、目睹教师验证、动手体验的三个环节中，经历了情感变化的起伏跌宕，为学生表达真情实感奠定了基础。这种"激活情感—梳理情感—表达情感—情感转化成语言"的教学创意紧紧抓住了学生的心。

写作的最高境界是什么？我手写我心。学生害怕写作文，为什么？孩子没的写！不会写！写不好！作文来源于生活，活动有意思，学生才会乐于写作文。这节课让孩子亲身经历了充满期待、积极体验、真情表达的全过程，产生了"心动"，有了"不吐不快"的激动。正是因为"情境"的带动，学生有了写作的冲动与欲望，借助实验能自由表达、有创意地表达。再加上老师有序的指导——实验前注重激发兴趣、实验中注重体验与指导、实验后引导思考与表达，使得"把习作写具体"不再是一句空洞的要求，而是学生亲身经历、自我表达的一种需要，真正解决了"没的写""不会写""写不好"三个问题。用学生的话说："这堂作文课真是一种享受！我们就像好朋友聊天似的写作文，真轻松、真愉快！"在这样的课堂上，学生的思想得到解放，放飞想象的翅膀，作文时就像有源头活水，汩汩流出……

张志公先生曾指出：教师的任务并不单是把知识传授给学生，更重要的是带领学生自己去学。叶圣陶先生曾有一个很有启发性的比喻："扶着小孩走路，目的是要他学会走路,而不是替他走路。要是我们辛辛苦苦教出来一些离开老师就走不成路的学生,无论我们曾经传授给他们多少宝贵的知识,我说那教育还是失败的。"

(二)作文有情,先要会感悟

刘勰在《文心雕龙》中说:"缀文者情动而辞发。"这一点对每一个有过写作经历的人来说都会有所体会。作文本来就带有丰富的情感因素,这与作文学科的特点分不开。然而怎样才能将这些情感更好地发挥出呢?一朵花对一个不带审美情绪的人来说,当他进入审美状态时,他会由此而产生美感,由此而产生联想和想象,从而创造出另外一番境界。所以,没有丰富的生活体验,没有丰富的情感,对生活的感悟就会来得慢,甚至没有。而没有感悟,要想写出酣畅淋漓的好文章,那就可想而知了。不同的人,其生活体验不同,积淀的情感也不同,所以面对同一件事,有些人能产生感悟而写出好文章。

教师要用语言激发学生的感悟能力、观察能力,让孩子细致地感受语言节奏的轻重缓急、语调的抑扬顿挫、语气的丰富变化。教师的语言要调动学生的真情实感,将教师的情感传染给学生,拨动学生的心弦,引起学生的感情共鸣,使学生细致地写出自身感情。这样既有助于理解,又有利于学生情感发展。

因此,把情感调动引入作文教学,努力创造机会,多途径地对学生进行情感调动,丰富其内心的情感体验,积淀情感,这样积多于内而后才能发于外,流之于笔端。

三、学生亲身参与,掌握作文关键

心理学家弗洛伊德指出:"游戏是由愉快原则促动的,它是满足的源泉。"游戏是学生最乐于接受的形式,也是学生积极参与教学活动的一种有效手段。因此,我把课堂教学游戏作为培养学生的作文能力的主渠道,让学生亲身体验,动手实践,增强他们的学习兴趣。

在上述的实验课中,每个组员都在跟火柴、矿泉水较劲:有的孩子紧紧地压着矿泉水瓶,有的孩子小心地扶着火柴棍,有的孩子干脆跪在地上。"我来试试!""这个火柴应该压在中间!""小心点儿!"第一小组已经到了实验最后一步,孩子们大气都不敢出。万事俱备,就差把上面的矿泉水瓶拿走了。这一步骤相当重要,能决定实验是否成功。你看,孩子们的眼睛一直盯着那瓶矿泉水，都不敢眨眼。你推我让，谁都不敢拿开矿泉水瓶儿，怕当"罪魁祸首"，最后还是组长出面，"啪"的一声，组员们纷纷跺脚，心情也就随之落到了冰窟窿里。其他几个小组也不断上演着这样的悲剧。

五分钟过后，第三小组突然传来喜讯，"成功啦!"这一声呐喊后，三组相互击掌、拥抱，沉浸在浓浓的喜悦中。我祝贺三组的成功，同时告诉大家，我们可以将实验做成功。这一喜悦引得其他组都驻足观看，有的组上去学习经验，有的组唉声叹气，有的组回过头来完善自己的实验。

十分钟实验结束，有三个组成功，另外三个组没有成功。这时我让孩子们说说自己的实验感受，大家都说："太紧张了!""太紧张了!"这"紧张"二字不正是我想要的真情实感吗？光体验到紧张还不够，我问孩子们："你们为什么紧张？"

一位学生说："害怕不成功。"我顺势引导："注意，他说他的紧张里有一种怕（板书害怕），害怕不成功还要重来。你呢？"通过引导，孩子们说出了自己不同的"紧张"感受："我在移动水瓶的时候也很紧张，我的紧张里有一种期望，期望成功。""我的紧张里有一种祈求。""我心里太紧张了，就像——箭绷在弦上。"这些就是实验的终极目的："你看，紧张的时候，有人害怕着什么，有人期望着什么，有人祈求着什么……心理活动是丰富的，而且是不一样的。想想，还有什么会不一样？"我们共同探究出紧张的不同表现：语调高了八度，声音发颤、结结巴巴；动作缓慢，小心移动；手心出汗，额头冒汗；眼睛睁大，不敢眨眼，大气不敢出；心跳加快……

有回忆的课堂就是意味深长的，有体验的课堂就是有情感的，释放情感的课堂是真实的、美丽的。这个时候老师总结："紧张的时候，语言、动作、心理、神态都不一样。触动了你的真情实感，你就能说得具体。请你再回味你们小组做实验的情景，写一写。"接下来的时间，孩子们没有停笔，教室里只听见"唰唰"的写字声。他们的笔尖流淌出了自己的声音。这声音，那样动听！

此外，教师还可以在课堂上开展小辩论、动手性强的比赛等方法来活跃课堂气氛，让学生的眼、口、耳、脑等动起来，让思维也运转起来，让个性得到自由的张扬。学生在体验中找到了发现知识的兴奋感和完成任务的自信心，从而使他们相信：我能思考，我能体验，我能自己解决问题，我有的可写。这样既激发了学生学习作文的兴趣，又增强了学生克服困难的勇气和决心。因此，创造一种使学生能真正处在学"作文"、用"作文"的情境，使课堂"活"起来，才能让学生从亲身实践和领悟中获得真实体验,促进其完成习作。

四、重视作文评改,提高作文质量

叶圣陶先生曾经说过:"学生作文教师改,跟教师命题学生作文一样,学生都处于被动地位,能不能把古老的传统变一变,让学生处于主动地位呢?形成了自己改的能力,这是终身受用的。"现在,许多教师的作文课,让孩子修改作文也是改一改错别字、词语等简单修改,根据其内容修改还是少数。因此,在作文评改中,应给学生充分的修改时间,以激励性的评价语言,发挥评价的导向作用,促成学生思想自由的交汇、碰撞、升华。教师的评价语言要具有激励性,鼓励冒尖,允许落后;鼓励冒险,宽容失败。允许落后,不是不闻不问,应以师生的多向的激励性评价,鼓舞后进者大胆尝试,敢于表现;宽容失败,不是听之任之,而要通过多向交流唤醒后来者的灵感,激活热情。让每一个学生在教师的评价中受到启发,得到帮助,享受人文关怀。

在习作评改课中,我先让孩子读懂评语,将需要修改的文段用三角符号标识。课堂中,让孩子将修改文段按修改意见重新行文,加入具体过程和真情实感。这样,坚持在作文训练中,有意识地打磨学生的情感积淀,使之形成"体验—积累—打磨—螺旋上升—再体验—再积累—再打磨—再升华"的良性循环,培养较为稳定的情感素质,从而促进学生作文能力的提高。

教学有法,教无定法,贵在得法。在作文教学实践中,教师要不断创新教学方法,积极探索新课程标准下的高效实用的方法,努力让每一位学生都能得到来自老师与同学的肯定、鼓励、欣赏和赞美,让师生共同沐浴在人文关怀的灿烂阳光下,让师生绽放的笑靥成为课堂上永不衰败的花朵。

作文教学任重道远,构建高效的小学作文课堂既要从重视教师的素养上优化教学过程,又要充分尊重学生的主体地位。需要全体教师的不断努力,不断创新,唯其如此,才能提高小学作文课的实效性。

低年级以写促读的研究

北京市平谷区东交民巷小学马坊分校　张　静

在低年级的语文课中,总看到这样的现象:学生跃跃欲试,课上朗读热热闹闹,这种场面看起来很有语文味,但存在着一定的弊端。有些教师认为:既然语文课强调让学生朗读,那就应该引导学生抑扬顿挫地读;既然课改强调课堂要进行对话,那么就应该让学生各抒己见。这没有错,但许多教师在读的过程中,把学生的动笔写作完全撇到一边,课堂上只让学生读、说,学生的情绪始终处于一种亢奋状态,便无法凝神静思。这种亢奋的状态时间长了,加之形式过于单调的读、说,就很容易使注意力无法持久的低年级学生陷入疲劳状态。如果教师在课堂中适时地引导学生动笔,则有利于调节课堂节奏,使课堂张弛有度,给学生留有思考的空间和时间,为学生提供语言实践机会,既提高阅读水平,又提高学生写作能力,为促进阅读能力奠基,可谓一举多得。

动笔能力,是评价语文学习水平的重要方式之一。在语文学习中,读是吸收,写是表达。阅读的理解与积累,直接影响语言表达能力。动笔是在理解的基础上,把自己的理解与感受通过书面语言表达出来,这种表达是一种阅读综合能力的体现。以往的语文教学过多地强调语言实践能力,对小学生语文学习过程中动笔实践的意识培养重视不够,所以学生到了中高年级,学习能力不尽如人意。因此在小学低年级开始重视动笔,培养学生的动笔实践意识与能力,对于推动学生阅读能力的整体发展是非常必要的。

在语文教学实践中,培养低年级学生的动笔能力,我认为应从以下几个方面入手。

一、培养学生动笔意识,明明白白地学会阅读

在新课程标准的引领下,课堂学习由认知性学习向体验性学习转变。体验成为学生学习的重要方式。在学习过程中动笔读书是一种很好的体验式的读书方法。在语文阅读教学中,应坚持引导学生在读中悟写,在读中练写,真正做

到不动笔墨不读书。尤其在低年级阅读教学过程中,适当地把握阅读中的动笔时机,对学生从小形成动笔意识十分重要。

如:在教学《画风》一课时,我这样问学生:"同学们,你们想画风吗?你们打算怎样画风呀?"问题一提出,学生们就急于想表达自己的想法。为了让学生的表达更清晰,此时,教师可以引导学生先说一说自己的想法,再让学生拿出笔和纸,把自己想说的写出来,想画的画出来。这时我们可以发现学生写一写、画一画后,他们刚才的焦灼与渴盼不见了,取而代之的是表达愿望得到了满足,是动笔后的愉悦与轻松。如果教师能够经常有意识地培养学生这种动笔意识,久而久之学生就会有意识地在阅读过程中主动地读书、主动落笔。

常言说得好:读书必动笔墨。对教师来说,动笔是一种让学生把听、说、读、写结合起来学习的教学策略,对低年级学生来说,是一种终身受用的好习惯。总之,阅读是积累,动笔是实践,是运用。在课堂中教师有意识地把二者结合起来同步进行,让低年级学生边学边用,学以致用,才能更高、更快地提高低年级学生的语文能力。

二、激发学生动笔兴趣,轻轻松松地展示个性化理解

阅读能力是一项重要的语言实践能力,是获取信息的重要手段。德国美学家沃尔夫冈·伊瑟尔在《阅读活动·审美反应理论》一书中认为"每一阅读瞬间都在刺激记忆,而被激发的记忆则能够通过不断调整视角的方法使各个视角活跃起来,并且逐一个性化",指明了阅读是一种个性化的行为。语文课程标准强调,"阅读是学生的个性化行为","要珍视学生独特的感受、体验和理解"。的确如此,阅读是个性化的行为,因为任何他人都无法替代阅读主体的阅读感受。个体的禀赋、素养,时代文化的差异,在阅读过程中会暴露无遗。

从能力的角度来说,低年级学生有了一定的观察与想象能力,具备了一定的语言能力,表达欲望较为强烈;从生活经验角度来说,由于好奇心的驱使,低年级学生有了一定的信息量的积累;从知识角度讲,学生掌握了汉语拼音,能够用这种手段完善自己的表达。这些条件都为低年级阅读中动笔意识的形成创造了良好的条件。

在低年级学生的阅读活动中,学生与文本进行交流,思想与文本产生碰撞,自然会产生一些个性化体验。而个性化认识不是漫无边际的随意表达,学生需要在教师的引导下,结合文中的语言文字,或学生的生活实际,来揣摩文本语言的内涵，经过思维的加工，融入自己的感受。而低年级学生语文学习中的动笔，则是在教师指导下让学生把自己的理解与感受，用文字形式写出来的过程，有利于学生形成更加深刻的认识，有利于学生个性化认识的逐步深刻，使学生有信心敢于表现自我，张扬个性。

要使学生的个人体验能得到很好的表述和交流，避免千篇一律，教师应该引导学生在理解的基础上，使语言内化后再动笔，把自己对文本的理解用书面语言较为规范地表达出来，再进行交流。

在低年级的阅读教学中，由于学生语言积累有限，所以动笔不是毫无目的的随便让学生写，动笔需要教师精心的设计和组织。教师在设计阅读课的动笔时，首先要考虑给学生阅读的空间、生活的阅历，避免阅读过程中被动地按照教师的预设去理解文本。另外，对于讨论的题目和内容教师也要精心设计，要与儿童的生活经验相吻合。教师要从内容的选择、问题的提出等方面认真为动笔做好准备。同时，教师要营造良好的动笔氛围，要以鼓励为主。只有这样，动笔才能真正达到目的，学生才能在动笔中真正畅所欲言，充分表达。

如：二年级下册《小鹿的玫瑰花》一课，文中写了黄莺告诉小鹿玫瑰花是红色的，微风告诉小鹿玫瑰还带有香味。微风说："大伙儿都夸我是'玫瑰香风'呢！"教师教学时抓住教材中的空白点，引导学生想一想，都有谁夸微风了？学生们稍加思索，有的说："微风先生，我是小白兔，你身上的香气真好闻。"有的说："微风先生，我是小猴子，闻到你的香味，我的疲劳也消除了。"有的说："我是蝴蝶。小鹿，我也看到过你家的红玫瑰，可漂亮了，看着它，我就想跳舞。"一只蟋蟀跳过来，对小鹿说："小鹿，我就住在你的红玫瑰下面，朋友们都喜欢来我家做客呢！"还有的说："小鹿，你的红玫瑰真诱人，我真想摘一朵，可是，不能摘，我要让更多的人看到它们。"从孩子们稚嫩的表达中，我们可以看到孩子们个性化的独特感受，他们不但感受到了语言文字的真正含义，而且在浓厚的兴趣中用笔到达了自己的个性化认识。同时也为他们的语言积累打下了坚实的基础，为写话做好了准备。

三、引导学生掌握动笔方法，扎扎实实地进行阅读能力训练

有了动笔意识，以及动笔的主动性以后，扎扎实实地进行动笔方法的训练，有利于低年级学生学会阅读，学会表达，从而形成较强的阅读能力。

(一)画一画、标一标、记一记的方法

"画一画"就是让学生用一定的符号画一画关键词句、中心句、自己喜欢的

句子，或能体现某一要点的词、句等；"标一标"就是在相关的语句上标上自己喜欢的符号。在动笔画、标的过程中，学生的理解与感受融入了其中。这种做法，有助于学生的全体参与，能增加课堂活动的量和面，还能调动学生的学习兴趣。如：在教学原二年级下册《丑小鸭》一课时，让学生画出令自己替丑小鸭伤心难过的句子，找出句子中能体现丑小鸭可怜的词标上自己喜欢的符号。学生们不仅画出了句子，还能根据自己所画出的句子说出伤心、难过的理由，理解了"讨厌""孤单""讥笑""追赶"等词语。这种做法十分生效，学生的积极性都很高，同时也掌握了动笔方法。

"记一记"指的是动笔记下课堂中教师或同学的精彩言论。低年级的学生年龄小，学习的汉字又少，让学生在听课中记下教师或同学精彩的言论有一定的难度，因此，在教学中，教师可以引导学生认真倾听同学们的发言，记住伙伴们说的话。在课堂平等和谐的对话中，随着学生理解的不断升华，同学间常常会产生顿悟和共鸣，这些智慧的火花是十分珍贵的，又是稍纵即逝的，随着年龄的增长，可以引导学生动笔记录下来，帮助学生更深入地理解课文内容，还可以帮助学生吸纳别人的智慧。同时还可以积累丰富语言，为提高语言表达能力奠定基础。

（二）在文章的空白处进行练笔

教学中，我们常会发现许多课文后面有空白处，这些空白是很好的提高阅读能力的资源。教师应该匠心独运地利用这些资源，引导学生展开想象并在此基础上动笔表达。如：原二年级上册的《动手做做看》这篇课文，课文的结尾是这样的："伊琳娜听懂了朗志万的话，高兴地笑了。"我便引导学生说一说、写一写伊琳娜听了朗志万的话，可能会说些什么？让学生在课本上写上自己想象到的话，进行了很好的写的训练。有的同学进行了这样的补白，伊琳娜写："原来您真的不哄骗小朋友，而是想办法让我们动手做做看啊！"有的同学写："哦，朗志万先生，您真是个有趣的人。"还有的说："谢谢您，朗志万先生！您让我懂得了动手做做的好处。"动笔形式，使学生的思维活跃，表达规范而深刻。

经过这样不断地训练，学生的思维就会活跃起来，就会运用学到的动笔方法，经常主动地写作，从而促进学生积极地领会知识，感悟文章的思想内涵。再如原二年级下册《画家和牧童》一课学完后，教师可以设计这样的问题："你们觉得画家是个怎样的人？而牧童又是一个怎样的孩子呢？"学生会七嘴八舌地说起来。这时教师以没听清为由让他们把要说的话写下来。同学们经过自己的思考就可以写得很精彩,有的同学写道:"大画家戴嵩多虚心哪!真难得!"有的同学写:"牧童敢给大画家提意见,非常大胆,了不起!我要向他学习。"有的同学写:"大画家和小牧童都是非常可爱的人。"我们平时要多留意课文中的内容,拿来激发学生的兴趣,制造机会让学生动笔。

低年级学生的动笔能力不是一天两天就能培养出来的,需要日积月累。这就需要让学生经常能保持良好的动笔表达意愿,让学生学会动笔。设法在课堂教学中使学生在饱满、快乐的情绪中动笔学习,能优化语文课堂教学设计,提高学生阅读水平。

(三)在不吐不快时动笔

新课改中的课堂,要求学生个个是主人,学习热情高涨。当老师提出问题时,教室里常常出现小手如林的局面。同学们个个都想自我表现一番,写在他们脸上的是个个想展示自己的理解。然而由于时间关系,不可能每人都有发言的机会。可是,不满足学生的表达欲望,他们的学习积极性就会受挫。解决这种矛盾的最好办法便是让学生动笔写下自己憋在心里的话。这样,我们抓住学生的心理特点,才能提高学生动笔的积极性。

从某种意义上来说,让学生在不吐不快时动动笔,这也是一种人文关怀。我们可以从课中挖掘一些内容让学生展开想象,先说后写。如《月亮的心愿》,可让学生想象月亮的心愿是什么;《难忘的泼水节》中,想象假如你是欢乐人群中的一员,你的心情是怎样的……经过这样不断地训练,学生的思维就会不断地活跃,对动笔的兴趣就会不断地浓厚,就会经常主动地动笔,为今后阅读能力的提高打下很好的基础。

课堂中的动笔由于时间有限,所以要求不能过高,篇幅不宜过长。这种动笔可以是一个片段、一幅简笔画、几句话、一个词、一个标点乃至一个符号。这种动笔,是真实记录课堂进出的智慧火花,是培养创新意识、创造能力的芽。这样的练笔,如能找准学生的兴趣,就能使学生把阅读当作一种快乐的创造。

总之,读与写虽然有内在的吸收与外在的表达的区别,但是在目的、内容、方法等方面有许多共同性。这样,就使读与写、读与读、写与读、写与写之间相互迁移成为可能。我们从低年级开始要求学生在阅读中动笔,就是运用这种学习的迁移规律而达到读写同步互相促进,从而达到学生语文能力的整体发展的目的。

　　学生在阅读中具备了动笔的意识，激发了动笔兴趣，掌握了动笔方法，这样就为学生从小奠定了坚实的阅读能力的基础，使学生的终身学习能力有了持续发展的可能。

利用歌诀体系促进学生规范写字

北京市平谷区东交民巷小学马坊分校　张　静

在低年级的课堂中，每节课都要留出十分钟专门的写字时间，这一举措的目的，一是让孩子们写出一笔规范、端正、整洁的字，二是让孩子们记住这些生字的字形，为以后的阅读、写作打好基础。长期的写字训练，孩子们的字究竟如何呢？能否做到规范、美观呢？答案不一。这需要教师用巧妙的办法来引导学生，按照不同步骤利用歌诀体系写好汉字。

一、仔细观察，分清位置

(一)认清田字格

一年级学生初学写字，首先要会认清田字格，教师要引导学生明白哪里是横中线、竖中线、左上格、左下格、右上格、右下格，让他们知道什么是起笔、收笔这样的名词，并能迅速找到对应的位置。《田字格拍手歌》中写道："田字格，四方方，写好汉字它来帮。左上格、右上格、左下格、右下格、横中线、竖中线，各个方位记心间。"学生一边读这个小歌诀，一边手指着各个位置，能快速帮助学生认清田字格，为学生在动笔前仔细观察田字格中的范字，注意不同笔画在田字格里的位置打下基础。

(二)学会观察字

古人云："察之尚精，拟之尚似。"只有认真观察，模仿才能相似。因此，在初学写字时，教师要教会学生严格按照步骤观察字形。

1. 观察字形

低年级学生初学写字，在课堂上，教师对字形、结构要细致指导，从中引导学生学会观察，并教给孩子观察字形的方法：一看横中线，二看竖中线，三看关键笔画。一看横中线，包括看上下结构的字，是上大下小，上小下大，还是上下相当，还包括看哪个笔画刚好写在横中线上。二看竖中线，包括看左右结构的字，是左窄右宽，左宽右窄，还是左右相等，还包括看哪个笔画刚好写在竖中线上。这样一来，字的重要笔画基本不会有偏差，不会出现偏在田字格一边的情况。三看关键笔画，就是让学生观察这个字中，哪个笔画要长，哪个笔画要短，哪个笔画要舒展，哪些笔画要等距离……初学的字都是独体字，独体字虽然笔画较少、结构简单，但它们是组成合体字的基本部件，所以独体字的书写不能忽视。比如"口"这个字，在很多合体字中都会出现。教师可以让学生观察"口"字的特点，即"左右两个竖向笔画稍稍往里斜，上略宽，下略窄"。独体字"口"写规范了，之后所有带"口"的字，不论是左右结构、上下结构、半包围结构都能写规范。像这样的字还有很多，在课堂中教师要重点指导，严格要求。当然，并不是每一个字的字形和结构都需要细致指导讲解，教师要在指导中让学生逐步学会观察，当学生能做到自己观察时，教师就可以放手。

2. 观察位置

学生在写字中遇到的困难之一就是不能在田字格里摆好位置。教师可以教学生用歌诀的方式观察位置："字好看，竖轴线；点和竖，横中间""先写短，后写长；最短画，在中央"。这些朗朗上口的儿歌，能帮助学生摆正位置，规范书写。比如"三"字，这个字的三个横，中间的横最短，第三横最长，三横之间距离要匀称。这时就能教学生歌诀"先写短，后写长；最短画，在中央"。教师教学的时候，可以根据横中线、竖中线来教学生观察位置。汉字的结构变化多样，但也不外乎几种，上下结构、左右结构、半包围结构等。从独体字入手，记住基本字形及起笔、收笔位置，认真观察汉字结构比例，利用歌诀掌握汉字的结构规律。

二、运用歌诀，以一带十

（一）读懂歌诀

经常在课堂上听到教师问：写上下结构的字怎样写？学生齐答："上下正，同轴线；不过长，一处宽；横画密，竖画短；撇和捺，要舒展。"当学生写字的时候，教师耐心讲解什么是"上下正，同轴线；不过长，一处宽"。例如教师指导一年级学生写"音"这个字，要让学生体会写"正"，要上宽下窄，上半部分"立"的最后一横要长。学生先整体观察间架结构，再观察重点笔画，然后记住位置规范书写。在教学"双"字时，教师帮助学生理解歌诀：左旁右，齐一线；横改提，捺改点；右旁画，写舒展；横与撇，插空间。借助课件演示帮助学生理解歌诀的含义，从而使学生清楚字的每一笔该怎样写："双"字左小右大，左边"又"捺改点，右边"又"写舒展。这样在写字时，学生就会自觉运用歌诀来规范自己的书写。

教师在课堂上可以边范写笔画边讲解歌诀，用彩色粉笔将关键笔画明显标注。除正面指导以外，可以让学生到讲台前，当小老师，让他讲一讲怎样利用歌诀，用哪个歌诀，怎样写好这个字。歌诀朗朗上口，便于理解。伴随着每天的耳濡目染，学生们理解、使用小歌诀也越来越熟练，逐渐能够自觉运用歌诀规范书写，达到字越练越好的目的。

（二）歌诀体系

低年级每篇课文都要学习生字，这些生字的写法有相通之处，本着歌诀实用的原则，歌诀引用不能过多。如果一字一个歌诀，学生就会将歌诀视为负担，影响学生写字的兴趣。教师要研究歌诀，让一句歌诀能指导一类字，这样就能将歌诀形成体系，指导学生写好每一个字，真正起到辅助书写的作用。

歌诀体系其实是在引导学生进行深度学习。深度学习是指在教师引领下，学生围绕着具有挑战性的学习主题，全身心积极参与、体验成功、获得发展的有意义的学习过程。深度学习的两个基本特征与歌诀体系息息相关，1. 联想与结构：经验与知识的相互转化，以往经验融入当下教学并得以提升、结构化的过程，称为"结构"。2. 本质与变式：对学习对象进行深度加工，能够举一反三，闻一知十，"一"就是本质，"十"就是变式。也就是上述所说将"一句歌诀"熟练记忆，应用到一类字的书写之中。比如："横改提，捺改点；右旁画，写舒展"，这一句歌诀的熟练应用，能指导"种、样、姓、双、地、现"等字，也就是说，只要偏旁是"禾、木、女、又、土、王"，这些字就都得做到"横改提，捺改点"。"横与撇，插空间"这一句更是常用，能指导"秋、他、河、说、快、玩、讲"等许多左右结构的字。

当学生学习的字越来越多的时候，教师可以将这些字的书写分分类，运用歌诀体系，从"一"的本质到"十"的变式，帮助学生梳理写字的规律。学生的书写可以经过这样的阶段：

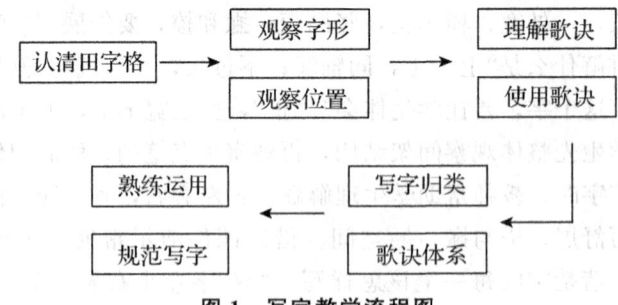

图1 写字教学流程图

歌诀的反复出现，多次运用，让学生顺其自然地按步骤写字，这样写才有章可循，有法可依。当然，低年级学生记得快，忘得也快，不断使用能让学生加深记忆，直至牢固，写起字来得心应手。

三、歌诀评价，以趣促写

低年级语文课堂多半是要求学生描一个、写一个。最初学字，教师要严格要求，描字的时候要一笔不出红线，关注笔画位置、长短，要描得"一模一样"。为什么这样严格呢？只有这样，学生才会做到有意观察，记忆位置，理解歌诀，运用歌诀。否则，歌诀的运用就如同小和尚念经——有口无心了。除了评价学生描字的能力，教师更要关注写字的规范与美观。许多教师在讲字的书写时，用歌诀去引领、指导，做得非常到位。但是，评价展示学生的字的时候，就变成了"好看吗？""哪里还可以再好一些？"。此时，教师更应该"用歌诀评价书写"。比如："造"的书写是否做到了"两面围，上不长"？"首"字的书写是否做到了"横画密，竖画短"？依据歌诀评价，其实就是从"用歌诀教"到"用歌诀评"的过程，让学生在写字的时候标准统一，进一步掌握歌诀，将字写美观。

当然，和阅读教学一样，学生的书写可以由教师评价，也可以由小组评价，还可以自己评价。针对不足修改自己写的字，然后再次观察范字，书写，争取越写越规范、美观。为了让学生对写字产生浓厚的兴趣，还可以定期开展写字竞赛。低年级学生好胜心、荣誉感极强，他们渴望自己能得到认可。当学生将自己的作品展示在班级中时，将会激发学生写字的主动性与积极性。有了兴趣就会更加认真写字，有了歌诀学生会越来越会写字，如此循环往复，在教师的严格要求下，学生将有无穷无尽的收获。

怎样用好"部编版"小学语文教材
将课堂中的"以读促写"落到实处

北京市平谷区东交民巷小学马坊分校　付京芳

  课标中指出："阅读是搜集处理信息、认识世界、发展思维、获得审美体验的重要途径。""写作是运用语言文字进行表达和交流的重要方式，是认识世界、认识自我、创造性表述的过程。"而如何把阅读和写作有机结合起来是教师们一直在探索的问题。2019年推行的"部编版"教材在这方面给了我们很大的帮助，主编温儒敏先生在《"部编版"语文教材的编写理念、特色与使用建议》中提到："部编版"语文教材的编写力图突破既有的模式，在突出综合能力的前提下，注重基本写作方法的引导。写作方法和技能训练的设计编排照顾到教学顺序，让老师能够落实，克服随意性，但也注意要避免应试式的反复操练。写作课的系列，努力做到中心突出简明扼要，有可操作性。

  也就是说如何进行读写结合的教学，"部编版"教材已经给出了具体的要求。以六年级上册第一单元为例：这个单元的阅读语文素养培养目标是"阅读时能从所读的内容想开去"，写作的目标是"习作时发挥想象，把重点部分写得详细一些"，可以看出阅读的目标和习作的目标是正好切合的。有了这样明确的教学目标，教师们在教学时就可以有的放矢，以课文的阅读为抓手，边读边体会作者的写法，然后运用到自己的习作中来。怎样利用好教材，边阅读边学习写作，并落到实处呢？我认为可以从以下四方面来进行。

一、用心做好单元教学设计，体现以读促写的梯度性

  "部编本"教材将"语文素养"的各种基本"因素"，包括基本的语文知识、必需的语文能力、适当的学习策略和学习习惯，以及写作、口语训练，等等，分成若干个知识或能力训练的"点"，由浅入深，由易及难，分布并体现在各个单元的课文导引或习题设计之中。每个单元都有单元导语，对本单元主题略加提示，主要指出本单元的学习要点。——温儒敏

教师在进行教学时，首先就要关注单元导语，根据单元导语认真将整个单元的内容进行合理安排，遵循循序渐进、突出重点的原则进行教学。比如六年级上册第五单元，也是本册的习作单元，它的单元导语是"以立意为宗，不以能文为本"，语文能力训练点为"体会文章是怎样围绕中心意思来写的；从不同方面或选取不同事例，表达中心思想"。教材共编排两篇讲读课文《夏天里的成长》《盼》，两篇习作例文《爸爸的计划》《小站》，一次习作。根据教材提供的教学目标和这些素材，教师将这一单元的教学进行了合理的规划。

(一)明确目标，有的放矢

新单元伊始，教师要带领学生明确本单元的语文要素训练目标——"体会文章是怎样围绕中心意思来写的；从不同方面或选取不同事例，表达中心意思"。细度之下将目标进行深入解读：无论是从阅读角度还是从写作角度，要做的事情都是"围绕中心意思来写"，而达成这个目标有两种方式，一是从不同的方面来写，另一是选取不同的事例来写。明确的学习目标就是整个单元导向，每一篇课文、每一个练习都要为此服务。

(二)初步体会，感受方法

《夏天里的成长》这篇课文围绕中心意思"夏天是万物迅速生长的季节"，用选取不同方面的方法，从动植物(有生命的)、山河大地(无生命的)、孩子的成长三方面来具体描写，文章结构明晰，且层层深入。第一课时通读课文，厘清字词；找出中心句，说说课文是怎样围绕这句话来写的，体会作者从不同方面进行选材丰富中心意思。第二课时则以第二自然段为例，体会作者是怎样把每一段的中心意思写清楚的。实际还是感悟作者在描写具体段落时选取不同方面来写中心意思。在朗读与交流中感知到这种从不同方面进行表达的写作方法。

(三)边讲边练，重在落实

《盼》这篇课文围绕中心意思"盼"，以"新雨衣"为线索，用选取不同事例的方法，通过"得到雨衣盼下雨""雨天到来盼外出""不能出门盼雨停""盼来雨天穿雨衣"这一系列小事凸显出"我"强烈盼望能够穿上它的各种复杂心情。教师第一课时着重整体感知，在整体阅读中体会文章是怎样围绕"盼"这一主题写具体的，之后通过"初试身手""戏迷爷爷"和选择题目列提纲的训练，练习学生根据一个主题选择有关联的不同事件来写这一写作能力。第二课时着重精读课文，在分析中体会作者在进行不同事例的具体描写时，除了直接描写盼的心理活动，每一个事例都选取了不同的细节描写方法：发现下雨时从细小动作渗透"盼"、极力想要外出时通过对话语言流露"盼"、出去无望盼雨停又是从环境描写烘托"盼"。通过这一环节的学习，学生明白为了表达一个意思，可以选择多元的方式来进行，同时也要进行相关的写作能力训练——运用刚刚学过的多种方式表达同一心理活动的方法，将某一心理活动写具体。

(四)学习交流，感悟选材

默读习作例文《爸爸的计划》《小站》，体会作者是通过哪些典型的事件将"爸爸爱订计划"的特点写出来的，通过哪些方面把小站的"小"体现出来的，并引导学生思考：作者为什么会选取这些事例和这些方面呢？从而使学生进一步理解不同事例和不同方面并不是多个素材的重叠使用，而是要将素材进行精心的挑选，每一个素材的选择都对突出中心意思有着不同的作用，重复性的事例以及对表达中心意思作用不大的素材都不在我们习作的选择范围之内。

(五)完成习作，互评运用

出示习作要求"围绕中心意思来写"，借助提纲整理思路。

1. 罗列

先尽其所能找到多个事例或者多个方面来表达同一个意思，这个环节要求学生尽量要多想，把自己能够想到的素材都记录下来。

2. 筛选

根据对于表现中心意思的程度将这些素材进行整理，可以按不同方面也可以按不同事例来进行。比如"美"这个中心意思可以选择从不同的方面来写：景色美、行为美、心灵美。还可以选取不同的事例来写：在家里我帮助妈妈做家务，妈妈夸奖我，我的心里美美的；在公园，我帮助一个小妹妹找到了走散的妈妈，能尽微薄之力帮助别人，心里美美的；在学校，我的学习不断进步，不断突破自我，心里美美的……

3. 整理

筛选出来的素材在表达的时候怎么呈现呢？这个时候必然要考虑到顺序问题和详略问题。还是上面说的"美"这一中心意思，从不同的方面来看：景色美、行为美、心灵美，这三点重点描写的应该是行为美，景色美是铺垫，心灵美是产出，也是最终要表达的深层意思。从不同的事例来说可以按照时间顺序将三件事串联起来，也可以按照有一次、还有一次这样的随机顺序，但是三件事中哪一件最能表达"美"这一中心呢?毫无疑问应该是公园里这一素材,它要详写。而其他两个事例可以一前一后地呈现,也可以和《爸爸的计划》一样都放在前或者后来进行略写辅助。教师的设计体现出"一步一步,步步深入"的特点,再加上同学间点评,更将习作的实效性落到实处。

可以看出,教师从第一篇课文第一课时的设计就在为本单元的习作做准备,只是不急于让学生下笔,在第一课基本了解别人是怎么写的基础上,第二节课开始边学边练,第一课时训练的是学生的选材能力,第二课时训练的是表达的能力,正好贴合了单元导语先"立意"后"能文"的思路。接着,让学生带着一些收获来继续欣赏习作例文,优化自己的认知,最后习作时就能水到渠成。可以看出,整个单元所有的训练是呈阶梯状一步一步地稳步提升的,孩子的习作也是一步一步地慢慢落实的。

二、细心做好课时教学设计,体现以读促写的实效性

和之前的教学比起来,最近几年的教学要活跃得多,学生学习的主体性得到尊重。但又出现另一趋向,语文的知识体系被弱化,甚至被拆解了,教材在知识体系的建构上,不敢理直气壮地讲语文知识,不敢放手设置基本能力的训练,知识点和能力训练点不突出,也不成系列。结果教学梯度被打乱,必要的语文知识学习和能力训练得不到落实。有时课上得满天飞,可就是没有把得住的"干货"。——温儒敏

针对这一点,"部编版"教材给了老师们明确的指向,它的"双线组织单元结构"在凸显人文主题的同时又提出了每一单元的语文素养训练点,而教师在进行课时教学时,就要抓住这个语文素养训练点进行安排与指导。比如三年级上册第五单元(习作单元),语文能力训练点是"体会作者是怎样留心观察周围事物的;仔细观察,把观察所得写下来"。教师在讲授第一篇课文《搭船的鸟》时,将"以读促写"分为以下三步有序进行。

(一)初步感知观察方法

第一课时抓住课文第一自然段"天下着雨,雨点打在船篷上,沙啦沙啦地响。船夫披着蓑衣在船后用力地摇着橹",引导学生讨论:"作者坐在小船上,小船外面的景物是什么样呢?"学生通过"沙啦沙啦地响"知道了作者肯定是在认真地听着外面的雨声,通过"披着蓑衣""用力地摇着橹"知道了作者一定是目不

转睛地盯着船夫看了许久。这时教师顺势总结："对啊，小作者就是因为认真看、细心听才能把眼前的景物写得这么具体、生动。"

(二)认真感受表达方式

第二课时，教师顺承第一课时的成果，引导学生思考："雨停了，小作者依旧坐在船上，他又观察到了什么呢？"学生在自由读文之后很容易找到他两次看到的内容："多么美丽的小鸟啊！它有一张红色的长嘴，羽毛是翠绿的，翅膀带着一些蓝色，比鹦鹉还漂亮。""我正想着，它一下子冲进水里，不见了。可是，没一会儿，它飞起来了，红色的长嘴衔着一条小鱼。它站在船头，一口把小鱼吞了下去。"教师顺势和同学们分享了作者观察小鸟时不仅认真细致，而且在表达时还很有序：由整体到局部，先写"多么美丽的小鸟啊！"，突出小鸟的整体特点是美丽，然后又按照从上到下的顺序分别描写"红嘴""羽毛""翅膀"；通过"一下子""没一会儿"这些词语体会到小鸟捕鱼时的迅速敏捷，更加突出作者观察的细致。

(三)精心指导学生认知盲区

到此就结束了吗？不是的，教师接着问："你们注意到我正想着这几个字了吗？小作者正在想什么呢？""它什么时候飞来的呢？悄悄地站在船头有多久了？站在那里做什么呢？难道它要和我们一起坐船到外祖父家里去吗？"教师继续和学生讨论："他怎么会想到这么多问题呢？""他还会想些什么呢？"在学生七嘴八舌的交流中，教师再次顺势指导："看来这真是一个善于思考的孩子呀！同学们，你在平时观察事物时难道仅仅用眼睛看、用耳朵听就够了吗？"教师的提问再次引起学生的讨论，教师最后总结："我们除了用眼看，用耳听，还可以用鼻子闻一闻，用手摸一摸。但是这些都远远不够，最重要的是你要和小作者一样会动脑想一想，多提几个为什么——思考可是观察必不可少的一部分。"

(四)读后仿写水到渠成

教师最后安排了一段白鹭的视频，请孩子们观察视频，有的孩子能够有序地写出白鹭的样子，有的孩子能够用一连串精准的动词把白鹭飞行以及降落的姿态表达形象，好多孩子都能够将自己观察时所想到的问题也记录下来……

我们看到教师为了落实"仔细观察，把观察所得写下来"这个教学目标，在两节课中都在引导着学生用不同的器官去进行观察，这是教给学生观察时依靠什么；第二课时重点指导了怎样将观察到的事物写下来，静态的时候一个是结构，另一个是顺序，动态的时候是用上有特点的词语。最与众不同的是教师还关注到了这两段中间的内容——作者的心理活动,这个在许多教师看来也许根本就不是重点,在教学时可能都不会去理会,但是这位教师抓住作者看到这么美丽的小鸟之后产生了一系列的问题,让学生在讨论中明白思考也是观察的一部分,而且是很重要的一部分。很多时候,我们在教学时只顾着显性的内容,而忽视了其更深一层的东西,而抓住这些东西往往是最难能可贵的。

三、精心做好细节教学设计,体现以读促写的精准性

"部编版"教材按照"课标"的学段目标要求来细化那些知识的掌握与能力的训练,落实到各个单元。有些必要的语法修辞知识,则配合课文教学,以补白形式出现。努力做到"一课一得"。"部编版"语文教材的编写力图突破既有的模式,在突出综合能力的前提下,注重基本写作方法的引导。——温儒敏

针对温先生"一课一得"的建议,老师们在落实每一节课时就要将重点放在如何学习作者的语言来进行自己的习作,而很多教师常用的方法就是仿写练习。的确,从教材的编排上来看,仿写的练习也是随处可见的。我认为,教师在进行仿写训练时可以分为仿形和仿意这两种方式。

(一)仿形

就是教师根据文章提供的固有模式,引导学生进行相似句式的训练,这种方法在低中年级运用得比较多。比如三年级《金色的草地》,教材第三项任务是"只要我们稍加留意,就会发现事物是变化着的。如,向日葵会随着太阳转动,含羞草被触碰后会'害羞'地低下头……你留意过哪些事物的变化?和同学交流"。教师提供声像资源,学生一定能够发现事物的变化,但是如何表达得既清晰又有序呢?这就要在习文时做足功夫。在讲读蒲公英的变化时,抓住作者的描写"原来,蒲公英的花就像我们的手掌,可以张开、合上。花朵张开时,花瓣是金色的,草地也是金色的;花朵合拢时,金色的花瓣被包住了,草地就变成绿色的了",我们可以在捋清蒲公英的变化之后,让学生继续读句子,思考"作者是怎么样把蒲公英的变化写清楚的"。原来是先总说可以张开、合上,再具体说张开时花瓣的样子、草地的颜色,合拢时花瓣的样子、草地的颜色。学生会发现,原来作者的表达是这么有序啊!紧接着完成观察仿写,就可以让学生也像作者这样来写一写。拿含羞草为例,我们可以设计一个填空的形式:原来,含羞草的叶子_____。当你碰它的时候,它的叶子会_____,最后

_____。过了一会儿，它的叶子会_____，最后_____。这样才真正达到了"以读促写"的目的。

（二）仿意

就是仿照作者的观察方法、选材角度、表达方式等去习作，比较适用于高年级的教学。比如五年级上册《四季之美》，目的在于学习描写景物的变化。教材也安排了一项选做任务："课文所写景致不多，却营造出美的氛围。仿照课文，用几句话写一写自己印象最深的某个景致。"指导这次仿写就不能只单单停留于仿照作者的语言形式了，要注重于"神似"。第一，要学习作者独特的视角，不写凡人所写，别人写春回大地，我写清晨朝霞；别人写夏日繁花，我写雨夜流萤；别人写秋日硕果，我写雁群归鸦；别人写冬日飞雪，我写炭火熊熊。就是这与众不同的观察视角给了读者不一样的美。第二，要学习作者细致的表达。"明亮的月夜固然美，漆黑漆黑的暗夜，也有无数的萤火虫翩翩飞舞。即使是蒙蒙细雨的夜晚，也有一只两只萤火虫，闪着朦胧的微光在飞行，这情景着实迷人。""明亮的月夜""漆黑的暗夜""细雨的夜晚"这种层层递进的关系，这种渐渐入微的描述，给了读者细腻自然的灵动之美。第三，要学习作者情感的融入。"动人的是点点归鸦急急匆匆地朝巢里飞去。""成群结队的大雁，在高空中比翼而飞，更是叫人感动。"寥寥几个短句，却饱含着归鸦心系家人、雁群团结一致的感人力量。第四，要学习作者观察的细致。"东方一点儿一点儿泛着鱼肚色的天空，染上微微的红晕，飘着红紫红紫的彩云。"作者大量的叠词"一点儿一点儿""微微的红晕""红紫红紫的彩云"，让我们想到作者在观察时一定是出神地凝望了许久许久，这些词语足以显现出春日清晨朝阳欲出时的色彩变化之美，以及给人的朝气蓬勃、欣欣向荣之感。

四、关注整本书对同一习作内容的要求，体现以读促写的体系性

温儒敏先生说："备课要先有全局意识，不能备一课是一课。""老师们安排设计教案，虽然也可以随文学习，但还是要有整体的考虑和安排，有潜在的体系。"所以，在进行习作教学时也要注意瞻前顾后，搞清楚本节课在整本书或者是整个小学阶段的位置。

比如要讲六年级上册《盼》这篇这文，有位教师就将这本书所有的习作进行了梳理，搞清楚了整本书为达成这一习作目的是怎样呈现的。

表1 六年级上册习作要求一览表

单元	习作要求	习作能力	与习作单元相关联内容	
一单元	习作时发挥想象，把重点部分写得详细一些 习作：变形记	想象 详略得当	《丁香结》说说作者是从哪几方面描写丁香的。丁香结引发了作者对人生怎样的思考？结合生活实际，谈谈你的理解。	除了承载各单元的阅读能力任务之外，我们可以看到这三个单元中都有"从不同方面或者选择不同事例表达同一意思"的训练，这是在给习作单元做准备与铺垫。
二单元	尝试运用点面结合的写法记一次活动 习作：多彩的活动	场面 点面结合	《狼牙山五壮士》根据课文内容填一填，再讲讲这个故事。《开国大典》想象从群众入场到游行结束，课文写了哪几个场面，连起来简要说说开国大典的过程。	
三单元	写生活体验，试着表达自己的看法 习作：＿＿＿让生活更美好	心情 表达看法	《竹节人》导读给出的任务：写玩具指南，并教别人玩这种玩具；体会传统玩具给人们带来的乐趣；讲一个有关老师的故事。	
四单元	发挥想象，创编生活故事 习作：笔尖流出的故事	细节 描写方法	《桥》找出描写老支书动作、语言、神态的句子，结合情节说说理解；画出描写雨、洪水和桥的句子读一读，再联系老支书在洪水中的表现，说说这些描写对表现人物的作用。《穷人》找出人物对话和心理活动的描写；体会环境描写对刻画人物的作用。	将不同的描写方法与体会人物形象挂钩，为下一单元通过多种方法描写人物心理活动搭了一个台阶。
五单元	从不同方面或选取不同事例，表达中心意思 习作：围绕中心意思写	中心 立意选材	《夏天里的成长》找中心句，说说课文是怎么围绕这句话来写的；具体到段都写到了什么？是怎样体现这一段的中心的？《盼》课文是通过哪些事情来写"盼"的？哪些地方具体描写了"盼"这一心理活动？	每一个练习都为最终完成习作而服务，且能够体会出步步深入的感觉。
六单元	学写倡议书	观点 我手写我心	《只有一个地球》结合关键句，说说课文讲了哪几方面内容；作者的结论是怎么一步一步得出的？	在巩固习作单元"先立意后选材"的写作原则的同时，更加注重习作的功用性。
七单元	写自己的拿手好戏，把重点部分写具体	评价 有理有据	《月光曲》贝多芬为什么弹琴给盲姑娘听？为什么弹完一曲又弹一曲？	
八单元	通过事情写一个人，表达出自己的情感 习作：有你，真好	情感 习作功用	《少年闰土》结合相关内容，说说闰土是个怎样的少年。《好的故事》这故事的美丽、幽雅、有趣体现在哪里？	

可以看出，整一册各个单元都是为习作在精心做着准备，整本书前后贯穿，连为一体。而五单元恰好处于中间位置，在学生对于从不同方面或不同事例表达同一意思有了些许的认识之后，进行专项的指导与练习，并进行总结，这个时候刚刚好。而后面三个单元，既是这一单元内容的延续，又为下一册书习作的功用性进行铺垫。除此之外，有余力的教师还要留心不同年级对同一内容的不同要求，循序渐进地指导学生进行习作。我们进行阅读教学的一大部分功能就是借助课文，以课文为例教给学生写作的方法，从中体会写作带给自己以及他人的乐趣。而这种能力的实现，这种快乐的呈现，都离不开教师认真地研读教材和精心地设计课堂。

以《四季之美》为例,在阅读教学中分层有序地将写作方法落到实处

北京市平谷区东交民巷小学马坊分校　付京芳

"部编版"语文教材在突出综合能力的前提下,非常注重基本写作方法的引导。怎样在阅读中将写作指导落到实处呢?我认为在进行教学时要精心设计,分层分步骤地进行指导。下面以五年级上册第七单元《四季之美》这篇课文为例,谈一谈自己的点滴体会。

一、明确语文要素,教学目标有层次

《四季之美》是一篇散文,阅读时不仅要"初步体会课文动态描写",还要"体会作者笔下四季之美的独特韵味","仿照课文,用几句话写一写自己印象最深的某个景致"。针对这几项语文要素的要求,教师对两课时的教学目标进行了有层次的分割:第一课时,在初步读文的基础上,能够初步体会到动态描写和作者选材的独特视角,练习按照一定顺序写出某一独特景物的细微变化;第二课时,在细致读文的同时,再次深入感受作者选材视角的独特,同时利用不同方式体会动态描写中所蕴含的美感,练习通过某一景物表达自己独特的情感。

二、植根习得过程,教学进程有层次

"一切景语皆情语",本节课就要通过品味语言,感悟作者的表达方法,实现与作者情感的共鸣,进而激发学生对自然、对生活的热爱。遵循学生学习由浅入深的规律,在进行阅读教学、练习写作时,也要将这个规律贯穿于课堂始终。

第一课时,所有的语文素养的要求都力在"初步",是一个边读边感悟的过程。而这个过程也是循序渐进分层进行的。

(一)初步感受作者选材视角的独特性

初读课文,作者不写我们常见的春花烂漫、夏日荷花、秋叶飘落、大雪纷飞,而是选择四季中的不同时刻"春天最美在黎明""夏天最美在夜晚""秋天最美在黄昏""冬天最美在早晨",足见她所选取的视角是非常异于常人的。再来细细品读,她的选材还有什么独到之处呢?她选取了春天早晨的朝霞、夏季夜里的萤火虫、秋季飞行的归鸦大雁、冬季早上暖暖的炭火。这些都是生活中容易被人忽视的小景小物,而作者就是要选取这些别人不常写的事物来写,这也是她选材视角的独特性。

(二)初步体会作者写景时的动态描写

那么作者又是用什么方法把这些独特的景物描写生动的呢?再次组织学生认真读文就可以发现,这些景物都拥有一个共同之处——动态的美,它们都是动的。

(三)初步品味作者描写春天的色彩美

作者的动态美又是怎么写出来的呢?春天早晨动态的朝霞的美是怎样写出来的呢?教师让学生反复朗读体会:一是"一点儿一点儿、微微的、红紫红紫的"这些叠词起到了强调语气、强调内容、表达情感更强烈的作用;二是用动态描写把天空的变化写出来了,这个变化是细微的,不易察觉的;三是用"鱼肚色、红晕、红紫红紫"这些表示颜色的词让人感受到了色彩变化之美。

(四)初步练习抓住细微写变化的方法

根据这节课的内容,进行相应的写话练习。

在这一课时中,教师的每一步设计都在为下一环节的教学做准备,每一个环节都比上一个环节的联系深度要强,最终达到仿写的目的。这就体现了教学进程层层深入的特点。

第二课时,这节课在前一节课的基础上,将所有的力都打在了"深入"上,不管是作者的观察视角还是动态描写都有了深一层次的理解。

1. 多种方式品动态

在第一节课通过色彩变化体会动态描写的基础上,第二课时教师和学生品读课文时就体现了方法的多样性。

第一,直观感受动态美。

运用动态的画面让学生在观察画面时产生共情,理解"漆黑漆黑的暗夜,也有无数的萤火虫翩翩飞舞"和"即使是蒙蒙细雨的夜晚,也有一只两只萤火虫，闪着朦胧的微光在飞行"这些平时很少见的情景。

第二，联结感受动态美。

教师补充"乌鸦反哺"和"雁群飞行"的小资料，学生朗读之后，自然理解"动人的是点点归鸦急急匆匆地朝窠里飞去""成群结队的大雁，在高空中比翼而飞，更是叫人感动"中饱含着归鸦心系家人、雁群团结一致的感人力量。

第三，经验感受动态美。

引导学生结合冬季的经验感受"寒风凛冽"和"炭火熊熊"间和谐、美好的心灵触动的动态之美。

2.多个角度述习作

再次安排学生看视频仿写练习，选取独特的景物，可以写细微变化的美，可以写看到的灵动的美，也可写自己感受到的动人之美。

三、关注学生所得，习作产出有层次

随学随练是一个很好的巩固知识的方法。在学生初步感知这种运用叠词写出春天早上朝霞色彩变幻的方法之后，教师给出一段黄昏落日视频，让学生边观察边记住属于你自己的独特的一点，然后想一想用哪些叠词和表示颜色的词语可以把落日的变化写出来。这是一个初步的仿写过程，只能说是一个仿形的过程。而第二课时加入了灵动之美和感受，就跳出了单一的仿形和仿意，更加注重了写作目的。

阅读教学的目的就是在赏读他人的作品过程中习得行文的方法，这个方法是学生在教师有层次的环节设计中一步一步地"润物无声"地完成的。我们可以运用"明确目标—整体感知—初步了解—初步训练—深入学习—深层训练"这样的环节进行。

依托课内拓展　落实有效阅读

北京市平谷区东交民巷小学马坊分校　刘海燕

《义务教育语文课程标准(2011年版)》指出："培养学生具有独立阅读能力，注重情感体验，有较丰富的积累，形成良好的语感，学会运用多种阅读方法。能初步理解、鉴赏文学作品，受到高尚情操与趣味的熏陶，发展个性，丰富自己的精神世界。培养广泛的阅读兴趣，扩大阅读面，增加阅读量，提倡少做题，多读书，小学六年课外阅读总量不少于145万字。"

目前小学六年共读的课文才三四百篇，几十万字。我们教师如何有的放矢地组织学生拓展阅读，如何帮助学生完成目标数量，如何培养良好的阅读能力呢？我认为立足语文课本，充分利用课堂教学，进行课内外衔接，指导学生进行拓展阅读，扩大阅读面，增加阅读量，是一项切实可行的重要举措。

一、拓展阅读的现状

随着新课程改革的不断推进，对语文教学又提出新的要求，积极拓展语文教学范围，"努力建设开放而有活力的语文课程"已成为越来越多语文教师的共识，大小公开课，都要有"拓展阅读"这一亮点环节。在众人纷纷效仿尝试中还存在着不尽如人意的方面。拓展阅读的目的不明确，常常流于形式。一篇新课文结束，教师推荐一篇阅读材料或一本相关的书，学生往往一听就过。课后，学生对教师提供的信息或无从下手或丢到九霄云外。这样的拓展阅读就是为完成"扩大阅读面，增加阅读量"目标而虚设的一个环节而已，学生不但没有收获，而且阅读兴趣荡然无存；拓展阅读的内容简单叠加，不考虑是否适合该年级阅读。由课文一篇简单寓言小故事出发，追根溯源在课堂上推荐阅读古文原著，文辞艰涩的内容既消耗了学生宝贵的时间，又销蚀了学生的阅读兴趣；拓展阅读的形式生牵硬拉，随便加，想到哪个，就用哪个，不考虑与文本的关系，不能恰当地找准课内外阅读有效融合的切入点。因此，搞好课内课外阅读的结合与连接，有效开展课内拓展阅读，迫在眉睫。

二、拓展阅读的理解与策略

(一)什么是拓展阅读

什么是课内拓展阅读呢？课内拓展阅读是指教师以语文教材为载体，根据学生的实际、教材的实际、社会发展的实际，就语文阅读教学中的某一阅读素材，引导学生向周边辐射，去搜寻更多的阅读材料加以阅读与整理，从而对该素材描述的事件所处的大背景，或者某个特定的视角形成自己的认识，加深课堂阅读素材理解的教学策略。因此，课内阅读就是拓展阅读的凭借和依托，拓展阅读就是课内阅读的扩展和补充。

(二)以"趣"诱读，激发热情

从调查中我们发现，受传统应试教育影响，"现在的应试教育，在很大程度上挤压了学生读书的空间，学校中无书可读的现象十分普遍，学生无暇读书、不想读书的情形也不少见。除了几本干巴巴的教科书，学生几乎不再有也不再读其他书。这就使他们的精神世界逐渐枯萎，他们的人生色彩逐渐黯淡"（朱永新语）。学生课外阅读的普遍现状，大多处于"自流"状态，同时，他们的阅读状态更是乏味、无趣的。因此，兴趣是鼓舞和推动学生课外阅读的巨大动力。

兴趣是最好的老师，热情是开启有效拓展阅读之门的钥匙。学生有了兴趣，才能从内心深处对课外阅读产生主动需要。因此，我大力激发学生的阅读动机，使他们在头脑中将阅读与乐趣相联系，让他们愉悦地进行课外阅读，快乐地接受自己想要学习的拓展阅读。

我设法运用"设置悬念""巧用故事"等多种手段，生动形象的语言向学生简介要读的文章内容，燃起学生的阅读欲望，也常利用故事中精彩、紧张、感人的情节创设悬念，激发阅读热情。如学生感受过《海底世界》后，我娓娓道来：在海中夜航，在一片漆黑的海面上，突然你会看到游来一条火龙，或是一座彩碑，有时像一行亮堂堂的火炬。孩子们个个精神抖擞，双耳立竖，喜悦之情溢于言表，迫不及待地想一听为快，这时，教师戛然而止：这些灯是谁点的呢？怎么会在漆黑苍茫的海面上呢？欲知怎么回事，快来读读《海底的冷灯》。学生被扣人心弦的故事情节激起了浓厚的兴趣。让学生产生寻根究底的好奇心，以此激趣。

(三)找"点"切入，拓展途径

拓展延伸应该围绕课文的主题，任何离开课文的拓展延伸都是空中楼阁。

因此，拓展延伸时，要立足文本，深挖教材。研读文本之后，帮助学生尽可能找到由阅读文本向课外阅读延伸的"阅读点"，以巩固文本知识，丰富、扩展文本内涵。我们根据文本特征及学生特点，做好由课内阅读向课外阅读延展的选材工作，让学生读有所依，同步阅读相关内容，及时巩固、拓展与文本相关的知识点。

1. 抓课文背景，铺垫拓读

对离学生生活年代比较遥远的课文，设法将其背景文章作为拓展阅读的内容，帮助学生加深对文本的理解。如《马背上的小红军》这篇课文以红军长征为题材，反映了红军战士之间患难相助、生死与共的深厚情谊，非常感人。但是由于红军长征这段历史离学生的生活实际较远，学生缺乏生活经验，所以对于课文的理解造成了一定的困难。

可以在课前推荐阅读相关长征故事，特别是介绍红军过草地的故事，感受一下红军长征时的艰险和革命英雄的顽强毅力，奠定学生学习课文的认知、情感的基础。在学生的脑海中对红军长征有了比较深入的认识之后，再开展本课的教学，就会收到事半功倍的效果。

2. 抓表达方式，补充拓读

在教学中，为课文选择最合适的补充拓展材料，可以使课文内容更充实，可以更全面了解人物特点，也可以使文章表达方式更多样。在《神奇的鸟岛》这篇课文第2自然段中，不但通过"天上、地上、湖水里"这样从上到下的顺序具体地描写了岛上的鸟儿多，而且又从颜色、种类、姿态等多方面表现了鸟多。在充分理解后，又选取另一篇巴金先生的《鸟的天堂》，进行补充阅读，找出彼此的异同。经过讨论、分析、总结，使学生逐渐明白，要介绍描写某一事物特点，可以用不同的方法，选取不同的角度。这样的补充阅读，为学生提供了一种阅读思路，开启了描写方法的大门，再次发现"鸟多"的另一种表达方式。

3. 抓同题异构，主题拓读

教学主题是"春天"的古诗《春日》《忆江南》《清明》后，我让学生也去找一找描写季节的其他古诗。在早读课上，学生们欣喜地汇报自己的那首诗。结果，全班38名学生选了30首。每人诵读一首诗，教师不需做过多的讲解，充分利用佳作语言的音韵美和小学生记忆力强的特点，引导学生读读背背，在读中领会文章的精妙，有时还可以配点音乐。学生很快就会被语言文字的内在的韵味所吸引、所陶醉，常常读得津津有味，学得兴致盎然。当每个同学都朗诵得自然流畅、感情充沛时,我提出新的要求:查找自己朗诵的那首诗是作者在什么情况下写的,表达了诗人怎样的思想感情?你最喜欢这首诗的哪句话?说说为什么喜欢。就这样你说我说抢着说,你背我背比着背,经过几节早读,结果不是每个学生只学会一首诗词,几乎每个学生都学会了30首诗词。这种不求甚解的阅读,让学生初步接触到了更多的佳作名篇,既扩大了视野,提高了语文鉴赏能力,又锻炼了记忆力、想象力和思维表达的能力。

4. 抓文本空白,深化拓读

教材中常常留有许多空白,这些空白既可以是内容的深化,也可以是内容的新解。这些看起来似乎"无"的空白之处,其实渗透着极其丰富的"有"。所以,我们充分利用好这些空白,使"无中生有",隐藏内容浮现,引领学生深入理解。

教学《七律·长征》一课,引导学生感悟红军战士的乐观主义精神和大无畏的英雄气概是教学的重点,特别要弄懂"金沙水拍云崖暖,大渡桥横铁索寒"中"暖"和"寒"的真正含义。但仅仅就56个字讲,学生是很难领悟到这一点的。所以,我就抓住文中隐含的"暖"和"寒"这个"点",带着孩子们读"四渡赤水""巧渡金沙江""飞夺泸定桥""翻雪山"等历史资料,大量阅读之后,学生有了更加深入、更加直观的了解。上述的阅读内容贴近教材,能满足学生学习需求,拉近了学生与文本的距离,为课文的理解减缓了坡度。学生对此有着浓厚的兴趣,在情感上也能够产生强烈的共鸣。

5. 抓原文引入,比照拓读

"节选课文"与其他课文一样,都是融"作者倾向、编者意图和课程标准精神"为一体的独立的教学文本。节选课文是从原文中节选而来,势必与原文未选部分保持着或多或少,或隐或现的联系,构成了有别于其他课文的特殊性。在教学节选课文时,要在立足课文本身,读出"教材"之意的同时,适度、适时地把被节略掉的原文呈现给学生。这样在引导学生"有滋有味"阅读选文的同时,又有意识地引发学生"原汁原味"阅读原文的兴趣。

例如,在《三打白骨精》一文的教学中,对比呈现课文的"八戒嘴馋,夺过罐子就要动口"与原文的"一嘴就把罐子拱倒,就要动口",比较是"夺"好,还是"拱"好。通过比较,很容易辨析出语言的"真味":"夺"字表达得形象生动,而"拱"却更高一筹,好笑好玩,又传神。原文的引入,关注了细微的差别,经过还原、比较,使阅读教学更为丰富细腻,同时也唤起学生对原文阅读的兴致。又如，在教学《林冲棒打洪教头》一课时，首先引导学生解读"节选课文"，体会出林冲宽厚、谨慎、善良、忍让、懦弱等复杂性格。然后补充"白虎堂""野猪林""风雪山神庙"里的有关情节，使学生深刻地体会到林冲性格中最鲜明的特点——忍，忍无可忍后会果断出手，又体现了他另一个特点——狠。在了解了林冲一生历程后，回顾节选的《林冲棒打洪教头》，会发现这篇课文就是林冲性格的一个缩影。这样的拓展阅读，不仅让阅读成了一种发现，而且把学生的阅读引向更为深入和广阔的空间。

(四)抓"料"补充，交流提升

语文课标中提出"倡导学生主动参与、乐于探究、勤于动手，培养学生收集和处理信息的能力、获取新知识的能力、分析和解决问题的能力以及交流与合作的能力"。新课标下的新语文课堂呼唤"开放的、浸润的、积极互动的"学习，而资料收集与处理能力的培养，正好有切合这种新课堂的模式。同时，资料收集的过程又是拓展阅读的新的较高层次：以"资料收集处理"把丰富多彩的生活带进课堂，再以"资料收集处理"开拓课堂，走向生活。

1. 资料收集，有针对性地拓读

教师要根据具体的教学目标和学生能力差异，引导学生有针对性地进行资料收集，学会进行整合、删选资料，并在阅读中尝试用自己的语言交流信息。

如在教学《"神舟"五号，我们为你骄傲》时，教师以教材教学目标为标准，并认真分析学生的认知水平，要求学生从"媒体报道""魔鬼特训"两个方面进行资料收集。在汇报过程中，有的学生兴趣盎然地介绍杨利伟经历的非同一般的训练，有的学生从报纸等媒体途径找来这一壮举报道的文字。这些鲜活的资料不仅形式丰富多样，有助于学生对其他信息内容的阅读与吸收，更让有效的资料阅读缩短了学生与文本之间的距离，深切感受到航天工作者所经历的辛苦，体验到"神舟"五号飞天的世界轰动效应。学生在收集资料时不再是在百度搜索后直接打印，不是手捧资料、一字不落、面面俱到地朗读交流，而是有了明确的方向，根据任务在阅读中进行甄选，真正凸显资料阅读收集的价值。

2. 资料收集，有实效性地拓读

语文作为一门综合性课程，讲究的是听、说、读、写综合能力的培养。关注"听"的能力培养，不仅要让学生"听清"别人的发言，更要对所听到的信息进行赏析、理解，甚至是批判。阅读教学中，每次进行资料交流时，学生兴趣高涨、争先恐后是课堂上最热闹的环节。但学生交流些什么，跟教学的课文有怎

样的联系，很多学生并不关心，这种缺乏彼此倾听的资料交流，无法真正起到拓展资源、提升认知的本质要求。而资料交流过程中，教师要强化学生的"听"，真正提升资料交流阅读的效益。

例如在教学《检阅》的总结板块，教师设问："此时，博莱克在自己的努力下赢得了观众们的赞许。在其他的书籍中，你还知道了哪些像他这样的人？"不少学生说出了一大串名单，这仅仅是标签式的对应，没有真正将阅读中内心的理解与感知融入内心意识中。于是教师进一步激发："这些人物与课文中拄拐男孩博莱克之间有什么联系呢？"有的学生说，舞蹈家邰丽华，两岁因高烧失去听觉能力，但她没有就此消沉在孤寂的世界里，也并没有抱怨命运的不公，而是像博莱克一样，以一种积极、乐观的态度笑对人生，通过努力，在舞蹈上有很深的造诣。有的同学说起保尔，他从来不想自己遭遇的坎坷，而是以自己顽强的毅力积极与命运抗争，最终成长为一名作家。在交流中，教师通过提问，勾连起课文中人物与阅读积累中人物的关系，让学生经历由此及彼，由人及理，深切感受自己收集的人物命运与主人翁的共性存在，从而升华对文本的体验与认知。

总之，拓展阅读对促进学生全面发展的确有着积极的意义。教师在对文本的开发和拓展中，不能为了拓展而拓展，要重视拓展的实效性。要有目的、有计划、有方法，要以"本"为本，以"生"为本，与课内阅读有机结合，确定准延伸的"方向"，把握好延伸的"度"，使学生想读，教学生会读，让学生多读，最终促进学生语文素养的发展！

巧用教材 落实"留心观察"

——以部编版语文教材三年级上册第五单元为例

北京市平谷区东交民巷小学马坊分校 许秋菊

罗丹说过:"生活并不缺少美,只是缺少发现美的眼睛。"怎么才能发现美呢?这就需要养成留心观察的习惯,这正是部编版教材三年级上册第五单元的语文要素"体会作者是怎样留心观察周围事物的",习作要求是"仔细观察,把观察所得写下来"。

这单元围绕"留心观察"这一主题编排了两篇精读课文《搭船的鸟》和《金色的草地》、两篇习作例文《我家的小狗》和《我爱故乡的杨梅》。交流平台重在对本单元的习作方法、要求进行梳理、归纳,从而得出这样特别的发现——作者观察的细致。引导学生体会"观察的细致"带来的好处,启发学生要留心观察周围的事物,积累习作素材。"初试身手"进一步启发学生如何进行留心观察,即:观察时不仅可以用眼睛看,还可以用耳朵听、用手摸、用鼻子闻、用嘴尝,调动多种感官去参与。

如何巧妙应用教材,落实这一语文要素呢?教学中可以这样做。

一、借助外形和动作——体会"留心观察"

《搭船的鸟》描写了"我"在去乡下的路上观察并认识翠鸟的过程,课题一个"搭"字,就使鸟儿具有了灵性,体现了鸟和人在自然中的和谐。

(一)整体把握课文,了解"我"观察的事物

学生在初读课文后,思考:作者对哪些事物进行了细致观察?不难发现,在第一自然段中"天下着雨,雨点打在船篷上,沙啦沙啦地响。船夫披着蓑衣在船后用力地摇着橹"。紧接着追问作者是怎样做到细致观察的,学生不难发现:有看到的,听到的。这时教师顺势归纳,观察时不仅要用眼睛看,还要用耳朵听,这就是观察的方法。

(二)借助重点段落,体会"我"观察的细致

1. 对翠鸟外形的细致观察

可以这样设计教学环节:

师:翠鸟给你留下了什么印象?

生:美丽。

师:你从哪感受到翠鸟很美丽?

生:羽毛、翅膀、红嘴。

师:作者是如何抓住外形特点进行描写的?

生:细致观察。

师:现在你又对细致观察有了哪些了解?

生:充分发表意见。

师(小结):原来我们只要把不同部位的不同颜色写出来,就做到了细致观察。

通过这样的环节设计进一步让学生体会到细致观察的不同方法。

2. 对翠鸟捕鱼动作的细致观察

我设计了这样的教学环节:

师:这只翠鸟是怎么捕鱼的?

生:抓住动词谈体会。

师:这么一连串的动作,又这么快,作者是怎么捕捉到的?

生:紧紧地盯着看。

师(小结):眼睛一眨不眨仔细看到的,看清每一个动作,看清一连串动作,这就是细致观察。

……

(三)回归整体,体会留心观察的好处

在了解了"我"对翠鸟的观察后,引导学生体会细致观察的好处:在这次平常的探亲之旅中,因为留心观察,"我"认识了一位可爱的新朋友,给"我"的旅途增添了快乐。我们在平时也应该这样留心观察,积累习作的素材。

(四)语用结合,观察实践

在课文的学习中学生知道了怎样做就是细致观察,我们就可以进行语用训练。

第一,把不同部位的不同颜色写出来。

在学完第 2 自然段后，落实这一训练点。出示一只丹顶鹤的图片，让学生把看到的介绍给大家，既要突出外形特点，又要按照一定的顺序去观察。学生在充分交流的基础上，写出了这样的一段话：

看，雪地中走来一只高傲的丹顶鹤。一身洁白的羽毛，头顶像是镶嵌着一颗红色的宝石，颈是黑色的，翅膀末端也是黑色的，两条纤细的长腿在雪中舞动。

第二，把一连串动作写出来。

教学完第 4 自然段后，落实这一训练点。出示小猫捕鱼的视频，让学生仔细观察小猫是怎样捕鱼的。学生会抓住小猫捕鱼时的动作，运用一些表示程度的词语进行描述：

一双眼睛紧紧地盯着水面，一条小鱼靠近了，小猫迅速伸出右爪抓住小鱼，左手一压，张开大口，叼起小鱼就逃跑了。

通过这篇课文的学习，学生对于留心观察的方法就有了初步的了解，体会到留心周围的事物，我们就会有新的发现。

二、借助草地变化——探究"留心观察"

《金色的草地》通过"我"细致入微的观察，发现了草地颜色的变化，明白了变化的原因。因为"我"有一双善于观察的眼睛，所以从平凡的大自然中，看到了有趣的变化，发现了变化的秘密。

(一)发现草地的变化

先让学生自读第 3 自然段，一边读一边画出表示时间的词语"很早""中午""傍晚"，想一想每个时间点草地的样子，发现草地的变化主要是颜色的变化。再让学生将三个时间点草地的颜色分别填入课后第二题的空白处——早上，草地是绿色的；中午，草地变成金色了；傍晚，草地又变绿了。然后，让学生按照顺序连起来说说草地的变化。

(二)探究变化的原因

先让学生一边读第 3 自然段一边画出描写蒲公英花朵的词句，了解其变化过程。接着，让学生再细读第 3 自然段，思考蒲公英花朵在一天内的变化，以及这种变化与草地颜色变化的关系，并将思考的结果填入第二题的空白处——早上，草地是绿色的，因为蒲公英花朵合拢了；中午，草地变成金色了，因为蒲公英花朵张开了；傍晚，草地又变绿了，因为蒲公英花朵又合拢了。

(三)体会观察的细致

先让学生联系自己的生活经验想想：如果你的窗前有一片这样的草地，上面开满了花，你会观察到什么？再引导学生看看第二题填充后的句子，想一想自己想做的观察和课文中"我"的观察有什么异同。

通过以上三个环节的设计，学生体会到：课文中的"我"不仅观察了草地的颜色变化，还在不同时间观察了草地颜色的变化，更进一步观察发现了草地颜色的变化和蒲公英花朵张开、合拢的关系，观察得一次比一次深入，一次比一次细致，这也是留心观察，从而认识到细致观察可以让我们对事物有更多更深的了解。

(四)观察实践，记录变化过程

在学完《金色的草地》一课后，已经给学生布置了课外观察实践活动，让学生观察身边的一种动物、植物或一处场景。本课学习后，借助课后第三题，让学生继续观察一种动物、植物或一处场景，在之前的基础上，侧重观察事物或场景的变化情况，并和同学交流观察所得。如果学生之前观察的事物或场景不容易发生变化，我们可以开拓学生的思路，引导其调整观察对象。除了教材给出的向日葵、含羞草的例子，也可出示一些常见事物变化的图片供学生选择，如"睡莲早晚的不同状态""夜来香昼夜的变化""小猫的眼睛在白天和夜晚的不同状态"……还可以让学生种豆芽，观察其生长变化情况。

本次的观察实践，要特别提醒学生选择不同的时间对同一事物进行观察。发现事物出现变化后，要进一步仔细观察，思考发生变化的原因，注意随时在观察记录单上记录观察所得。教师要指导学生将之前的观察记录单进行扩充，体现出观察到的事物和场景的变化情况。

三、调动多种感官——落实"留心观察"

本单元编排了《我家的小狗》《我爱故乡的杨梅》两篇习作例文，观察的对象是生活中常见的事物——小狗和杨梅。

《我家的小狗》一文，"我"经过细致观察，发现了小狗"王子"淘气又可爱的特点，比如：学念"狗"时，叫得最欢；能用叫声表示不同意思；喜欢同火车赛跑。正是因为作者留心观察了小狗的种种表现，并由此想到了许多事情，才将小狗的淘气可爱写得活灵活现。

《我爱故乡的杨梅》一文，第1~3自然段写了作者对故乡杨梅的喜爱和杨梅树的样子。第4～6自然段写了作者观察到的杨梅外形、颜色、味道的特点。课文的旁批提示学生体会作者观察的细致和这样观察的好处，课后题以表格的形式引导学生梳理作者对杨梅外形、颜色、味道的观察所得。可以将这篇例文与《搭船的鸟》第2自然段进行对比，发现后者主要是"看"，而前者既有"看"，也有"摸""闻""尝"。要通过对比启发学生：生活中的普通事物也值得我们观察，观察的时候，可以用眼睛看、用耳朵听、用手摸、用鼻子闻、用嘴巴尝。

两篇例文的学习让学生体会到，可以写观察到的发现，还可以加入自己观察时的想法。比如，写小狗跑不过火车时的叫声，作者就进行了推测，把自己想到的也写了下来；又如，写杨梅吃多了之后牙齿又酸又软的原因，是作者的分析，也是自己的想法。加入自己的想法，能把观察对象写得更加清楚，让人看得明白。

经过这样的教学安排与实践，学生对"留心观察"有了更深入的了解，观察时要细致一些，不仅用眼睛看，用耳朵听，还可以用手摸，用鼻子闻，有时还可以尝一尝；观察时还要注意事物的变化，这样就能把观察到的印象最深的一种事物或一处场景写下来。

如何落实"从不同方面把事物写清楚"的语文要素

——以部编版语文教材三年级下册第七单元为例

北京市平谷区东交民巷小学马坊分校　许秋菊

语文素养，就是以语文能力为核心的综合素养，是语文学习的能力要素。教师在教学中，既要让学生掌握语文听、说、读、写的基本知识和能力，也要促进学生审美价值、文化价值、语言思维能力的发展。

部编版语文教科书围绕"人文主题"和"语文要素"双线组织教学，每个单元设有"导语"，在单元导语中明确语文要素；单元中的选文落实语文要素，贯穿方法的学习与运用；在语文园地中安排"交流平台"栏目，进一步强化语文要素，梳理、总结、提炼学习方法；在习作中引导学生实践运用本单元的方法。各部分内容环环相扣，相互配合。以部编版语文三年级下册第七单元为例，谈谈如何落实语文要素。

一、在阅读教学中落实语文素养

部编教材以层次递进的段落编排单元教学，整体设计单元教学系统，"整体性"是部编语文教材的重要特点。三年级下册第七单元教学就要突出整体，纵横联系，既要读好语文要素长线发展系列，又要读懂单元要素内在关联，读好了这两个系统，才能抓住单元整体的核心和灵魂。

（一）纵向联系，发展语文要素

第七单元的语文要素是"了解课文是从哪几个方面把事物写清楚的"，这是对三年级上册第六单元引导学生找出关键语句，并借助其理解一段话的意思，三年级下册第三单元"了解课文是怎么围绕一个意思把一段话写清楚的"，第四单元借助关键语句概括一段话的意思，由"一段"向"一篇"逐步过渡，由"理解"走向"概括"，呈现了组段成篇的隐性编排思路，进一步提升从怎么把一段话写清楚到怎么把事物写清楚，体现了能力训练的梯度。

(二)横向联系，把握语文要素

本单元的语文要素"写清楚"的内涵，一是指文章主要写了"事物"的什么特点，二是了解文章是从"事物"的哪几个方面来写的。《我们奇妙的世界》从天空和大地两个方面展现了这个奇妙的世界的神奇和活力；《海底世界》从海底的动物、植物和矿产等方面，介绍了海底世界景色的奇异和物产的丰富；《火烧云》重点从颜色和形状两个方面，表现火烧云的变化极多极快。三篇课文虽然描写的对象不同，但都是从几个方面把事物写清楚的。

第一，抓住课题，引发思考课文内容。

陶行知曾提出："发明千千万万，起点是一问。禽兽不如人，过在不会问。智者问得巧，愚者问得笨。人力胜天工，只在每事问。"好的课堂导入应该能吸引学生，使他们产生强烈的学习愿望。

《我们奇妙的世界》一课的题目是"我们奇妙的世界"，对全文具有统领作用。揭示课题时可以联系学生的生活经验，让学生说说自己平时看到的世界有什么奇妙之处，再对"奇妙"释义——奇特、美妙，然后结合课题发问："我们奇妙的世界""奇妙"在何处呢？让学生带着问题初读课文，学生能发现课文第1自然段回答了这个问题——"一切看上去都是有生命的"。初步了解"一切"在文中具体写了哪些内容，明确课文是从天空和大地两个方面介绍的。

第二，抓住关键句，把握文章主要内容。

"借助关键语句理解一段话的意思"是帮助学生从词句的理解走向段的理解的一个很好的突破口。在三年级上册学生能"借助关键语句理解一段话的意思"的基础上，三年级下册提出"借助关键语句概括一段话的大意"的要求。这个要求只有在学生理解了一段话的意思，知道这段话是围绕哪句话来写的基础上，才能准确判断具有概括性或提示性的关键语句，从而概括出一段话的大意。很显然，后一个要素必须建立在前一个要素的基础上，是前一个要素的发展和提升。从"理解"到"概括"，这是一个从具体到抽象的过程，这既是对学生语言表达能力的提升，更是对学生思维发展的促进。

《海底世界》这篇课文最后一段话对学生把握课文主要内容起到关键作用。教学时首先要理解"景色奇异""物产丰富"的意思是什么，然后将最后一个自然段与课文第1自然段联系起来，帮助学生知道作者在谋篇布局时，运用了开头提出问题、结尾做出回答这种首尾呼应的表达方法。可让学生说说课文是从哪几个方面介绍海底世界的，借此深化对这两个短语的理解。

第三，抓住朗读，感悟文章主要内容。

阅读是学生的个性化行为，不应以教师的分析代替学生的阅读实践。应让学生在主动积极的思维和情感活动中，加深理解和体验，有所感悟和思考，受到情感熏陶，获得思想启迪，享受审美乐趣。要珍视学生独特的感受、体验和理解。

《火烧云》这篇课文作者是从颜色和形状两方面来写的，而颜色和形状的变化，又都具有变化多和变化快的特点。可以采取以读为本，在读中感悟。这里的读不是一遍一遍反复地读，而是读得有层次，更深入。因此，在教学这一部分时，可以先让学生自己读一读整个自然段，说说自己的感受和理解，使学生有初步的感受。再抓住重点词句进行理解，使学生对火烧云的颜色变化有深一步的体会，这时再让学生去读一读，感受会更深，也能把这种感觉读出来。最后又读这一段，不仅读出作者对大自然的热爱，也能读出自己的这份热爱。

在学习"火烧云的形状变化"部分时，布置学生先自由读读4~6自然段，思考：火烧云形状变化有什么特点？你是从哪儿感悟到的？在此基础上引导学生通过小组合作探究，想象体会，了解作者所描绘的充满了大胆神奇想象的火烧云景象，并体会作者热爱自然、热爱生活的情感。在学生汇报时，引导学生谈个人对文句的理解和感受，鼓励学生通过朗读来表达自己的情感。

学生在反复品味朗读的过程中，感悟到了课文是从哪两方面把事物写清楚的。

二、在交流平台中强化语文要素

交流平台的设计是完全指向单元语文要素的，它与"单元导读、选文"前呼后应。交流平台提供了一个聚焦、深化、延展单元语文要素的平台，教师可循着平台带领学生进行深入交流，实现语言要素的内化、迁移和运用。如此，使语文要素呈现出学习和运用的完整过程，真正有效提升学生的语文能力。交流平台也给予了教师、学生足够的发挥空间和展示余地。无论在哪一个单元，交流平台都试图在迁移内化之后实现拓展延伸，所以呈现出生生对话、探讨的方式，又留下许多空白点，为的就是让所有的学生不仅能掌握教材提示的方法，更能将自己独特的学习方法呈现出来，为语文学习提供更多可能。

三、在习作实践中运用语文素养

部编版教材的"单元导语"点明习作要求—"精读课文"学习表达方法—"交流平台"梳理总结表达方法—"初试身手"初步尝试运用表达方法—"习作例文"进一步感悟、积累经验—"单元习作"呈现本单元的学习成果。

每个单元中的习作，精选话题内容，着力激发学生的习作动机，培植表达自信。话题的情境创设力求唤起学生的生活经验，让学生有话可写，乐写愿写。除了引导学生写叙事类文章，还引导学生写介绍人和事物的文章，以及想象类文章，以满足社会交际的需要，满足学生放飞思绪大胆想象的需要。如第七单元习作"国宝大熊猫"，引导学生学习整合信息，围绕大家感兴趣的问题介绍大熊猫，拓宽学生的习作视野，使习作成为学生自我表达、与他人交流的工具，激发学生主动习作的内在动机。

同时，注重学生习得语言，运用语言。《火烧云》这篇课文在让学生感受火烧云颜色丰富多彩时，可以由"作者是怎样写火烧云颜色变化极多的"这个问题切入，让学生找到表示火烧云颜色的词语。然后把这些词语分成三类，带领学生读好这些词语，初步体会火烧云颜色的丰富多变。在此基础上，让学生讨论这三类颜色词语的特点，并根据词语的特点再说些类似的。最后让学生尝试发挥自己的想象力，用自己的话来延续作者丰富而绝妙的想象，此时可以引导学生：天空中这么多的颜色交织在一起，那是多么美呀！能不能用恰当的词语概括出火烧云颜色变化多呢？让学生用积累的词语来形容一下看到的火烧云，注重了语言文字的训练。

《海底世界》的第4自然段一共5句话，第1句总写海里的动物各有各的活动方法，接下来第2至5句具体介绍了五种动物的活动方法：它们有的向前进，有的向后退；有的自己活动，有的自己不动；有的极快，有的极慢。这种介绍充分说明海里动物"各有各的活动方法"，把第1句的意思说具体了。可以让学生仿照这个自然段的构段方法，围绕一句话把一个意思写清楚，这样也是语文素养的体现。

总之，语文要素如何在课堂落实，需要我们教师智慧地应用教材，合理制定教学目标，让学生经历语言的实践，形成语言能力，最终变成语文素养。

语文学习后进生朗读能力的培养

北京市平谷区东交民巷小学马坊分校　徐　倩

教育家汪道之等人认为，"学习后进"是指智力正常或靠近正常儿童在一个或多个方面学习成绩和其智力水平所能期望成绩相比显著落后，关键表现在听、说、读、写、思维、数学运算等方面能力低下。这些儿童心理行为之间发展有显著差异，在学业成绩等其他能力方面也有不均衡。这些学生在语文学习中，尤其是在朗读方面，有相当一部分同学因为感知、理解及心理障碍，读错字、读破词、读破句或停顿不当，有的同学即使能把一篇文章读下来，也不能正确表达感情。那么如何培养后进学生的朗读能力呢？我认为，应该从以下几方面入手。

一、激发兴趣，唤起后进学生的主体意识

"兴趣是最好的老师"，因此，激发后进学生对朗读的兴趣，发挥其主动性，对提高其朗读水平有着极其重要的作用。

（一）运用现代教学手段

在教学过程中，用现代教学手段可以激发学生对课文故事内容的兴趣，从而产生朗读的欲望。如教学《爬山虎的脚》一课时，可以通过课件演示，把爬山虎是怎么一脚一脚往上爬的过程清楚地展示出来，辅以配乐朗读，学生兴趣大增。

（二）注意朗读形式的多样化

不管做什么，经常重复一种形式，会使人们失去兴趣，产生疲劳。根据不同课文，对后进学生可采用个别读、分组读、轮读、分角色读等。实践证明，个别读能为他们提供自我表现、获得成功的机会；分组朗读可以使他们融入集体，增强他们读好的进取心；轮读可以分散难点，增强他们读好的自信心；分角色朗读，不仅能激发学生的兴趣，而且有助于他们理解课文内容，产生朗读的欲望。

(三)开展朗读竞赛活动

小学生都有好动好表现好胜的心理特点,后进学生也不例外,所以举行朗读竞赛对其朗读水平的提高确实有较大作用。但开展这类活动要注意三点:一是必须同层次学生编组;二是后进学生的评分采取纵向比较法;三是采取等级制,适当用鼓励性评语。竞赛的形式可以是朗读课文的录音,朗读片段竞赛,小组轮读竞赛等。

由于有了兴趣,后进学生朗读的主动性增强了,积极参与朗读训练活动,为朗读能力的提高提供了保证。

二、对症下药,树立后进学生的朗读信心

长期以来,应试教育使后进学生备受歧视、孤立。一次次考试成绩垫底的状况,使他们失去了学习信心,有较强的自卑感。表现在朗读上,为不愿读、不敢读,因而缺乏训练,造成朗读能力差。因此对症下药,树立他们的朗读信心显得尤为重要。我们有如下体会。

(一)建立和谐的人际关系是培养后进学生朗读能力的前提

作为教师,首先要树立正确的学生观,坚信每个学生都能有所发展,做到不歧视后进学生,要时时关心他们,努力做到无微不至,以建立真诚的师生关系,使他们"亲其师而信其道",其次要教育班里其他学生不歧视后进学生,不嘲笑、讽刺他们的错误、不足,让他们在平等和谐的氛围中快乐地成长。

(二)找准朗读障碍是提高后进学生朗读能力的关键

后进学生的朗读情况不好,有的因为生字不认识,有的是熟字记不住,有的是因为注意力不集中,有的是理解有误,有的是因为心理障碍怕出错反出错。教师必须针对不同情况加以训练矫正。

(三)多鼓励、多表扬是坚定后进学生提高朗读能力自信心的有效手段

后进学生也一样喜欢听"好话",教师要认真观察,多给他们朗读机会,及时发现他们的进步,加以肯定,这样就能使他们树立能读好的自信心,使其不断进步,不断提高。如有位后进学生平时不大敢举手读书,在教学课文《北京的春节》一课时,他主动举手要求读课文,尽管他把"间断"的"间"读成"jiān",还有几处添字掉字,但我还是表扬了他,课上及时向他指出了错误,帮助他进行了纠正。从那以后,他的自信心得到增强,朗读比以前主动多了,朗读水平也有明显提高。

三、循序渐进，提高后进学生朗读能力

在教学实践中，针对后进学生朗读情况，逐渐摸索出了"六步"朗读训练法，即"带读→引读→自读→纠读→读熟→读好"。

带读：学习一篇新的课文，对于后进学生，感到最困难的无疑是生字、长句和一些重复出现率较低且容易混淆的熟字，为了帮助他们克服障碍，让班里朗读好的学生教他们认识生字，读通长句，采取一句一句领读的方法，尽量做到使其认识生字，读通课文。

引读：在好学生带读的基础上，利用早读、自习课对他们进行引读训练，教师读这一句的前半部分，后进学生读后半部分，由短到长，轮流调换，起到纠正、巩固的训练效果。

自读：后进学生自己在练习朗读的过程中，可以由慢到快，由易到难。

纠读：通过老师或让朗读好的同学与其同步朗读，记下不同的地方，再进行纠正，一次朗读课文的长短，可视具体情况而定。

读熟：在纠读的基础上，让其不断练习，读熟课文。

读好：在上述五步基础上，让他们通过模仿，加之对课文内容进一步理解，逐步掌握读好课文的一般方法，提高朗读能力。

由于"六步"朗读训练法坚持从易到难，从扶到放，循序渐进，所以训练效果比较好。

总之，后进学生朗读水平的提高既要发挥教师的主导作用，他们自己的主体作用也不能忽视。只要我们激发起他们对朗读的兴趣，帮助他们树立自信心，坚持循序渐进的原则，克服困难，不断探索新的途径和方法，我相信后进学生也一定能正确、流利、有感情地朗读好每一篇课文，不断提高语文素养。

加强课前预习指导，促进学生自主学习

北京市平谷区东交民巷小学马坊分校　徐　倩

《义务教育语文课程标准（2011年版）》提出：积极倡导自主、合作、探究的学习方式。在语文教学中，我深刻体会到小学高年级"预习"是课堂教学的重要环节之一，也是提高学生自主学习能力的重要途径。课前预习可以使学生对新课文的学习处于一种有准备的心理状态，便于增强听课的目的性，掌握学习的主动权。作为教师无疑应从预习方面入手，加强指导，强化训练，使学生逐步形成技能，提高自主学习的能力。通过实践，我觉得加强小学高年级语文预习指导，可以从以下几方面入手。

一、明确目标，开展预习

课前预习哪些内容，达到何种程度，不能由教师想当然地规定，而是要依据教材特点，从学生的实际出发，确定的预习内容有层次性，这样便于照顾不同层次的学生进行预习。从学生的角度来看，同年级学生的水平层次不同，他们都有很大的可塑性，所以必须都要加以培养和提高。学生预习目标的依据来源于导读、预习、课后思考题、单元训练重点。因此可依据不同层次的学生制定相应的目标，力求"小而精"。一般学生对课文的预习是读通课文，通过查字典或联系上下文理解词语，能给课文分段，简单地归纳段落大意，说出文章的主要内容；而优等生的预习是要求在此基础上，对照老师设计的预习题或课后的提示质疑问难，深入理解、领会作者写作的精妙。这些预习目标形式的体现可以是表格式、填充式、问题式。

学生明确了目标，便可以展开预习工作了。预习时充分放手让学生自己去读，去思考，去领悟。而小学生读书往往是"和尚念经，有口无心"。因此预习前，就要对学生提出严格要求，即做到四到——"口到、眼到、手到、心到"，让学生边读课文边有意识地在书面上圈点标画，促使学生边读边想边操作，专心致志地预习，让学生从小养成"不动笔墨不读书"的好习惯。

由于预习的要求明确,又便于操作,学生对预习逐渐提高了兴趣,便会以饱满的情绪积极投入预习。

二、教会方法,获取新知

学生要完成学习任务,必须有相应的学习方法。授之以鱼,莫如授之以渔。陶行知先生说过:"不是要先生拿现成的解决办法来传授给学生,而且要指导学生以最短的时间去找到这种办法,并利用这种办法找到别的办法,解决别的问题。"由此可见,学生掌握学习的方法比掌握某一项具体的知识更为重要。

心理学认为"由易到难,循序渐进"的教学原则是有高效性的。预习也应遵循这一规律,有重点地进行,让学生在反复训练的过程中获取新知、掌握方法。

(一)教给学生理解词语的方法

"字不离词,词不离句,句不离篇。"文章是由一个个字汇合而成的,只有将"字词"这个渠道梳理通了,才能理解课文。指导学生预习时,理解词语的基本方法有三种。

1. 查阅联系法:通过查阅字典或词典,再联系文章特定的语境,选择恰当的义项,直接了解字义。如:《草原》一文中的"翠色欲流"的"欲"在字典里有4种义项:①想要得到某种东西的要求;②想要,希望;③需要;④将要。学生联系课文内容,立刻能选择出正确的义项:④将要。

2. 分合联系法:将词语先分成若干个词素,各个击破,然后将这些词素的意思结合起来加以理解。如:《挑山工》一文中"心悦诚服"这个词语就可以采用这个方法帮助学生理解词语的意思:"悦",愉快。"诚",真心。"服",佩服。几个字义联系起来可理解为"从心眼里佩服或真心实意地佩服"。

3. 上下文联系法:把所要理解的词语放在具体的语言环境中去,采用换词语的方法,如《穷人》一文中有这样一句话:"哦,我们,我们总能熬过去的。"把"熬"换成"对付""度""挨"等,让学生在具体的语言环境中体会到"熬"字用得准确、传神,体味到渔夫一家的生活十分艰难,加上抚养西蒙的一双孤儿的额外负担,日子就更非"熬"不可了!其善良的心地就显而易见了。此外还可通过找同义词、反义词等方法来理解。

(二)教给学生分段的方法

引导学生反复读课文,把每一句话都读懂。在学生认真阅读课文的基础上，厘清课文层次。指导学生运用已学过的知识，先逐一归纳自然段的意思，将联系密切的自然段合并，给文章分段，概括段的意思，厘清文章的脉络。分段的方法一般有这样几种：①按时间先后顺序分段；②按空间变换顺序分段；③按事情发展的顺序分段；④按总分顺序分段；⑤按介绍事物几个方面的顺序分段。如：《跳水》一文，学生在充分朗读课文之后，紧接着思考课文是按什么顺序写的，学生立刻回答出是按事情的发展顺序写的，聪明的学生马上根据起因、经过、结果将课文分成了三部分。

(三)教给学生质疑问难的方法

学生通过预习，不可能什么都懂，"学无止境""学贵于思"，学生自读课文后，提出不理解的词句或疑难问题，这是难能可贵的。教育心理学揭示，学生在学习新知识时，经验与新教材之间的差距构成心理上的矛盾，这种矛盾以问题的形式存在学生的头脑中，教学时，诱发并解决这些矛盾，认识就能提高，思维才能发展。学生发现问题而质疑，是对学习更深入更广泛的参与，但是往往有许多学生怕被老师、同学耻笑，不敢提问。作为老师要主动、热情地接触学生，我对学生说："谁要是能提出问题，而且把老师问住了，谁就是学得最好的。"我还鼓励学生："提问题和回答问题都需要动脑筋，会动脑筋的人才称得上是最聪明的人。"当学生提出有价值的问题时，就及时表扬，使班级洋溢着浓烈的求知氛围。

预习时注重引导学生抓住课文内容多问几个"为什么"，可以从这几个角度出发：①从课题质疑；②从中心句质疑；③从重点段质疑；④从关键字词质疑；⑤从标点符号质疑；⑥从课后习题质疑。鼓励学生勤学多思、活跃思维，让学生在思虑中进一步分析理解课文，从而使学生会问，并完成自主发现问题且能解决问题的过程。如《丁香结》一文，就是让学生根据课后第1题带着问题读课文的："朗读课文。说说作者是从哪几个方面描写丁香的。"

(四)教会抓住学习重点的方法

每一篇文章都有其不同的学习重点。让学生在预习时通读全文，从课文的题目到课文的结尾，细读体味，确定学习的重点。引导学生抓住学习重点的方法主要可以从这几个方面着手：①导读；②预习；③课后思考题；④单元语文要素。如《盼》一文，在导读、预习、课后思考题、单元语文要素均渗透这样几个学习重点：围绕"盼"这一心理活动，课文哪些部分写得比较具体？选出写得生动的两处，说说这样写的好处。

（五）教会交流探讨

针对预习中不明白的问题，可组织学生广泛思考、发言、争辩。因为讨论能最大限度地活跃学习气氛，调动群体学习的积极性主动性；讨论为每个学生提供了表现自我的机会，是思想和信息的交流，思维的火花在碰撞中才会更绚丽。在讨论中，学生各抒己见，畅所欲言，发表各自独特的见解，他们的自信心和成就感也往往在自我表现中得以增强。讨论的形式可以是全班式的，也可以是同桌或邻座或小组式的。这些方法的形成有利于学生获取新知。

三、及时反馈，学有所得

学生预习结束后，教师要注意及时反馈，让学生体验到成功的喜悦，同时对提高学生的预习兴趣有很大的促进作用。反馈的形式可以从这几方面得以体现：①课前组织学生讨论时的发言；②批阅学生的预习笔记；③印发预习卡片，出几个小题目让学生笔答；④在教学时提问。反馈有利于教师了解学生的预习情况，可以结合教学要求确定教学的重、难点，使教学有的放矢；更有利于教师有针对性地进行课堂教学。反馈有利于学生课内明确定向注意的"焦点"，增强听课的目的性，让学生有针对性地进行课堂学习，掌握学习的主动权。如：《夏天里的成长》一文就是通过检查学生完成的课后第1题来检查预习效果的。

四、持之以恒，形成习惯

教育家叶圣陶曾多次论述养成习惯的重要性。"语文方面的许多项目都要经过不断练习，锲而不舍，养成习惯，才能变成他们自己的东西。"可见，培养学生的预习习惯对于提高学生的自学能力是至关重要的。因此，预习不能流于形式，更不能随时中断，老师要精心设计预习题，融针对性、趣味性、启发性于一体，对每次预习情况教师要认真检查，发现问题及时解决，督促学生养成预习的良好习惯。预习主要是靠学生持之以恒的预习实践，只有长期坚持，才能提高学生的预习水平，才能进一步提高学生自主学习的能力。

多种方法落实低年级课外阅读目标

北京市平谷区东交民巷小学马坊分校　贾艾宾

《义务教育语文课程标准（2011年版）》在第一学段的阅读教学要求是这样的：" 喜欢阅读，感受阅读的乐趣。能积累自己喜欢的成语和格言警句。背诵优秀诗文50篇（段）。课外阅读总量不少于5万字。"标准中对低段课外阅读的字数做了说明。作为一名任教低年级的语文教师，一定要扎实地把语文课程标准提出的阅读任务落到实处，保证课外阅读的5万字。不仅要让浅近的中外各类优秀作品走进低年级孩子们的生活，还要带领学生一起感受作品的情境和韵味，让孩子逐渐养成阅读的习惯，感受阅读的快乐。

小学生的阅读主要包括课内和课外阅读。《义务教育语文课程标准（2011年版）》在实施建议中指出："培养学生广泛的阅读兴趣，扩大阅读面，增加阅读量，提倡少做题，多读书，好读书，读好书，读整本书。"可见，课外阅读不仅是课内阅读的延伸与扩展，而且也是我们常规的语文活动中最重要的一种形式。那么，应该如何指导低年级的学生进行课外阅读呢？经过多年的教学实践，教师可以从以下几方面进行尝试。

一、以兴趣激励课外阅读

俗话说"兴趣是最好的老师"。只要对阅读有了浓厚的学习兴趣，就能使阅读成为一次快乐的经历，从而达到真正的喜欢学、愿意学。因此，在日常教学中要发动一切力量，帮助他们尽快驶入读书的轨道上来。

（一）让墙壁会"说话"

如果说三尺讲台是教师的教学主阵地，那么教室墙壁的开发则成了第二个教学战场。对于一、二年级的小孩子来说，他们喜欢漂亮的色彩丰富的环境，因此给学生创设一个温馨的充满书香的阅读环境是非常重要的。因此要积极地行动起来，利用教室的墙壁，在墙壁合理的位置张贴关于读书方面的标语。低年级的《绿谷诵读》这本书中的名言佳句板块就有不少有关读书的佳句。比如佳句"读书百遍，其义自见"，意思是说书读得多了，意思就能明白了；佳句"不动笔墨不读书"的意思是读书的时候不写不思考还不如不看书，要动笔写理解，抄好句；佳句"读书须用意，一字值千金"的意思是说读书的时候不要囫囵吞枣，应该用心去读。教师把这些学生背得滚瓜烂熟的名言佳句，用彩纸打印下来，然后剪拼贴到墙壁上。五颜六色的纸张，熟悉的句子出现在学生的身边，在不经意间和学生的目光碰撞，使学生无形中受到了文化的熏陶。

（二）为阅读树"添枝加叶"

便利贴正像它的名字一样给我们的学习和生活带来了很多的便利。我们每天都会用便利贴记任务、记信息，人人都离不开它。学生们也非常喜欢五颜六色的便利贴。怎么能让这些漂亮的便利贴在教室里像花一样开放呢？深思后在教室的后展板上布置了一棵大树，这棵树一片叶子都没有，光秃秃的。然后告诉学生这是一棵阅读树，现在正是阅读树的"冬天"，没有叶子没有颜色。现在你们就是它的主人，要利用手中的便利贴帮它快速地走向春天，变成一棵枝叶繁茂的大树。怎么办呢？可以把你喜欢的好词好句写在便利贴上，然后就可以把它们粘到大树上了，可以把你喜欢的书的名字写下来粘上去，还可以把故事里你喜欢的动物画下来粘上去……各种有关读书的便利贴都可以粘到这棵树上。孩子们参与这项活动的积极性非常高，他们从我这里领取自己喜欢的便利贴，开始自己的创作。一片，二片，三片……一天，两天，三天……越来越多的五彩"叶子"飞上了枝头，大树变得越来越丰满漂亮。孩子们会在树下骄傲地说："看，那片叶子是我的！"这棵智慧的阅读树，不仅优化了教室的读书环境，还激发了学生读书积累的兴趣，良好的课外阅读之风悄然形成。

（三）有好书与你分享

班上的每个孩子手里都会有几本课外读物，这几本读完就会束之高阁很少再次翻阅，那将是一个非常大的浪费。如果让他们拿来和同学们一起互换分享，那收获肯定会翻倍的。每天中午吃过午饭，孩子们都会有10分钟的自由走动时间，他们就会拿着自己的图书去和同学交流，向同学们介绍自己的"藏品"，去找自己心仪的书籍，几分钟后他们就会拿着自己换来的"新"书，走进书海沉浸其中，那如饥似渴阅读的样子，真的是一个个名副其实的小书虫。这也才真正体现了一本书的价值。这种互换式阅读，让学生不断汲取新的"营养"，课外阅读的星火逐渐燎原。

二、由课内延伸课外阅读

课内教学与课外阅读相结合，可以使学生在课内需要掌握的知识得到复习巩固，还可以使学生在课内培养的能力得到锻炼，同时也有利于教师教学，提高我们课堂的教学质量。

（一）多样的小乌鸦

例如《乌鸦喝水》是部编版一年级语文上册中的一篇课文，这是一则经典的寓言故事。课文以"乌鸦喝水"为线索，围绕"乌鸦急着喝水—喝不着水—想办法喝水—喝着水了"这一系列变化过程，描写了一只遇到困难能仔细观察、认真思考的乌鸦。在课尾做小结时，孩子们纷纷为这只聪明的乌鸦竖起了大拇指。"同学们，还有一个关于乌鸦的故事，你们想不想听？"爱听故事的他们怎么肯放弃这个机会。抓住这个契机给他们讲了《狐狸和乌鸦》的故事。"从前有一只乌鸦和一只狐狸共同生活在一片森林里。一天，乌鸦找到一块肉，叼在嘴里，准备给她的孩子吃……狐狸说：'你的歌声最动听，谁都没有你唱得好，你就唱几句吧！'乌鸦……"故事讲完了，孩子们议论纷纷，有的说乌鸦太傻被狐狸骗，有的说要是我是乌鸦，我才不会张开嘴巴。任由他们说出自己的想法后，立即又抛出一个问题炸弹："你们喜欢狐狸还是乌鸦？"孩子们大多倒向可怜的乌鸦。看时机成熟接着说："可是有一个同学却说他喜欢狐狸，他还说'从乌鸦嘴里骗肉吃是个多么可爱的主意'，他还说……想知道他还说了什么吗？请你快去读《蝴蝶·豌豆花》这本书吧！"这时候教师就把拼音版的《蝴蝶·豌豆花》发给孩子们，此时孩子们津津有味地读得可起劲了。

（二）戛然而止后的精彩

一年级下册第一单元口语交际的任务是"听故事，讲故事"，故事的主题是"老鼠嫁女"，在一年级的必读的绘本书目中就有这么一本书。因此，如果你想利用这个机会把这本书推荐给同学们，如果简单直白地告诉学生去读，估计不会有几个孩子能做到。所以可以这样来"诱惑"他们，（出示第一幅图）老师绘声绘色地讲道："嘀嗒嘀嗒吹喇叭，谁家的女儿要出嫁？哦，原来是老鼠家的，鼠爸爸和鼠妈妈可开心了，因为他们要把女儿嫁给……"当他们听得津津有味、兴趣正浓的时候，我故意停了下来说："嫁给谁呢？后面的内容我也不知道了……"如此一来，学生们的心里就会被搔得痒痒的，看得出他们感到特别惋惜。看时机成熟，顺水推舟说："要不你们自己去看吧？"此时把书的名字《老鼠娶新娘》写在了黑板上，他们赶紧就把书的名字记在了记事本上，好像现在不写上一会儿就会消失了一般。更没想到第二天他们就都来和我讲这个故事的结局。他们说放了学都没回家，直接去书店买了这本书，半路就给读完了。这种突然间的中断让学生心里产生了强烈的阅读期待，他们越读越有兴趣，阅读兴趣带动了阅读数量。随着阅读能力的提升，他们也越来越有信心了。

低年级的孩子认识的字还很少，不喜欢去读通篇没有图画的干巴巴的书。因此我们要认真引导学生或者帮他们去挑选一些他们感兴趣的书籍，教师要提前了解哪些读物是学生感兴趣的，一定要做到心中有数。只有知此知彼，才能有的放矢。

三、用活动落实课外阅读

著名的教育家叶圣陶曾说过："教语文不仅要使学生熟读课本，更重要的是要使学生在生活中扩大词汇，掌握语言的规律，增长表达的能力，从文学作品的阅读里提高思想的培养。"可见，开展课外阅读活动，更能丰富阅读的内涵。要使学生通过课外阅读，真正达到"丰富语言的积累"的目的，除了结合课文学习、指导课外阅读以外，还应适当地举办一些丰富多彩的活动，以检查学生课外阅读的效果。

我们可以开展"讲故事比赛"、"朗诵比赛"、"词语接龙"等寓教于乐的活动。因为每个孩子都渴望被夸奖，希望能够通过展示自己来赢得别人的肯定。记得那次"我画我讲"的讲故事比赛活动，学生把自己要讲的故事内容先画下来，然后对这幅画开始自己的发挥。比赛现场的张鑫淼同学滔滔不绝地给大家讲《水浒传》，他讲八十万禁军教头，那眉飞色舞的讲解让我们大家的脑海立刻就勾画出一个武痴的林冲……故事讲完了，教室里爆发出热烈的掌声，第一名非他莫属。要不是这个活动，我怎能发现一年级竟然还有读《水浒传》的孩子，怎么能发现原来这个孩子这么能言善道？相信比赛过后，在这生动故事引领下，更多的孩子会走进这本书，和他一起交流他们的想法。

低年级小学生毕竟年纪小，兴趣易激也易失。为使学生对课外读物爱不释手，阅读兴趣日趋高涨并养成良好的阅读习惯，要想方设法，开展丰富多彩的读书活动，让他们有机会展示课外阅读的效果，享受进步和收获的喜悦，激发读书后的成就感。

"不积跬步，无以至千里。"作为低年级的语文教师，应引导学生有效地进行课外阅读，从现在做起，发挥一切力量来积极激发学生课外阅读的兴趣，找到课外阅读的那把金钥匙，让课外阅读的种子在学生心中发芽开花。

巧用歌诀，书写规范汉字

北京市平谷区东交民巷小学马坊分校　贾艾宾

《义务教育语文课程标准(2011年版)》在学段目标与内容板块对第一学段提出了如下的要求：喜欢学习汉字，掌握汉字的基本笔画和常用的偏旁部首，能按笔顺规则用硬笔写字，注意间架结构，初步感受汉字的形体美。因此每天的语文课都会有10分钟的练字时间，学生在老师的指导下练字，掌握基本的书写技能，养成良好的书写习惯，提高书写质量。那么该如何引导刚入学的孩子喜欢书写汉字？如何指导学生又快又好地掌握写字技能？这些则成了我们低年级的教师该思考和解决的问题。而"生字本"的使用，则恰恰为我们点亮了"指导学生练字"这条教学路上的一盏明灯。

"生字本"与我们所授的部编版语文课本配套，课本中每一个要会写的字在"生字本"上都能找到，为学生在平时学习新知后的练习巩固提供了非常便利的条件。在这个"生字本"中，每一个要会写的生字后面都附有非常详细的书写指导。比如生字"一"的写法，"生字本"上是这样说明的：(独体)横画起笔轻按，然后从左向右行笔，行笔稍轻，最后稍顿收笔，横画左低右高。这份细致的指导，不仅便于同学的书写练习，同时也给教师的备课提供了特别好的指导性的建议，而"生字本"中的歌诀则非常好地覆盖了上面的这些优点。下面我就以一年级上册"生字本"中的歌诀为例，来谈一谈在写好字的教学实践中的所感与所得。

一、利用歌诀激发学生的写字兴趣

(一)歌诀如同《三字经》言简意赅，朗朗上口

一年级上册"生字本"中一共有12段不同的歌诀，这些歌诀读起来就像我们背诵的《三字经》一样朗朗上口。因此我把它们称作"三字歌诀"。比如：左旁右，齐一线。横改提，捺改点。再比如：先写短，后写长。最短画，在中央。间距同，形异样。这是其中的两段，其他几段歌诀也都是这样，它们三字一读，三字一顿，特别有节奏感。这些言语简洁意思明确的三字歌诀，非常符合低年级学生的年龄特点，他们喜欢读，喜欢听，一听一读中激发了学生练字的兴趣。

(二)歌诀里的体操元素，让学生动起来

刚刚升入一年级的小学生，第一次在一人一桌这样的课堂中学习，他们易动好动，整堂课不让他们活动肯定不行。因此在每节语文课上，有经验的老师都会布置一个课中操，学生在这个环节可以站起来跟着老师伸伸胳膊，踢踢腿，不仅让学生活动了一下身体，同时也便于学生能够集中注意力来学习后面知识，而朗朗上口的三字歌诀则正好为我们提供了这么一个机会。比如学习课文《江南》的时候，我们将要学习生字"东"，那么我就会安排这样的一个课中操，我会提前把课中操的内容用PPT的形式呈现给学生，然后带领学生边说边做：横画长(把两臂横向张开)，竖画短(右侧胳膊贴着右耳，左侧胳膊贴着左腿外侧)，撇和捺宜收敛(两臂自然下垂，并微微张开)。刚开始我就这样带领学生边说边做，每句话说三遍之后，我则不再带领并且开始不断加速或者打乱歌诀的位置，他们手舞足蹈，他们开怀大笑。这么利用歌诀编排的一个课中操让学生不断地体验游戏的快乐。这样，不仅活跃了课堂气氛，他们玩过笑过后再开始下面的学习环节，学习一定会更专心，学习效果也会更好了。

二、教师指导书写时利用歌诀省时增效

按照规范要求认真写好汉字是教学的基本要求。带领学生写好字是我们低年级老师必备的基本功。每一节语文课的写字环节，我们教师都要牢牢抓住这一环节，对学生进行正确的书写指导。

(一)指导笔画较少的字

生字"三"是由三条横组成的字。课堂上我就听有的同学说这个字太好写啦，画三条横就可以了。他们殊不知如果要写好这个字也是不简单的。书法指导中具体是这样描述的：横画起笔轻按，然后从左向右行笔，行笔稍轻，最后稍顿收笔，横画左低右高。第二条横最短，第三横最长，要间距均匀。我们如果按照书法指导引导学生书写会浪费很多的课堂时间，而如果要用歌诀来指导学生写好这个字，18个字就可以完美诠释，这样既能对生字书写指导到位又能节省时间。具体我是这样做的：我带领学生先来观察"三"这个字，问这个字什么一样？什么不一样？让学生自己说出横的长短不一样，横之间的距离一样。好,接下来我们继续观察:三条横哪里不一样?学生会说中间的横最短,下面的横最长。我鼓励他们说,你们观察得真仔细。下面这个歌诀恰恰说明了你们的发现,来和老师一起边看这个字边读一读:先写短,后写长。最短画,在中央。间距同,形异样。好,请同学们伸出你的小手和老师一起写"三"这个字。就这样,学生经过自己的认真观察,通过歌诀又巩固了写法,教师边写边再强调指导,为学生独立书写奠定扎实的基础。

(二)指导笔画较多的字

一年级上册书里有100个"四会字",这些字里不乏一些笔画较多的字,学生在书写的时候不论是笔顺还是笔画,都很容易出现问题。因此在指导书写的时候更要用心一些。例如生字"在"这个字是左上包围结构的字,写的要求是第一横不宜长,在竖中线上起笔写撇,最后一笔要露出字框。在指导学生学习这个生字的时候,我是这样讲的:"'在'左上包围,横、撇'两面围,上不长',横要短一些,再写里面的'土',最后一笔横要露出来,也就是说'里面画,露出框'。"我边讲解边把这重要的歌诀板贴在字的旁边,学生边听边理解边学习写好这个字的关键,同时他们的小嘴巴也不约而同地跟着老师读起板贴的歌诀内容来。这样一来,当他们开始动笔写的时候就知道横、撇的关系,知道该如何下笔了。利用正确简洁的歌诀来指导汉字的书写,课堂中的学生接受得很快,课堂的习字氛围也非常浓烈。

三、学生独立写字时利用歌诀纠错

写字歌诀不仅可以用在正在教授写字的过程中,教师带领学生指导完书写后,学生开始独立写字的时候,教师还可以用歌诀来提醒他们,用来强调一些字的书写要领,帮助学生及时改正错误。比如在教授生字"果"时,这个字要想写得漂亮,要做到横短竖长而不能反之,撇捺展开而不能束缚在一起。在巡视的时候我就发现有的同学横画就比竖画长;有的同学撇和捺这两笔没有打开贴着竖写;整个字看起来怪怪的。这时候我一边巡视一边用歌诀来提醒他们:"竖画长,横画短,撇和捺要舒展。"学生听到老师的歌诀指导,又观察了一下自己写的字的问题所在,马上就把问题改正了。一个个漂亮的"果"字跃然纸上。

四、利用歌诀规范书写的时候需要注意的问题

"生字本"中写字歌诀我们要活学活用,不是学习写字的时候简单地把歌诀

中的每句话都搬上PPT，也不是这段歌诀中的每一句都必须用上。比如在学习一些像"马、用、几"等这些独体字的时候，我们就要明确地告诉学生写好这些独体字的关键就是：字好看，竖中线。要把这些独体字写在田字格的正中间的位置。歌诀后面的"点和竖，横中间。上下正，对中线"就可以不说。我们要学会挑有用的说，挑合适的用。

　　在用歌诀指导书写的时候，对所用歌诀要用得恰当准确，这就要求我们教师必须要提前备好课。比如生字"水"和生字"来"，这两个生字都有撇和捺，那么它们的写法是否相同？如果不同，不同在哪里？我们教师自己心里要有数，不能稀里糊涂，通过提前备课就会发现：生字"水"的撇和捺宜收敛，生字"来"的撇和捺宜舒展。知道了它们的区别，我们才会胸有成竹地站在讲台上去正确地指导孩子规范书写。

　　教师自己要对这些歌诀铭记于心，只有把它们牢牢地记在心里，我们才能在课堂上游刃有余地运用它们。试问，如果教师自己对这些歌诀不熟悉，在指导学生书写的时候又怎能熟练地运用呢？答案可想而知。

　　总的来说，通过这半年来的语文教学，我发现"生字本"中的歌诀真的特别实在实用，在课堂上真正发挥了对写好字的指导价值。朗朗上口的三字歌诀，受到了师生们的喜欢。在以后的教学中，我将继续充分利用好"三字歌诀"，用其来指导自己的教学，规范学生的书写。

浅谈如何提高低年级学生语用素养
——以部编版语文教材一年级上册《大小多少》为例

北京市平谷区东交民巷小学马坊分校　王　慧

《义务教育语文课程标准(2011年版)》明确指出,语言文字是人类最重要的交际工具和信息载体,是人类文化的重要组成部分。语言文字的运用,包括生活、工作和学习中的听说读写活动以及文学活动,存在于人类社会的各个领域。语文课程致力于培养学生的语言文字运用能力,提升学生的综合素养,为学好其他课程打下基础。

我以部编版一年级上册第五单元第7课《大小多少》为例,简要阐述课上我是如何培养低年级学生的语用素养的。

一、课堂是学生识字写字的主阵地

低年级的语文教学,以识字、写字为基础,但在这基础上,也要重视语用这一重要环节,它们之间是相辅相成的。语文作为一门综合性的语言学科,在课堂上,要时刻关注学生的语用能力,采取有效的措施培养学生的语用能力,而不是课上老师的串讲串问,学生毫无兴趣的机械式死记硬背,要把语文思维的发展和语文素养的提升紧密结合起来。

《大小多少》是一篇读起来朗朗上口的儿歌。识字教学要落实语文要素,不能简单地只为识字而识字。要通过丰富多样的编排形式,让学生在识字的同时,了解汉字的文化内涵,使学生体会到汉字不仅有用,还很有意思。这就要求教师在课堂上引导学生用语言说生活,建立起汉字和事物之间的连接。学语文要来源于生活,但要高于生活。学生的说是建立词语和事物的联系,是进一步把词语的音、形、义统一起来,但是教师的引导是提高这种认识,把说的景象用一个词语概括之,再遇到同样的景象时,学生就会用这样的词语,这样结合生活来学语文。

二、在课堂上拓展识字、分类识字，形成语汇系统

(一)谜语导入，充分激发兴趣

兴趣是最好的老师，课的第一锤一定要敲击在学生的心灵上，激发起他们思维的火花，或像一个吸铁石一样牢牢地把他们吸引住。课上我通过"读一读，猜一猜"这个拼音小谜语，放手让学生自由拼读、抓住谜面特征猜一猜，不仅激发了学生的学习兴趣，也锻炼了学生的拼读、提取信息以及与生活实际相联系的能力。由于一年级学生刚学完拼音，借助拼音阅读是非常重要的，用一个小谜语的形式让学生初步感悟到阅读要抓住重点，同时谜底和这节课有着密切的关系，激发了学生的学习兴趣。学生们的兴趣高了，课上的参与度也就相应提高了，课堂效果也就显而易见了。

(二)落实朗读，感悟表达顺序

我让学生先观察课题中对应的"大小""多少"这两组反义词，再提问课文中谁大谁小，最后到看课文中是怎么说的这几个问题。通过初步感知课文，发现课文中大小多少的句式特点，为后面学生学会表达打好基础。课堂上，我通过三次朗读，让学生感悟文字，让图片与词语相对应。

第一次朗读，让学生解决比较浅显的问题。课题中我们发现大小和多少是两组反义词，到底谁大谁小，谁多谁少呢，我们一起走进课文去看看吧。学生初读课文，从语文能力训练点来说，这就是整体感知能力的培养。

第二次朗读，将课文第一小节和第三小节的插图与语言文字相对应。在反复朗读后，教师引导学生思考：这两个小节都是在比大小，请你们想一想，它们是按照什么顺序比大小的呢？学生很容易发现是按照先大后小的顺序进行比较的。你们看，低年级的孩子在老师的引领下也是可以对文章的表达进行评价的。

第三次朗读，用同样的方法，让学生自主学习第二小节和第四小节，发现表达的顺序是先多后少。那么整体上什么时候比大小，什么时候比多少呢？这是一个非常有思维含量的问题。学生在熟悉课文内容的基础上，要对文章的内容进行整理、归纳，最终发现数量相同时可以比大小，数量不同时可以比多少。

课堂上是这样的：孩子们，读完课文，快来说说你发现了什么。孩子们很容易就能找到一个大一个小。大家快来看看，谁大谁小呀？课文是怎么说的

呀？这时我顺势进行表扬"老师发现他真会读，他把刚才的问题都找到了（一个大一个小，一头黄牛一只猫），而且他还把名称都读出来了，谁再来读一读？"通过学生的读以及图文对应，感受课文的大小对应关系。

这三读课文，从初步的整体感知入手，到发现文章的表达顺序，最后到归纳出比较的方法，学生的思维是在一层一层地不断深入，阅读的能力也是在一点一点提升的。

（三）分类识字，着重发散思维

识字作为低年级学生识字课的教学重点，教师除了让学生会读、会认本课中的基本汉字词语之外，还要培养学生通过一个偏旁认识一类字的字族识字的意识与能力，适当拓充一些常用的量词，拓展学生的语汇系统，提高学生的语汇能力，这就需要通过实际的运用得以实现。

1. 利用偏旁，字族识字

课上我关注学生思维构建语汇系统，在讲授带有反犬旁的字时，课堂是这样的：同学们，请大家先猜一猜，我们熟悉的动物哪些带有反犬旁呢，学生们可能会猜着一些，比如有的学生会说猪、狼、狗等。这时我会顺势表扬：你们说得可真好啊，大家一下子就发现了生活中这么多的小动物都有反犬旁，看来你们从生活中识字的本领可真高。也有可能猜不着，比如有的学生会说兔、虎等。这时我也不会打击学生，而是把这个字写到黑板上，大家快看，"兔"字这样写，它有反犬旁吗？对呀，"兔"这个字没有反犬旁。不管学生有没有猜对，那都没有关系，总之锻炼的是学生的思维。课上，对于我让孩子们从认识一个偏旁，到认识一个字，再到认识一系列带有反犬旁的字，这就是形成语汇系统。

识字是和生活息息相关的，我这个环节从生活中来，发现了共同特点后，又回到生活中去，最重要的是学生在学习中非常有兴趣，在不知不觉中识字方法和能力都有所提升。

2. 结合生活，拓展量词

在本课当中，有很多量词是学生喜闻乐见的，当然只积累这几个还是远远不够的，所以在课堂上我进行了拓展，让孩子们来说说"一（　）沙子，一（　）猴子，一（　）狮子，一（　）老鼠"等。低年级的孩子在语言表达方面是有一些欠缺的，在表达事物时大部分孩子只会用"个"这一个量词。这样的一个环节，在拓展了学生词汇量的同时，还为下面的语言训练做了铺垫。

(四)语言运用，提升表达能力

语文教学就是以课本为载体，最终的目的是让学生学会表达。所以在孩子知道了数量相同比大小、数量不同比多少的情况下，必须要进行语用训练。让学生学会仿照文章的表达顺序，自编儿歌。

1. 建立联系，拓展提升

在课堂上，我给学生们出示三组图片"冬瓜和葱""草莓和梨""大象和羊"，让学生们发挥想象自己试着比一比。课堂中是这样的：同学们，蔬菜朋友也想比一比，你能像课文中那样说说这两幅图吗？学生在前面学习的基础上，有的同学会这样说：一个大，一个小，一个冬瓜一棵葱。我会这样表扬他们：你不仅把这两个物体的量词运用准确了，还正确比出了它们的大小关系，真是个会观察的孩子。再帮水果朋友和动物朋友比一比时，学生们都能发散思维，运用适当的量词对同类事物进行比较，在运用语言的基础上，发散了学生的思维。

语言表达能力的确得到了提升，这个时候教师再引导学生观察课本上和补充的图片，思考：在比大小和比多少时，你有什么发现吗？学生立即发现动物和动物比，水果和水果比，蔬菜和蔬菜比。也就是我们在比大小和比多少时，要同类事物相比较。

2. 结合实际，发散思维

更有意思的是最后什么图片都没有时，我问学生们：现在你还能说什么？本来我想，孩子们会陷入沉默，但是让我十分意外的是，孩子们的思维非常活跃。有个男孩竟然这样说：一个高一个矮，一座高楼一间平房。看来通过前边一步一步地学习，课文中的句式已经深刻地印在孩子们的脑海中，而且他们也明白了比较的原则，所以孩子们通过生活中熟悉的事物进行仿照课文结构的说话训练就会这么水到渠成。他们的思维已经跳出了我设定的蔬菜、动物、水果这三类，而是根据自己的生活实践，不断进行思维拓展。不仅强化了同类事物相比较的原则，也真正做到了发散思维，构建了学生的语汇系统。

三、对比联结，培养自主识字

课堂上我们不仅要识字，还需要写字，于是我通过让学生先比较，再观察，再动笔书写，以此提高学生的写字能力。

如学习"鸟"字时，我先给学生出示甲骨文的"鸟"，让学生结合图片先认识古代人们的造字智慧。逐步过渡到认识"鸟"字的字形，以及"鸟"字的书写方法和笔顺，为了激发学生们的识字、写字兴趣，在此我和学生们按照"鸟"从头到脚的顺序逐笔书写，这样，学生们不仅记住了"鸟"的笔顺，更锻炼了口头表达能力。接着让学生口头扩词（小鸟、鸟儿、鸟窝……），在学生理解词义的基础上，指导学生拓展延伸，从这些词语中选择一个你喜欢的词语说一句话，尽量使句子生动形象。如设置系列问题：图片上你发现了什么？小鸟在干什么？你想对小鸟说些什么？这样下来，简单的一个"鸟"字的识字教学，就有了学生对这个字"认知—实践—迁移"的过程，教师也能很好地将语用能力落实到教学的各个环节，学生不仅学会了这个字，还积累了词语，尝试用积累的词语进行表达。

通过汉字与学生的元认知构建联系，这种识字方法深受学生的喜爱。从形象直观的甲骨文入手，与他们实际生活中对鸟的认识进行比较，这种思维的联结更有利于发展学生自主识字能力，识记新字的效果更好。

知识，只有当它靠积极的思维得来，而不是凭记忆得来的时候，才是真正的知识。所以，要想学生构建庞大的语汇系统，切实提高学生的语文素养，落脚点一定在关注学生的思维上。在课堂的学习中，学生积累了语汇，发展了思维，并为下节课的学习埋下伏笔，诱发学生的求知欲，让学生爱上识字。

巧用歌诀提高低年级写字效果

北京市平谷区东交民巷小学马坊分校　王　慧

《义务教育语文课程标准(2011年版)》小学第一学段(1~2年级)关于识字与写字中明确指出：喜欢学习汉字，有主动识字、写字的愿望。认识常用汉字1600个左右，其中800个左右会写。掌握汉字的基本笔画和常用的偏旁部首，能按笔顺规则用硬笔书写，注意间架结构。初步感受汉字的形体美。40分钟的高效课堂上，写字就占有15分钟，在这举足轻重的15分钟写字时间中，学生们从观察到读歌诀，再到用歌诀来规范自己的书写，真正做到了用小歌诀来指导书写，最终把字写得正确、规范、美观。我主要以一年级下册"生字本"中的小歌诀来谈一谈课堂上我的使用心得。

一、观察字，分清各部位名称

宋代书法家黄庭坚说："古代人学习写字不都是依靠临摹，他们常常把古人的书法作品张挂在墙壁上，专心致志地观看它，看准了才下笔。"由此可见，要想写好字，一定要学会仔细观察，不仅要从整体观察，也要从各部位进行观察，还要观察字的小细节，从中发现古人的造字智慧，感受汉字之美。

(一)从整体观察

对于一年级的学生来说，虽然经过了上一学期书写汉字的锻炼，学生已经掌握了一些简单的书写方法及技巧，但是在书写一些比较难写的字时，学生还是不知如何下笔，往往都是看一笔写一笔，生怕哪个笔画写错，以致最终把一个完整的汉字写得七零八落。鉴于这种情况，我会要求学生写字前认真观察汉字，首先要从整体观察汉字的结构，从而使他们清楚地认识到要把字作为一个整体来观察。比如在书写独体字"走"时，会用到这样一句歌诀：上下正，竖中线。意思就是：走的"土"与"乁"的竖画上下对正，居于竖中线上。看，就是通过这样一个简单的三字小歌诀，学生们不仅将这个字的笔画记住，还把字的每一个笔画在田字格中的位置铭记于心，相信通过这样的三字小歌诀，学生的书写一定能做到正确、规范、美观。

(二)从部位观察

"生字本"就像是一个百宝箱，里边有各种"宝藏"小歌诀来指导每一个字的书写，比如学生在观察字的结构时发现这是一个合体字，这时学生不仅要观察这个字的形状和特点，更要看清笔画间是如何组合的，哪些地方需要穿插，哪些地方又需要避让，我都会要求学生们抓住重点部位先观察再动笔书写。比如在书写"玩"这个字时，我会这样问学生：孩子们，你有什么好方法记住这个字呢？学生们很快就能想到用加一加的方法，王＋元就是玩，那说到玩的写法，你有什么想要提示同学的吗？经过一段时间的训练，孩子们马上就想到可以用到的小歌诀：左旁右，齐一线。横改提，捺改点。横与撇，插中间。意思就是：在书写这个左右结构的字时，"王"居左做偏旁时，要把横改成提，右侧收笔在同一条直线上。"元"的撇要向左穿插到王字旁提的下边。其实，孩子们通过自己观察字的结构，发现书写规律，能够根据"生字本"上的小歌诀来提示自己书写时需要注意的地方，在以后面对左右结构有王字旁的字时，相信一定会想到这个小歌诀并加以运用。班上有个孩子的名字带有"珠"这个字。下课后，她的同桌兴冲冲地向我跑来，用那双渴求肯定的小眼神告诉我：王老师，我认真观察了我同桌的名字，我发现她的名字"珠"也有王字旁，真的就像课堂上说的这样：左旁右，齐一线。横改提，捺改点。横与撇，插中间。然后又对这个字和我进行了详细的解释。我认为孩子们举一反三的能力是非常强的，他们能从三字歌诀中发现我们身边的这些"小美好"，并会用自己学过的知识加以运用，真正做到了学以致用。

(三)从细节观察

俗话说：细节决定成败。写字时也是如此，要从细微之处观察到字的书写特点，抓住关键笔画进行有针对性的书写指导，才能起到事半功倍的效果。比如在讲"文、平"时用到这样一个小歌诀：点和竖，横中间。上下正，竖中线。意思就是：文的点在竖中线上，撇和捺的交点也在竖中线上。平的两横上短下长，竖画从横画中间穿过。"办"的撇画起笔和横折钩的钩尖都在竖中线上。两点在横中线下侧。看似简单的一个字，但是每一个笔画都有着非常严谨的要求，起笔在哪儿，往哪个方向落笔，收笔在哪儿等等。如果没有小歌诀来为生字课堂增色，那语文写字课堂势必会是老师枯燥的讲解再加上孩子厌烦的书写。

比如在书写有口字旁的"呢、吗、呀"这几个字时，想到了这样的小歌诀：短偏旁，不一样。左边升，右边降。也就是我们在书写这几个字时口字旁的位置要稍微偏上一点，除此之外，还有一句横与撇，插空间。以此提示学生"呢、吗、呀"这三个字的右半部分的撇或横要穿插到口字旁的下边，以此来实现字体的美观。

二、读歌诀，提高课堂氛围

一年级下册"生字本"向我们展示了12个三字歌诀，在我们高效的语文课堂中，使用率是极高的，正是因为有了"生字本"的小歌诀，我们的课堂氛围才会非常活跃，变枯燥的识字、写字为有意思的儿歌游戏。

（一）课堂中调动学生兴趣

课堂中，学生们喜欢用小歌诀来规范自己的书写。在遇到我们要写的生字在课题中时，学生们会马上想到三字歌诀。在课堂上我们在给生字组词时，学生们会马上想到三字歌诀，比如《荷叶圆圆》这一课讲到"鱼"这个字时，我们马上就用到了这句小歌诀：一部展，余部收。因为"鱼"与"余"同音，孩子们马上就兴趣盎然，使原本沉闷的课堂瞬间变得充满活力了，孩子们不仅记住了这两个字的不同意思，又仿佛看到了鱼长长的尾巴，所以在书写这个字的时候，会把最后的横画写得最宽。雪中送炭般的小歌诀在这时候就显得极为重要了，孩子们喜欢用这样的形式来活跃课堂气氛，也将学生学习兴趣及时地调动出来。

（二）课堂后及时巩固运用

课堂后，我还能听到学生们在用三字歌诀来和同桌进行互动。在一节课后，我偶然间听到了学生之间这样的对话。女生甲：我觉得女字做偏旁时真的就是上课说的三字歌诀中的那样横改提，像不像我似的，每次你写字时胳膊碰到我的时候，我都给你让出位置来，我就像这个女字旁一样把原本伸开的胳膊缩回来改成提了。男生笑呵呵地说着：真的是这样啊，你看这个"姓"字像不像咱们俩，有时候咱俩闹别扭时还会用脚进行"穿插"。听着这两个同学的交谈，这时我真的感受到了"生字本"中三字歌诀带给学生们的不仅仅是写字，更教会了学生们为人处世。

其实，三字歌诀并不是教师机械式的重复和学生的死记硬背。而是在具体的写字环境中，通过学生们朗朗上口的朗读方式，深深印在了学生们的脑海中并加以运用。

三、用歌诀，规范写字美观

在语文课堂中，不能简单地为了识字而识字，而是要让学生们学会字族识字，也就是说通过这一个字的学习，掌握这一类字的写字技巧。在学习这一类字书写的时候，我们都是先和学生们一起读三字歌诀，明白歌诀所要表达的意思。根据这个歌诀，能解决这一类字的书写。对于学生们来说，不仅减轻了任务量，还在分类识字、写字中得到了提升，进行了系统的思维练习。长此以往，孩子们的积累量就会不断增多，思维能力也将不断得到提升。比如《小青蛙》一课中出现的左右结构的青字家族"请、情、清、晴"，在书写这几个字时用到这样一个三字歌诀：各部正，不宜宽。竖画密，横画短。因为这几个字都有共同的"青"，所以在书写的时候就要关注到"青"横画间距均匀。再如都带有走之的半包围结构字"连、还、近、远、过、迷、造、运"，这时会用到小歌诀：两面围，上不长。里面画，露出框。也就是告诉我们左下包的字上面的部分不宜过大，走之的捺要舒展，包住字心。

一句简短的三字小歌诀就能缩短学生与生字之间的距离，使学生对于生字书写不再抵触、厌倦。学生们通过一个个朗朗上口的三字小歌诀快速找到书写技巧，并将其灵活运用，使写字变成一个非常有意思的、学生愿意做的事情，不仅让学生在学中玩，更让学生在玩中学，学会了如何灵活使用小歌诀来规范书写。正是有了"生字本"中歌诀的灵活运用，我们的课堂写字的效率才得以提高，关键是还把写字落实到了实处，对提升孩子们的写字效果有着事半功倍的作用。孩子们通过"生字本"中的小歌诀学会了举一反三，在以后的书写活动中，对于同一类字的书写就有了更多的信心，这对提高学生的写字效果起着至关重要的作用。相信今后在"生字本"小歌诀的指导下，学生的书写能力会得到更大的提高。

关于有效的课外读物推荐的研究

北京市平谷区东交民巷小学马坊分校　王立娜

读书的问题不仅影响一个人的发展,还影响整个社会的进步,所以已经得到现代社会的广泛关注。学校作为一个育人摇篮,非常重视学生的课外阅读,时刻向孩子和家长们传达多读书的重要性。

《义务教育语文课程标准(2011年版)》规定,六年级学生课外阅读总量不少于100万字。扩展读书面,拓宽学生视野,增加学生课外知识储备,为学生终身学习和终身发展奠基,是非常有益的。

就我所在的小学来说,地处城乡接合部,大部分学生父母在外工作,非常忙,看管孩子的任务交给爷爷奶奶。老人受教育水平不高,关注孩子仅限于吃饱穿暖。据一次学校对全体学生读书情况统计:推荐的5本读物中,仅有20%的学生全部读完;35%的学生读了其中的2~3本;25%的学生仅仅翻看了几页,便放在一边;其余20%的学生一本都没看过,甚至5本书都没有准备全。

孩子们不爱读,家长们不重视,让我再一次看到推荐课外读物的困难。怎样有效地向孩子们推荐课外读物,让孩子们爱上读书?

一、确定有效课外读物的标准

(一)读物内容与学生生活紧密相连

推荐读物的内容与学生的现实生活密切相关,文章的语言很容易与学生的已有经验建立联系。学生读这类文章,感到十分亲切。因有一定的生活经验,所以理解起来也没有困难。更重要的是,已有的经验积累能帮助学生找到更准确的表达语言,同时有利于培养学生的语感。例如:低年级的《有些时候,我特别喜欢爸爸》,这本书以一个小孩子的口吻,讲述了"有些时候我最喜欢爸爸"的理由,描绘出许多亲切而有趣的日常生活片段。孩子们会发现,爸爸带给他们的不仅仅是温暖和安全感,更有一点点冒险和捣蛋的机会;从爸爸那里，他们获得了幽默感，也获得了成长的勇气！

再如，在一节枯燥的复习课上，孩子们专注力涣散，出现了开小差的现象。我就拿《狼图腾》这本书中的最蠢的黄羊比作现在所有孩子们的状态，引起了孩子们的不满。紧接着我把书中狼的精神介绍给孩子们，他们的眼睛闪烁着光芒，充满着渴望，一听未尽。剩下的半节课，我们高效地完成了复习任务。在大家都懈怠的时候，我会提醒他们，我们不是一群只知道吃饱喝足，只求安逸的黄羊，而是一支有狼性的队伍。在这样的激励中，顺利地完成了复习内容。

当学生的校园生活中有什么重要的活动或不良的思想倾向时，就找些相关的书籍进行思想教育动员。既达到了端正态度的作用，同时又提高了孩子们对课外读物的渴望。

（二）读物内容的选择要符合孩子的年龄特点

小学低年级以童话、神话、寓言、民间故事为主。中年级这一学段的孩子随着识字量的增多，阅读能力有了提高，他们逐渐发现阅读是自己的一种享受，喜欢一个人静静地阅读，然后与别人交流、讨论。在这一阶段，教师应以学生个体阅读为主，鼓励学生写读书笔记，并组织各种读书比赛或故事演讲等，保持学生旺盛的课外阅读兴趣；高年级学生除故事外还对传记、传奇、惊险小说等感兴趣，可以说进入了文学期。

教师可以对学生的爱好进行了解，到介绍时就有的放矢了。学生的课外阅读大多数是以个体的形式来进行的，因此，教师应允许学生个体差异的存在，开展课外阅读时要充分考虑学生的心理特点和需要，而且，形式要不拘一格，不求统一，这样才能成功地激发起学生的阅读动机。

二、课外读物教学策略

（一）聆听经典

优秀的传统文化，是中华民族不朽的脊梁，是区别其他国家、民族的重要标志，有着鲜明的民族特征，印记着中华民族鲜明性格，印记着中华民族的文化品质和文化精神，也体现出中国人的价值取向和审美追求。

低年级侧重以兴趣入门，提供一些简单的、读起来朗朗上口的《三字经》《千字文》部分作为诵读内容。

借助经典，进行道德、孝德、习惯等教育。在我国传统文化中有很多经典诗词、故事都能培养孩子。例如，《论语》中的"己所不欲，勿施于人"。推己及人，多替他人着想，这是应该终生奉行的。学生多读这样的名句，心境自然会变得豁达，人与人之间的矛盾也会减少。高年级随着学生的理解有了一定的水平，则安排重点诵读《中庸》《论语》，以及一些文言文的经典篇目分篇章读，借助工具书读原版的四大名著。

(二)推荐广泛的阅读材料

无论是书本上的阅读内容，还是学校推荐的课外读物，偏重于故事类的比较多，而真正涉及人文、地理、历史、自然科学、艺术类的推荐读物非常有限。然而，在现实生活中，真正拉开孩子之间差距的，除了阅读量的积累，对这个世界的认知也很大地拉开了孩子间的视野、思维方式。所以，在小学阶段，向孩子推荐适合他们阅读的不同类型的读物，有助于帮助孩子认识世界、开阔视野。

比如适合小学阶段阅读的自然科学类的读物《博物学家的传世珍宝》《博物学家的传世名作》，是伦敦自然博物馆编写的，把博物馆里传世的古书，自然界的矿物、鸟类、化石，第一批被流放澳大利亚的人作的名画和书籍等介绍给读者，既有丰富的插图，也有精彩的摘要；再如一些艺术类的名作，大家都知道西方经典艺术最大的藏家一定是梵蒂冈，但是梵蒂冈艺术有一个特点，就是很多最经典的艺术作品是永远不可能被巡展的，因为它不是被画在房顶上，就是画在墙上，还好有这么一本书——《创世：梵蒂冈博物馆全品珍藏》，是梵蒂冈全部艺术的收藏，精美的插图和神奇的文字，让孩子了解西方艺术的精髓；再如适合低年级看的《你好，艺术》《我看得懂名画》《我看得懂博物馆》《给孩子的莎士比亚戏剧故事集》《太喜欢历史了》……让孩子们通过阅读，去拥抱世界文明的精髓，广博见识，还孩子们一个有趣的灵魂。

(三)组织持续的跟进活动

活动并不是非得要大场面的、轰轰烈烈的，有时还得从细微处来做，加强各种小型读书活动是很有必要的，读书征文、阅读分享、故事会、书中人物表演、微信讨论群、生活体验等活动均可。如配合学校读书节活动，可阅读大量的优秀作品或美文；又如低年级的绘本《有些时候，我特别喜欢爸爸》，中年级的《稻草人》《总有一天会长大》，高年级的《地心游记》《青春奏鸣曲》等等，及时做好读书笔记(或摘录或写心得或点评)，并积极进行推荐、导读，形成互动式的读书氛围，达到资源共享的目的。

再如，那节复习课，关于《狼图腾》这本书，孩子们讨论了整整一个暑假。

假期到了，一位同学的家长给我发了张图片，是一堆给孩子准备的假期读物，其中就有《狼图腾》这本书，家长说是孩子要求买的，而且读的兴致很高。

也有家长给我打电话，向我询问：三年级的孩子是否适合看《狼图腾》这本书。并且表示孩子读书的愿望非常强烈。

还有的孩子，把他读到的好句子抄了下来，我让孩子发给了我，我编辑成文字发到微信群里，引起了孩子们争先恐后的效仿和评论。

同学甲摘录："对于没有到手的猎物，首先要考虑的是如何把它抓住，至于口味如何，能不能吃，那是抓住以后的事情。只要有利的，绝不放过；只要无用的，坚决舍弃。"

他的思考：王老师，我发现我遇到事情，总是在原地踏步，考虑得太多，我觉得不是我不能做好，而是缺乏当机立断的勇气。看到这，我觉得我还不如一只动物。

跟帖1：父母也总是这样说我，干什么都犹犹豫豫的，最后，什么事都做不成。

跟帖2：我觉得遇到事情，甄别是最重要的。可是，当以我们自己的见识无法做出判断的时候，那就大胆地去做吧！

跟帖3：狼之所以要快速做出反应，是它们生存的环境太恶劣，长期忍饥挨饿，要和天斗，要和人斗。所以，当猎物出现后，它们会毫不犹豫地团结在一起，和人和天去抢食物，不管结果如何；相反，由于我们生活的环境太舒适了，所以我们才会像"羊"一样，贪图安逸，徘徊不前。

……

同学乙摘录："一个狼群就是一支训练有素、纪律严明的部队，统一行动，绝对服从，协同作战，这就是狼的纪律。"

他的思考：这句话让我想到了我们的解放军战士。老师说我们是奥运宝宝，同时，在我们出生的那年，发生了"5·12"大地震。在学校，我们看到了关于震后解放军营救灾民的影像资料，这就是一支狼性的队伍，保卫着人民。

跟帖1：对呀，勇敢、无畏、团结、坚定，这就是保卫我们的军人。厉害了，我的国。

跟帖2：我是中国人，我骄傲，我自豪！

跟帖3：动物尚能如此，更何况被称作高级动物的人呢？我们的集体也可以如此，只要我们团结在一起，确定目标，勇敢、无畏地坚持下去，我们同样也可以是一支有狼性的队伍。

……

同学丙摘录："追逐猎物仅仅靠猛跑是不够的，尤其在对付大群猎物的时候，必要的准备和步骤是获得成功的基础。而谋划是实现这一切的唯一保障。"

"公平不是单一的平均分配，也不是残忍的弱肉强食。既能让强壮者分到最多的食物，又不能让弱小者忍饥挨饿，这就是公平。"

他的思考：我喜欢看《三国》，我觉得一些书中的人物性格，也有狼的影子。当我们想要成功时，智谋会让我们少走弯路。

大人们总说：这个世界是不公平的，你要坦然接受。可书中的这句话，让我对"公平"有了新的理解，看似不公平，其实是公平的，想要得到更多，只有让自己更强。

跟帖1：我觉得这句话更多地体现的是"责任"，当你成为一个团队里的强者时，你有责任保护队伍中的弱者。

跟帖2：我不同意你的看法，我看到的是一个强者对猎物支配的权利。你参与了猎食行动，担当了重要的角色，那么你就有权利把最好的留给自己。

跟帖3：当我们做一些力所不能及的事，智慧就显得那么重要，除了自己需要充足的准备，我们也可以求助他人。借助别人的知识和经验来完成自己的事，没有什么不妥。

……

这样的讨论在群里持续了一个假期，正是这种有效的跟进活动，让更多的孩子参与其中，同时，我们也惊喜地发现，孩子们的阅读兴致上来了，就开始有真正深入的感悟体会，也就能够创生出自己的新见解、新思想。

一池清水，只要拍击，就会产生阵阵涟漪。学生的阅读，也只有不断地寻找一个个激活点，才能产生一次次新的激励，形成一个个新的台阶。把开展的各项丰富的活动作为学生课外阅读的"激活点"，让他们在展示中享受成功的欢悦，在活动中形成新的激励。这不仅让学生体会读书带来的甘甜，同时这一次次的课外读物推荐的实践活动又转化成一股股催动学生多读书、好读书的动力。

三、获得家长的支持

阅读是一种求知行为，也是一种享受。学生的成长，要靠学校和家庭的共同教育。因此,在孩子阅读的过程中,家长发挥着重要作用。家长对孩子的阅读不要有具体的要求,不必硬要孩子思考书中故事的意义,应让孩子从容自在地吸收、沉淀、积累,在不经意间寓教于乐,最终达到厚积薄发。

低年级时,孩子刚开始接触少儿启蒙读物,既不识字,又不理解文中的内容,我会沟通那些有能力的家长每周抽出一定的时间,为孩子引读或陪读。在反复的诵读过程中,孩子领悟诗文真谛,受到经典的熏陶。

学生年龄大一些后,家长在帮助孩子选择读物方面需要注意,需要对有害于孩子的书刊进行控制,但不应对孩子所读书刊的内容、类型和范围进行过多的约束和控制。孩子所读书刊的内容范围越广越好。一般来说,从上小学开始,大部分孩子在阅读内容的选择方面已逐渐形成自己的爱好和兴趣。对此,家长应注意观察、了解和引导,不宜过多地干涉,更不应按自己的意志强行改变孩子的阅读爱好,也不宜按自己的知识观和阅读习惯为孩子开列必读书目。

纵观语文教学,在课堂上获得的知识是有限的,其源泉是课外阅读。俗话说:"熟读唐诗三百首,不会作诗也会吟。"所以我们在进行语文课外活动教学时应把课外读物列为主要内容之一,作为语文知识的补充和延伸。扩展读书面,拓宽学生视野,增加学生课外知识储备,为学生终身学习和终身发展奠基。

多种方法识字　提高识字兴趣

北京市平谷区东交民巷小学马坊分校　王　媛

识字教学是低年级语文教学的一大重点和难点。低年级学生识字量大，如何提高他们的识字兴趣，让识字教学达到最好的效果呢？我认为应从以下几方面努力。

一、课内识字，让学生想学

《义务教育语文课程标准(2011年版)》中明确指出："小学语文低年级识字教学要让孩子喜欢学习汉字，有主动识字的愿望；要认识常用字1600至1800个；课外阅读总量不少于5万字。"因此，识字教学是低年级语文教学的重要内容，我们不仅要培养孩子们的识字兴趣，还要教给他们科学的识字方法，并逐步培养孩子的识字能力。

一年级的学生年龄小，注意力不集中，如果教师在课上只是一味地讲解字形、字义，学生就会觉得枯燥无味，没有兴趣，教学也收不到良好的效果，这就需要教师采取多种教学方法，吸引学生的注意力，让学生想学。

(一)儿歌记字

《日月明》这课中，出现的认读字"从、众""林、森"虽然是生字，但是学生通过朗读"二人从，三人众""双木林，三木森"这两句儿歌，却对这几个字印象深刻。《小青蛙》中通过"河水清清天气晴，小小青蛙大眼睛"这些朗朗上口的句子，让学生把句中出现的"晴、清、请、情、睛"这些生字轻松记住了。为此，在识字教学中我也找一些儿歌来帮助学生识记生字，如"手遮目，看得远""兄弟两个在一起，一个弯来一个提(比)""长字共四画，撇横竖提捺""一点一横长，口字在中央，大口张着嘴，小口里边藏(高)"这些儿歌简易上口，有的可以表示字形结构，有的可以帮助学生记住笔顺，还有的可以让学生很快记住字。

(二)利用造字规律识字

汉字的造字方式主要有象形字、会意字和形声字。帮助孩子了解一些汉字特点，了解一些汉字造字的规律，将能极大地激发孩子识字的兴趣，拓宽孩子的识字空间。如《日月水火》这一课都是象形字，我先出示象形字，让他们猜猜是什么字。然后出示相应的汉字，使孩子恍然大悟，让他们知道这些字的形状都是根据它们本身的字义演化而来的，我们根据这些字的字形就能了解它们所代表的事物和表示的字义。这样，学生不但牢牢地记住了这些生字，还找到了一些文中没有的象形字，相互交流，大大丰富了本课的识字内容。

二、墙壁会"说话"，让学生爱学

如果说讲台是我们的第一战场，那么教室墙壁就是我们的第二战场，因此我们要让墙壁会说话。一年级上册语文书除了 100 个四会字之外，还有 250 个认读字需要掌握。多年的教学经验告诉我，认识这 250 个字是个艰巨的任务。利用课上的时间是远远不够的。因此，我们把一年级上册所有的认读字都打印出来，裁裁剪剪后让它们上墙。为了集中学生课上的注意力，我只是把它们分散地贴到左右和后面的三面墙上，每面墙都贴一部分。这样做的目的是首先让学生与这些字混个脸熟，让他们在抬头与转头间就能看到。其次就是提高要求，希望能够利用课下时间尽量去多认识几个字。果然下课后的他们仨俩一伙，相互指认，有的学生甚至能当个小老师在旁边教读，就这样，教室墙壁也成了我们识字的训练场。我为了让识字现场能够更加有秩序，避免所有的孩子都堆积在一个位置，我给他们还做了个小小安排。以每组为单位，一组一天就在一个位置看读，不能随意串组。每周以顺时针的方向移动换位置。这样做既避免了一些不安全的因素，又能让他们整体把这些字都能过一遍。随着认识的字越来越多，学生的识字兴趣也日渐浓烈。

三、生活中识字，让学生乐学

新课标指出："识字教学要将儿童熟识的语言因素作为主要材料，同时充分利用儿童的生活经验。"其实生活就是识字的背景和舞台。生活是语言的内容，语文是生活的工具。怎样将识字与生活联系起来呢？通过创设生活情境，指导学生留意观察生活，让学生感受到生活处处有语文，要做识字的有心人，让学生喜欢学习汉字，有主动识字的愿望，体现回归生活的课程理念。

超市是个非常有利的识字场所，学生对超市中的零食和玩具都是钟爱有加。因此，我告诉家长利用逛超市的时机，教孩子认识食品和玩具包装上的名称，孩子边逛边买边识字，不知不觉又增加了识字量。在购物中，孩子先自己试着读出包装上的字，不认识的字家长给予帮助，以此来激发学生去超市识字的欲望。

　　还有，全班学生的名字也是一个识字的资源。学生的名字中汉字包罗万象，这可是学生课外识字的好机会。我把每位学生的名字都打出来，放在桌子上，下课让学生去认名字，然后让每个学生都有机会当老师的小助手帮助老师发作业本，这样一来，学生很快就会认识班上大部分同学的名字。低年级的学生最爱看动画片，他们对动画片的名字及里边的人物和相关的内容如数家珍，老师可以利用这个契机，用图文结合的方式让学生认识动画片中有关的字，孩子的兴趣一定很高。作为老师，还可以引导学生利用课余时间阅读感兴趣的拼音读物，这是更重要的识字途径。

　　我们的校园有宣传标语、校训、学生规范等，这些都成为学生识字的资源。要善于发现身边的这些识字资源，拓展学生的识字量。例如：在下课时，可以让学生看看我们的黑板报，让学生说一说哪些字认识，不会认的字互相交流，然后请一位小老师带领大家读一读，在潜移默化中巩固、拓展了识字。

　　总之，识字教学提倡在情境中识字，在生活中识字，利用儿童的已有经验，用自己喜欢的方式识字。在课堂外，教师要引导学生在日常生活中做识字的有心人，见到什么字，就认什么字，并自觉和同学交流识字成果。要注重引导发现，使学生渐渐学会用自己喜欢的方式或合适的方法识字，逐步培养学生识字的兴趣。

有效朗读的策略

北京市平谷区东交民巷小学马坊分校　吕兰芬

《义务教育语文课程标准(2011年版)》中"用普通话正确、流利、有感情地朗读课文"这一阅读要求贯穿整个小学低中高年段。"正确朗读"指的是用普通话读，发音清楚响亮，不读错字，不掉字，不添字，不颠倒，不唱读，能读出轻声和儿化韵；"流利朗读"指的是不断读不破读，不重复字句；"有感情朗读"就是要读出不同的语调、不同的情感，注意轻重缓急、抑扬顿挫等。朗读是一种大声的阅读方式，它是阅读的起点，是理解课文的重要手段。朗读能发展学生的思维，激发学生的情趣。学生通过朗读能够理解文章内容，感受文章所描绘的情境，体会人物的思想感情，感悟作者的写作意图。由此可见，朗读是学习语文的法宝，是全面提高学生阅读能力的艺术。小学语文教学重视并加强朗读训练、培养学生朗读的能力是非常必要的。

一、朗读的基本要求

(一)正确朗读

1. 提前预习，不认识的字请教别人或工具，书标注拼音

我们的部编版语文教材从二年级下册开始，就不再是所有文字标注拼音了。对于学有余力的孩子认读上不成问题，而大多数字不再标注拼音，这就成了部分孩子认读上的拦路虎，所以我在布置预习作业的时候有一项就是"读全文，不认识的字请教别人或工具书，把拼音标在字的上面"。这样能保证孩子们读准文本，哪怕是忘记了，再抬头看看拼音进行拼读，音就能读对，在今后的学习复读时也能据音认字了。

2. 平时多读课外书籍，培养阅读兴趣，提高读的能力

大家都知道陈尧咨射箭、卖油翁酌油蕴含的熟能生巧的道理。读书也一样，孩子们可以多读读课外读物，练练读感，既增长了书本上学不到的知识，又练了嘴皮子。

3. 朗读时避免读书陋习

在课上指名读书的时候，我们不难发现，有的孩子有不好的读书陋习——把自己说话的口头语当成读书语。口头语固然有它的地方特色，但读书就是读书中写的文本，不能混为一谈。

例如：我有一大把彩色的梦，有的长，有的圆，有的硬。

他们躺在铅笔盒里聊天，一打开就在白纸上跳蹦。

我们平时说话经常是"蹦跳"，孩子们上课时就读成了"蹦跳"。

再例如：《我是一只小虫子》中"我有很多小伙伴，每一个都特别有意思"。当听孩子们读这句话的时候，我居然听到读成"我有很多小伙伴，每一个都非常有意思"。虽然"非常"和"特别"表达的意思一样，但读错了也是不可以的，估计就是受平时说话习惯的影响，顺嘴就读出来了。

遇到这样的问题，老师要及时纠正，讲清道理，改变陋习。

(二)流利朗读

崔峦先生在《课程改革中的语文教学》一文中提出：在每篇课文的朗读教学中，要体现这样的教师指导和学生学习的过程，由读得不完全正确，到读正确；读得不太通顺，到读得通顺流利；读得比较平淡，到读出感情。正确流利是有感情朗读的基础，初读是朗读教学的第一站，是朗读的剧情阶段，学生应切切实实地达到读准字音，句句通畅。

1. *教师示范 读好停顿*

在指导低年级学生流利朗读课文时，长句的朗读往往成为学生流利朗读的难点。低年级学生刚刚入学，对老师充满了好奇和崇敬之情。教师通过抑扬顿挫、轻重缓急的朗读，把语感正确地传递给学生，这种有声的范读，更易被学生接受。教师范读时，可以让学生一边看书一边认真听，还可以鼓励学生跟着老师轻声地朗读句子，等学生学习的能力逐渐增强，可以读完完整的一句话时，再让学生跟读。这样不仅能激发学生对朗读的兴趣，还能调动学生朗读的积极性和主动性。

范读是教师进行朗读训练指导的学用方法，书上的文字是死的，一经教师示范式的一读，它就变成立体的、有生命的东西。《小马过河》对于低年级的学生来说，刚刚接触这篇课文，对小马那复杂的情绪变化，肯定理解不深，这就需要老师用自己声情并茂、情感丰富的朗读，把学生带入故事中，一是让学生扫清字词障碍，掌握生字的读音，初步感受老师读课文时的停顿、重音、每句话中词与词的连贯、各种句子的不同语气等；二是让学生在老师有感情的朗读中边听边体会小马的心情变化，弄清整个事件的始末，为后面的理解课文做好良好的铺垫。

2. 理解词语 分解长句

课文中出现的长句，一般都是结构较为复杂的句子。例如，二年级下册《小毛虫》"它灵巧地从茧子里挣脱出来，惊奇地发现自己身上生出了一对轻盈的翅膀，上面布满色彩斑斓的花纹"。通过观看视频，让学生明白小毛虫是怎样从茧子里出来的。它发现了什么？这个花纹是什么样的？学生通过观看视频看到了小毛虫是挣脱出来，看到了翅膀、花纹的样子，从而理解"轻盈的""色彩斑斓"的意思，再循序渐进地指导学生读好整个长句。

又如《难忘的泼水节》一课中"那天早晨，人们敲起象脚鼓，从四面八方赶来了。为了欢迎周总理，人们在地上撒满了凤凰花的花瓣，好像铺上了鲜红的地毯"。我先出示图片，让学生看看"象脚鼓""凤凰花的花瓣"是什么样子，并简单进行介绍，让学生明白这些词的意思，之后再读这个长句就水到渠成了。

朗读时我们不要追求表面朗读的通顺，教师应关注学生朗读的困难处，帮助学生初步理解字词意思，有助于学生领悟文章情感，理解课文内涵，这才是读好长句的基础。

（三）有感情朗读

《义务教育语文课程标准(2011年版)》提出："学生是语文学习的主体，要加强学生自主的语文实践活动，引导他们在实践中主动地获取知识，形成能力，开发他们学习的潜能，发展个性。"这"引导"作用何来，靠我们传授者来。我们要想方设法地引导学生去主动地获取，也就是"诱"动学生走进文本。

我们老师不难发现，学生们在审视某一问题时，对语言文字的理解往往不透彻，也就是说不能很好地揣摩问题的主旨，囫囵吞枣似的读完问题就去思考，更甚者不知思考什么问题就去读书。这一现象，对于我们农村的孩子更为明显，所以我就思索：单纯性的语言文字叙述，不太能让学生一下子就明白自己该思考什么，该干些什么，能不能换个方式让学生一下子就明确任务呢？我从以下几方面加以说明。

（1）提示符号，引起注意

我们在用文字叙述某一问题时，要把这句话关键的字词加注提示性的符号，引起他们的注意，让他们有重点地去思考。当学生读到加注的字词时，会眼前一亮心里一动，思考的时候就格外注意，那么我们的"诱导"就成功了。

(2)结合图示，寻读原句

文本中形象的图示，能帮助学生理解文章，训练思维能力，又能激发学生求知的兴趣，收到良好的教学效果。《小毛虫》"小毛虫经历了哪些变化？画出相关词句，借助提示讲讲这个故事"。把问题抛给学生之后，一定出示图片：请大家看看这是什么？（小毛虫）它做了什么事情呢？请你去文中找到相关的句子，读一读告诉我们。当回收到答案"小毛虫费了九牛二虎之力才挪动了一点点，当它笨拙地从一片叶子爬到另一片叶子上时，它觉得自己仿佛周游了整个世界"后，再来分析：你觉得小毛虫做这件事容易吗？哪些词语表现出来了呢？孩子对图片是很感兴趣的，再加之老师诱导式的语言"告诉我们"，他们是很愿意去文中寻读的。

(3)完成填空，顺梯进行

小学生喜欢简单的事物、简单的问题。就比如说，喜欢做填空题，不喜欢做问答题，其实同一问题用不同形式呈现，既满足了学生这种嗜好，又达到了教学的目的，两全其美，何乐而不为！

《要是你在野外迷了路》课后设计了这样的问题——"说说课文里写了哪几种天然的指南针"，围绕原文表达的意思，可设计成这样："①天然的指南针分别指（　）、（　）、（　）、（　）。②太阳中午在（　），北极星永远高挂在（　）。大树枝叶稠的一面是（　），稀的一面是（　）。雪化得快的是（　），化得慢的是（　）。"待学生适应了此类题的特点之后，再提出更高的要求慢慢提升。

(4)提供假说，辩论反驳

有些文字叙述是正向叙述，我们还可以逆向叙述，让学生判断，根据文中内容来反驳此说法，这样会更加引起学生注意，而提高课堂实效。《狐狸分奶酪》我设计了这样几个问题：熊哥哥和熊弟弟谁也没吃到奶酪，狐狸这种分法是很公平的。问题抛给学生，他们都愣住了，估计是在纳闷老师怎么会这样认为呢？此时我立刻提出要求：如果你不赞同我的说法，请你去文中找到证据说出足够的理由。学生们二话不说，翻书就去找理由。"小"学生，有时候是需要哄、需要逗的，更是需要"诱"的，如果出示这样的错误问题，一定会勾得他们积极踊跃地反驳此说法，我认为会比揣摩"狐狸是怎样分奶酪的？你觉得公平吗？"的思考，会收到更好的效果。

(5) 设计草图，深刻感受

还有一种方法，就是让学生设计草图。《曹冲称象》一课，课后的思考题是："朗读课文。画出课文中提到的两种称象的办法，说说为什么曹冲的办法好。"两种称象办法不难找到，关键是弄明白曹冲的办法是咋回事，从而理解曹冲的聪明才智。光凭老师的讲是很难达到的。我对孩子们说："曹冲是怎样称象的呢？请你用笔画一画，展示其过程。"看看我们的孩子！有的孩子画出来的可形象了：①一条船在水上行驶；②赶象上船，画记号；③象下船，装石头，达到记号；④称石头。我让这个孩子上前给大家解说，其他孩子伴随着解说连连点头，看来是真明白了。

在这样的安排下，学生们由单纯性抓文本体其意的枯燥型阅读，变成了多样性据其样体其妙的快乐型阅读。他们一定会大显身手，绘出符合文义的草图，用心去体会这种方法的巧妙之处，感受曹冲的聪明才智。

二、有效朗读的真谛

托尔斯泰在艺术论中有这样的论述："艺术活动是以下面这一事实为基础的，一个用听觉或视觉接受他人所表达感情的人，能够体验到那个表达自己的情感的人所体验过的同样的感情。"陈望道先生也曾说："语言是传情达意的标记，含有声音与文字、态势语三种。"

如果引领学生走进文中主人公的内心，和他共知喜怒哀乐，共感悲欢离合，他在肢体动作，我也伸胳膊踢腿；他在情诉，我也放声；他在担忧，我也眉头紧皱，这样就把三者合为一了。

（一）是我在动

低年级的有感情朗读体态语言起着不可忽视的作用。我们深深地知道："动手"能调动大家的兴奋点，提高学生思考问题的积极性和主动性；"动手"又能拓宽学生的联想点，让学生的想象力得到自由的发挥。低年级学生好动，注意力的指向性较差，这样表演的手段正好适应了他们的心理特点。在感情朗读时，让学生恰当合理地进行表演，能更好地辅助学生理解课文，读出感情。

《小蝌蚪找妈妈》"池塘里有一群小蝌蚪，大大的脑袋黑灰色的身子，甩着长长的尾巴，快活地游来游去"。待学生读通这句话之后，引导学生抓动词来理解，我问道："小蝌蚪做了哪些动作？""甩着、游来游去"这个答案找到是很容易的，然后请学生结合自己的生活经验，做一做什么样叫"甩着"，什么样叫

采撷英华　润泽生命

"游来游去"。到现在我回忆孩子们的表现还是意味犹存——小丽用右手当尾巴放在屁股后面摆来又摆去，奇怪的是她不用整条胳膊摆动而是一直用小手摆来摆去，疑惑是这样被她解开的："小蝌蚪还小，尾巴很短，胳膊太长不合适！"多么认真观察的孩子啊！小洋干脆就用屁股扭来扭去，他本身就胖，扭起那滚圆的屁股没完没了，我说他"可以了"。他说："不可以的，小蝌蚪一直在甩着，他得赶紧游去找妈妈。"多么可爱朴实的孩子啊！"游来游去"的动作表演也是让人忍俊不禁，有人用左手当脑袋，小手在前面像蛇一样钻呀钻；有人就用自己的脑袋左一伸右一蹿，都很着急地去"找妈妈"。这样一来，孩子们把小蝌蚪寻找妈妈表现得活灵活现。

又如《黄山奇石》"在一座陡峭的山峰上，有一只猴子，它两只胳膊抱着腿一动不动地蹲在山头，望着翻滚的云海，这就是有趣的猴子观海"。老师发出号令："你就是那只猴子，它是怎样观海的呢？"看：孩子们起身蹲在过道，全蹲双手抱腿，"一动不动"表现得更是到位，看着有点冒汗的孩子有点让人心疼呢。再看：抬头凝望远方，注视很久……这一系列的动作表演，就让孩子们走进了人物的内心，和他们一起感知。

（二）是我在说

深刻理解课文含义与文本充分的对话，诱发学生的真切体验，引领他们进入课文所创设的境界，激活形象思维，让他们借助语言来感受形象，激起情感共鸣是达到有感情朗读的关键。

《狐假虎威》狐狸说的话分别是：

1．"你敢吃我？"

2．"老天爷派我来做你们百兽的首领，你吃了我就是违抗了老天爷的命令，我看你有多大的胆子！"

3．"我带你到百兽面前走一趟，让你看看我的威风。"

通过研读文本弄清楚一是老虎敢吃狐狸，二是并不是违抗老天爷的命令，三是这威风不是狐狸的。然后提出问题："狐狸该怎样说这三句话呢？"孩子们一定知道，这一定是壮着胆子瞎说的。之后就让学生当狐狸，就是故作镇定还得扯着嗓子说得是真的一样去读一读。

《要下雨了》课文中写了小白兔两次不同的问话，对小燕子是用喊，对小鱼是跑过去问，这两句中的语调就不同了，喊要大声些，慢一些，而跑过去问是面对面的问话，应该读得轻一些。朗读之前，我问学生："平时你喊人的时候是怎么喊的？如果同桌之间谈话又是怎样说的？"学生们纷纷试着喊、说，读出了感受，这时我让学生读这两个问话，学生都能很好地读出语调的变化，如此让学生事半功倍的教学方法又何乐不为呢？

　　古人云：书读百遍，其义自现。这正是强调读的重要性。要想提高学生朗读的效果，就需要教师多方面和多层次的努力，不断地挖掘探索方法，从而提高教师的教学水平，更完美地实现教学目标。

以部编版第 7 册教材为例，谈谈如何落实单元语文要素

北京市平谷区东交民巷小学马坊分校　黄满红

《义务教育语文课程标准(2011年版)》中提到："语文课程应致力于学生语文素养的形成与发展。语文素养是学生学好其他课程的基础，也是学生全面发展和终身发展的基础。"语文素养是什么？这个名词虽然不新，但无论是学习培训还是教学实践，很多从教语文几十年的老师都说不清。该如何落实语文素养更是懵懵懂懂。以往，我们追求的是听、说、读、写全面发展，字、词、句、段、篇、章全面落实，可到头来，我们却发现，这样的面面俱到，只是浮光掠影，蜻蜓点水，学生的素养并没有得到充分发展。教师们需要一个纲领，需要一本操作性强的教材，引领、指导我们把培养学生的语文素养落到实处。而这次部编版教材的推出，则正好体现了课标的要求，满足了教师们的需要。

一、上下勾连，把握单元语文要素之序

纵观整套部编版语文教材，我们发现，教材的编排很好地体现了新课标理念，语文素养的各种基本因素（"双基"、学习策略、学习习惯）被分成若干点，由浅入深分布在各个年级的各个单元课文导引或习题设计中。每项语文素养的难度随着学生年龄的增长也在不断增加。试想，如果我们一步一个脚印地扎实本年级的学习内容，不就是保证了学生语文素养的不断提升吗？比如理解和把握课文内容这一语文素养（见下表）。

表 1　理解和把握课文内容的梯度

年级	三上	三下	四上	四下	五上	五下	六上	六下
要素	运用多种方法理解难懂的词语；借助关键句理解一段话的意思	运用多种方法理解难懂的句子；借助关键语句概括一段话的大意	了解故事的起因、经过、结果，学习把握文章的主要内容；关注主要人物和事件，学习把握文章的主要内容	学习怎样把握长文章的主要内容	阅读时注意根据要求梳理信息，把握内容要点	了解人物的思维过程，加深对课文内容的理解	读小说，关注情节、环境，感受人物形象，抓住关键句，把握文章的主要观点	了解作品梗概，把握名著的主要内容，就印象深刻的人物和情节交流感受

从这张图片的内容我们不难发现，就理解和把握课文内容这一项内容，在小学阶段，教材从三年级开始直到六年级都有涉及，不同年级，不同难度，不同方法，确保了学生这项阅读能力的螺旋上升。

二、左右相顾，研究课文承载任务

认真研究每个单元的教学内容，我们可以发现每篇课文都是围绕一个专题和一两条语文要素来编排的。课文主题比较鲜明，要么文体一致，要么内容相近。语文要素的编排更是渗透到单元的每篇课文，甚至延伸到语文园地和习作中去。对于语文要素的安排，有课文的感性认识，还有交流平台的方法总结，符合孩子的认知梯度提升的过程。例如四年级上册第二单元总共有四篇课文：《一个豆荚里的五粒豆》《夜间飞行的秘密》《呼风唤雨的世纪》《蝴蝶的家》。这几篇课文都是围绕语文要素"阅读时尝试从不同角度去思考，提出自己的问题"来设置的。认真研读这四篇课文及课后习题（教材中为我们提供的问题清单），我们发现：教材在这四篇课文的安排上是有梯度和层次的，也就是说它们围绕一个要素，承载着不同的教学目标，但最终的目的却是我们单元的能力要素。

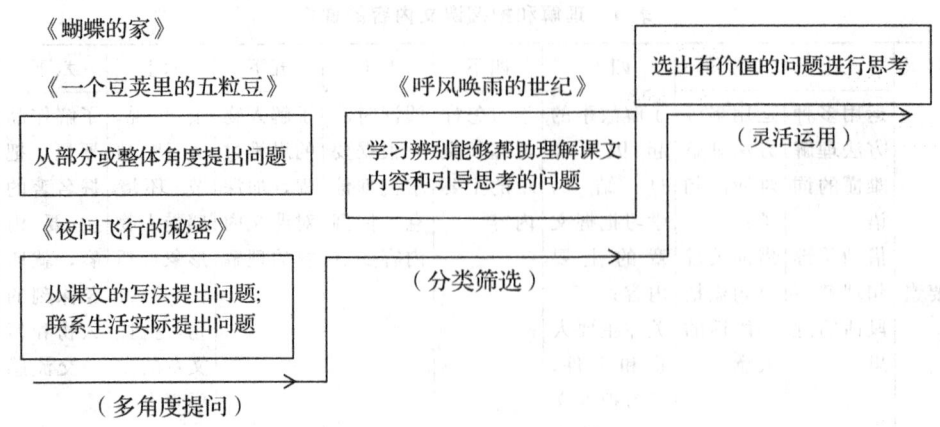

图1 四年级上册第二单元语文要素分解图

再比如四年级上册第四单元的语文要素是：感受神话中神奇的想象和鲜明的人物形象。为达到这一语文要素，不同的课文为学生提供了不同的感受神话想象和人物的不同方法。

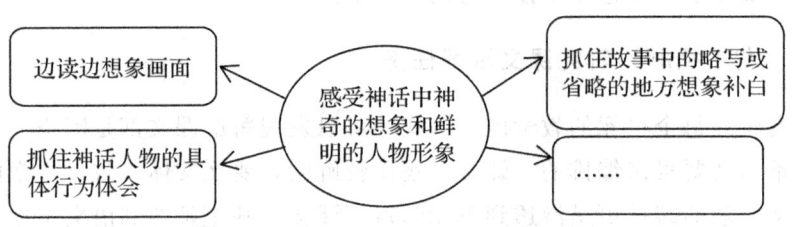

图2 四年级上册第四单元语文要素分解图

就像这样，每个单元内容安排都是这样的有序，有递进的，有并列的，有隶属关系的，教师通过对单元引导、课后习题、交流平台以及语文园地的研读，就可以做到有章可循，统筹安排每一节课的内容，明确每一节课的教学目标了。

三、高效课堂，助推学生素养发展

教材为我们解决了教什么的问题，那么如何利用这套教材来落实语文要素，夯实我们的语文教学，是摆在我们语文老师面前的问题，需要我们教师发挥自己的聪明才智去解决，去落实。通过一段时间的实践，我有了一些浅显的思考，以下，我就以部编版教材第七册《牛和鹅》为例，谈谈如何落实语文要素。

(一)分清目标

打开第六单元的导读页,我发现有三项语文要素需要落实,分别是:1. 学习用批注的方法阅读;2. 通过人物的动作、语言、神态体会人物的心情;3. 记一次游戏,把游戏的过程写清楚。这个单元共有三篇讲读,分别是《牛和鹅》、《一只窝囊的大老虎》和《陀螺》。作为这个单元的首篇课文,在这一课的第一课时,我们应该主要安排落实第一个语文要素:学习课文的批注示范,掌握批注的基本方法(用圈重点词、联系上下文、多角度的思维等方法去做批注),知道在哪里批注,怎么批注。在之后几篇课文的教学中,我们主要就是强化和运用这一阅读策略,使之成为学生的阅读习惯。

(二)定出重点

在解决了学什么和教什么的问题后,接下来我们就要去思考,如何在学生的已有认知基础上,实现"学会批注的方法"这一阅读策略。四年级的小学生虽然对批注并不是很陌生,但也基本上都是在老师的指导下完成的学习记录,而不是阅读中自己的思考,所以我们应该先让学生明白到底什么是批注以及批注包括的内容。所以在下面的教学环节中,我首先借助学习伙伴的批注,让学生结合课文内容感悟出我们在做批注的时候都可以批注哪些内容。这是学生了解批注的第一步。

学习"批注"

1. 认识批注

教师引导:有一位同学读完这篇课文,也觉得特别有趣。他呀,不仅读了,还留下了痕迹,你看到了吗?对,就在我们课文的边上,字写得小小的,整整齐齐。知道这是什么吗?这就是——批注。

2. 明确单元学习要素

这也是我们这个单元的学习任务。(出示单元主题页)

3. 知道批注的内容和角度

(1)提问:对于批注,你了解什么吗?

预设:就是圈圈画画,就是把自己的感想写在旁边。

(2)引导学生读悟批注的内容:据我所知,咱们同学的这些批注都是在老师的提示或指导下写的,今天,我们要学习自己来写批注。快读一读,这位同学都批注了什么?看看他的批注对应的是课文中的哪些语句。

(3)小结：阅读时，我们的批注可以有提出疑问、评价表达，写出感受和启示等多种内容。就平时阅读来说，我们主要还是批注感受，所以今天我们这节课主要来学习如何感悟课文内容并进行批注。

当然，对于这一单元要素来讲，我们的重点还有知道如何批注，以及在批注中感受到这种阅读方式的好处，从而对批注式阅读产生期待。

(三)突破难点

是不是了解了批注就可以进行批注了呢？其实并不是的。这时的学生虽然知道了可以批注哪些内容，但是很多同学却仍然无从下手，所以让学生学会如何批注，则是我们这一课时要突破的难点，我看到一位老师是这样进行教学设计的(节选)：

重点品读，操练"批注"

1. 品读句一："鹅听见了，就竖起头来，侧着眼睛看了看，竟爬到岸上，一摇一摆地、神气地朝我们走过来；还伸长脖子，嘎嘎地叫着，扑打着大翅膀，好像在它们眼里根本没有我们这些人似的。"

(1)把句子读通顺、读准确。

(2)引导学生关注重点词。

思考：这段话是对大白鹅动作的描写，关注这些描写动作的词语，从中你读出了什么感受？

(3)指导批注。

师：别让读书的感受溜走了，画出这句话，还可以标出句中重点词，把感受写在旁边的空白处。

(4)学生交流自己的批注，分享感受。

小结：你看，我们批注就可以像这样圈出重点词来进行体会。(板书：圈重点词)

2. 品读句二："这时，带头的那只老公鹅就啪嗒啪嗒地跑了过来，嘎嘎，它赶上了我，嘎嘎，它张开嘴，一口就咬住了我当胸的衣襟，拉住我不放。"(学习多角度去感受，去批注)

(1)朗读这句话。

(2)读了这句话你有什么想法？写在旁边。

(3)A. 从"我"的角度体会

找出学生的例子：指名说说自己的想法

B. 从"鹅"的角度来体会

引导：大家看看，他写的那个和我们刚才看的有什么不一样？

C. 从旁观者的角度批注

(4)学生批注感受并交流分享，体会从"鹅"和"我"还有读者的角度去体会，感受是不一样的。

(5)小结：我们还可以从不同人物的角度去揣摩，还可以从感受和写法评价不同的角度去体会，去阅读。

……

在课堂上，老师根据学生实际情况，找出课文当中比较典型的句子作为例子，让学生真正地去尝试、摸索批注的方法，然后发现其中有思维含量的、角度不同的批注的同学的分享，提炼总结批注的方法。就这样，在生与生、师与生的交流碰撞中，在尝试、思考再实践中，孩子们习得了从不同的角度画重点词和联系上下文等方法进行批注。

在课的结尾，老师问道：你们觉得现在这样阅读和以前有什么不一样吗？学生说道：今天这样的阅读让我对课文的理解更深刻了！还有的说：我觉得以前那样读书都跟没读似的，今天这样读书，我发现收获很多！所以，老师不仅解决如何批注的问题，还让孩子们深刻地感受到批注这种阅读方法的好处。

(四)落实要素

除此之外，我们还要关注在以后的阅读中，无论是课本还是课外的书籍，都要有意地引导学生运用批注这一阅读的方法进行阅读，真正地让他们利用这些阅读的机会去运用学到的那些方法和套路，让孩子们在实践中找感觉，把方法进行内化。当孩子真正内化了这些方法，就会养成良好的阅读习惯，提高他们的语文素养。

综上所述，我们就是要以教材为抓手，创造性地安排课堂教学活动，切实地落实每一单元的内容，发展和提升学生的语文素养。

在深度学习中培养低年级学生看图写话能力

北京市平谷区东交民巷小学马坊分校　贾富荣

《义务教育语文课程标准(2011年版)》要求低年级学生："对写话有兴趣，乐于把自己想说和想写的话写下来。"低年级学生在面对看图写话时经常会出现不知道怎么写，看了别人写的觉得容易，到了自己又不会写，从而导致对看图写话没兴趣，不想学，不想写，不爱写的现象。深度学习，就是为迁移而学习的过程，能够让学生将从一个情境中习得的知识应用到其他情境中。在深度学习中，学生是学习的主体，他们用自己的身体、头脑和心灵去"亲身经历"知识的发现（发明）、形成、发展的过程。

一、积累热身，做好铺垫

学生的任何一项学习，都不是从零开始的，都是建立在学生或多或少的已有知识和经验基础之上的。作为一名教师，就是要在学生的已有知识经验的基础上进行教学，有时为了达到教学效果，也要提前做好铺垫，课堂教学才会更为流畅、简洁、紧凑，效果也会更好。看图写话训练是小学作文教学的初始训练，对于提高学生的作文水平有着非常重要的作用，可是低年级语文教学过程中看图写话又是学生学习的难点，教学前一定要做好铺垫。

（一）词语积累

叶圣陶先生说："厚积言有物。"没有丰富的词语积累就言而无物。语言来自积累，要及早做起。适当的词汇运用会让我们触碰到形象，感受到真情，使文章增添不少色彩。

低年级可以让学生积累一些简单、有特点又实用的词语。例如不同类型的名词：植物、动物、生活用品……；动词；形容词：描写颜色的，心情感受的……；特殊格式的词语：AABB，ABAC，又……又……，叠词……

词语积累的方法有很多，可以引导学生从生活中积累，从课本中积累，从课外书中积累……积累的内容也可以从积累简单的词语到优美的语句。积累内容和方式的多样化，既可以激发学生的兴趣，又可以积累深厚的语言功底。

(二)句式练习

小学低年级是人生的启蒙阶段，学生的表达经常没头没尾，词不达意。要解决这个问题，我认为还是从句式抓起，教给学生表达的基本方式。简单的句式有以下几种，如"谁是什么？谁做什么？什么是什么？什么做什么？什么地方有什么？"等等，比较复杂的句式有"什么时候，谁在什么地方做什么？……""有……有……还有……"等等。

基本句式的训练是每一个刚刚步入小学的新生都应该经历的，只有具备了说完整话的能力，才能够把每幅图的意思用自己的话表达出来。

二、由简到难，循序渐进

(一)从无序到有序

低年级学生开始看图说话写话，往往是看到什么就说什么、毫无次序，也不连贯。因此，出示图画以后，教师要引导学生有次序地看，有次序地想，有次序地说，有次序地写。比如孩子在学习汉语拼音的时候，每课都会配有主题图，教师就是要充分利用主题图引导学生从上到下或从下到上，由远及近或由近及远，从整体到部分或从部分到整体……

按照顺序把图画中的所有人和物都观察清楚，然后再连贯起来说话写话，有局部、有整体，这样才能有序地表达。

(二)由词语到句子

低年级孩子在看到画面后，首先想到的是与画面有关联的词语，这是符合孩子年龄特点，最简单也是最直接的表达。除了按顺序观察画面外，还可以这样引导孩子发现词语："图上有什么"的名词，形容人和物的形容词，"在干什么"的动词，形容感受的形容词等。这些词语就是打开学生思维的钥匙，是写好句子的支点，依据简单的句式，按照一定顺序，学生会很容易地用自己的语言描绘画面。写句子时不仅做到表达完整，还要注重标点符号的使用，标点符号是句子的标志，有了它才叫真正完整的表达。

(三)由简单到具体

学习把句子写具体，这是一项极为重要的技能，作为低年级教师有责任也有义务让孩子掌握这项技能。教学中我们可以给句子"增肥",使句子换新颜,把句子写生动。例如:小羊在吃草。增加地点:小羊在草地上吃草。增加修饰的词语:可爱的小羊在绿绿的草地上开心地吃草。增加时间:阳光明媚的早上,可爱的小羊在绿绿的草地上开心地吃草。结合画面进行合理的想象,准确地运用词语,使静止的画面尽量动起来,活起来,使单调的画面更加充实丰富起来。

(四)由单图到多图

单幅图看图写话要抓住图上都有什么,是什么样的。最重要的是抓住谁在干什么,怎么干的,干得怎么样,当时会说什么,神态怎样,等等。

多幅图看图写话与单幅图不同的是:要在看明白每幅图的基础上,分析图与图之间、人物与人物之间的联系,时间和地点发生了哪些变化,注意从人物的表情、动作,人物的思想入手,把多幅图画变成一个完整、连贯的故事。叙述时讲究方法,重点说一两幅图,分段进行叙述,开头、结尾简要说,写出自己的感受。

三、从仿到写,扶放结合

仿写不仅仅是照样子写话,而是让学生把学到的语言材料内化为自己写作的储备,为独立写作奠定坚实的基础,学生从中可以更好地体会语言文字美。

(一)抓契机,练仿写

我们的教材在编写的过程中设计了许多适合仿写的课文,在课堂教学中可以让学生每节课都进行小练笔。小练笔的内容可以是一句话的仿写,如《秋天》"天空那么蓝,那么高"。《荷叶圆圆》"荷叶又大又圆"。可以是一小节或者一自然段,甚至是全篇的仿写,如《影子》《比尾巴》《荷叶圆圆》等等。学生对仿写有着强烈的兴趣,并不感觉陌生,只要抓住契机,坚持练习,学生的思维慢慢放开了,想象力也会被调动起来。

(二)擦亮眼,找特点

对学生而言,认识世界的主要途径是观察。观察不仅能增长知识,还可以获得真实、深刻、细致的情感体验。通过观察,抓住字、词、句篇的特点,可以让仿写做到更具有准确性。我们可以这样指导学生观察找特点:

 小鸟问妈妈：
为什么？
我不能玩水，
像小鸭那样。

 小鸭问妈妈：
为什么？
我不能抓蝴蝶，
像小猫那样。

 小猫问妈妈：
为什么？
我不能吃萝卜，
像小兔子那样。

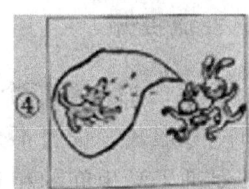 （　　）问妈妈：
（　　）？
（　　），
（　　）。

1. 找重复出现

通过观察找重复出现的词句是最简单的，孩子很容易就能找到"（　　）问妈妈：为什么？我不能（　　），像（　　）那样"。可以让孩子找到后做出标记，这样方便与改写的部分进行区分。

2. 找句式特点

需要改写的部分不是独立存在的，既要结合画面又要观察所在句子的句式特点进行仿写。"谁问妈妈""我不能干什么""像谁那样"，仿写时既要符合图意，又要符合句式。

3. 找词语特点

光句式符合还远远不够，还要明确词语特点。"谁问妈妈"中的"谁"是名词；"我不能干什么"中的"干什么"是动词加名词；"像谁那样"中的"谁"也是名词。抓住词语特点，可以让仿写做到更加精准。

(三) 从仿写，到创新

如果说仿写是学生写作的基础的话，那么，"创新"是写作的最终目的。低年级的仿写是创新的开始，是撬动学生写作能力的支点。如一年级的和大人一起读《阳光》：

阳光像金子，洒遍田野、高山和小河。

田里的禾苗，因为有了阳光，更绿了。山上的小树，因为有了阳光，更高了。河面闪着阳光，小河就像长长的锦缎了。

……

通过观察结构、句式和词语特点，学生能根据生活经验把"田野""高山""小河"改写成不同的地方，如果园、雪山、草地等，并用总分结构继续描写"树上的苹果，因为有了阳光，更红了。山上的雪莲，因为有了阳光，更美了。……"同样的结构和句式，我们也可以鼓励学生描绘其他内容，让学生进行自由创作。

四、讲评结合，交流提升

凡是学生进行小练笔之后，除了个别指导，我都会进行集体讲评，采用"师生互评""生生互评"等形式，读者不是教师一个人而是一群人，学生之间相互切磋，各抒己见，促进了学生间的相互启发，相互学习。学生在品评中增强了自信心，产生了浓厚的兴趣，体会到成功的喜悦，从而提高了写作能力。

小说单元的语文教学初探

——以部编版语文教材六年级上册第四单元为例

北京市平谷区东交民巷小学马坊分校　王秀清

部编版小学语文教材六年级上册第四单元是小说单元。小说对于六年级孩子并不陌生。在四年级教材中有《小英雄雨来（节选）》《芦花鞋》；五年级有《慈母情深》《祖父的园子》《草船借箭》《景阳冈》《猴王出世》《红楼春趣》《刷子李》；六年级有《穷人》《在柏林》《少年闰土》《鲁滨逊漂流记》《骑鹅旅行记（节选）》《汤姆·索亚历险记》等。但是在部编版小学语文教材中这个单元是唯一一个直接将单元主题定位为小说的单元，因此是老师们在小学的语文教学中第一次针对小说教学的单元。这个单元的语文要素有两个：1. 读小说，关注情节、环境，感受人物形象；2. 发挥想象，创编生活故事。

小说一般有比较鲜明的人物形象，如《桥》中的老汉，《穷人》中的桑娜。怎样理解小说的人物形象呢？本单元有《桥》《穷人》《金色的鱼钩》三篇课文。对于小学生来说，对小说的理解是有局限性的。那么对小说单元进行教学时，不要过多地进行拓展，不能要求学生对小说有特别深刻的了解。我们要求学生能够知道小说的三要素，让学生初步知道在读小说时，要通过关注小说的情节和环境来感受人物形象。在教学时可以让学生说一说小说的情节，这些情节刻画了怎样的人物形象，还要让学生找出小说中的环境描写，引导学生理解环境描写是如何衬托人物形象的。同时可以让学生留意人物的语言、动作和心理活动，帮助学生深入地理解人物形象。

下面就以《桥》为例来说说小说单元的教学方法。《桥》是一篇小小说，内容短小精悍，刻画了老支书的人物形象——一位在山洪暴发的危难时刻沉着冷静、临危不惧、心系群众、坚持原则、不徇私情却又充满父爱的优秀共产党员，以自己的威信指挥村民过桥，自己和儿子却献出了宝贵的生命。

一、把握语文要素定重点

既然是小说单元，就要让学生了解小说的特点，也就是语文要素：读小说，关注情节、环境，感受人物形象。根据语文要素和课后题，可以这样分配课时：

第一课时：重点解决对文本内容的整体感知，通过小说情节的发展，找出人物语言、动作、神态的描写来梳理人物形象。这一课时抓住一个问题"从语言、动作、神态中，看出老支书是个什么样的人"，让学生从文本中阅读，逐步树立老支书的人物形象。

第二课时：梳理环境描写的句子，体会环境描写对情节的推动作用和对人物形象的衬托作用。

二、分散教学难点定环节

第一课时，阅读课经常会有这方面的设计，不再赘述。怎样让学生体会环境描写的作用是全新的内容，我从以下几方面设计。

(一)找全环境描写的句子

小说用了大量的笔墨，对雨、洪水和桥进行了描写。第一步，要让学生找到描写环境的句子分类读一读，并说说感受。重点分类读一读描写洪水和桥的句子。

对雨和洪水的描写：

> 1. 山洪咆哮着，像一群受惊的野马，从山谷里狂奔而来，势不可当。
> 2. 近一米高的洪水已经在路面上跳舞了。
> 3. 死亡在洪水的狞笑声中逼近。
> 4. 水渐渐窜上来，放肆地舔着人们的腰。
> 5. 水，爬上了老汉的胸膛。

从"山洪咆哮着"感受到了洪水之大，从"像一群受惊的野马""狂奔而来""势不可当"感受到了洪水来势汹汹、不可阻挡。然后洪水猛涨，近一米高，已经在路面上跳舞了、狞笑了、逼近了，它放肆地舔着人们的腰。这几句环境描写写出了洪水的肆无忌惮，让人感到这凶猛的洪水有随时吞噬人们的生命的危险。

对桥的描写：

> 1. 只有北面有座窄窄的桥。
> 2. 木桥开始发抖，开始痛苦地呻吟。
> 3. 突然，木桥轰的一声塌了。

从"窄窄的""发抖""呻吟"这些对木桥的描写中，感受到木桥在洪水的冲击和人们的踩踏中越来越危险，最后桥塌了。

在这部分的教学中学生比较容易就能找出对雨、洪水和桥这些环境描写的句子，难点在于引导学生对这些环境描写的句子逐一进行分析，引导学生找出关键词，通过提取关键词来想象、联系生活实际来说出对这些环境描写的感受，从这些感受中来体会环境的恶劣与危险，为下一步分析人物形象做铺垫。

(二)体会环境描写的作用

找到了所有描写环境的句子，连起来读一读，学生会有很大震撼。洪水越来越凶猛、越来越危险，水位上涨得越来越快，人们的生命受到了洪水的威胁。人们在洪水的威胁中、在桥的毁灭中一步步走向死亡。

此时，教师利用音乐导读的形式，将人物形象与环境描写穿插朗读。

师：山洪咆哮着，从山谷里狂奔而来，村庄惊醒了，近一米高的洪水已经在路面上跳舞了，人们惊慌失措，跌跌撞撞地拥向那窄窄的木桥！

生：木桥前，没腿深的水里，站着他们的党支部书记，他不说话，盯着乱哄哄的人们。他像一座山！

师：一座沉着冷静的山！一座临危不惧的山！当死亡在洪水的狞笑声中逼近的时候——

生：老汉沙哑地喊话："桥窄！排成一队！党员排在后面！"他像一座山！

师：一座心系群众的山！水渐渐蹿上来，放肆地舔着人们的腰的时候——

生：老汉突然冲上前，从队伍里揪出一个小伙子，吼道："你还算是个党员吗？排到后面去！"他像一座山！

师：一座一视同仁、不徇私情的山！

师：木桥开始发抖、呻吟，水爬上了老汉的胸膛的时候——

生：老汉用力把儿子推上了木桥，他像一座山！

师：父爱如山！

孩子们在朗读中把环境与人物形象联系起来，这么恶劣的环境，这么危险的境况，老支书却能够沉着冷静地指挥大家有序过桥，能够时刻心系群众让党员排在后面，情节上设计了党员插队，老支书毫不留情地揪出来，最后却让读者没有想到这是老支书的儿子，父子俩都被洪水冲走，桥塌人亡的结局给人以震撼。让学生体会到环境描写的三个作用：1. 烘托了洪水暴发时极度危急的气氛。2. 推动了故事情节向前发展。3. 刻画了老支书的高大形象：老支书在洪水中忠于职守，有序地组织村民过桥，让群众在前党员在后，衬托了老支书沉着冷静、临危不惧、心系群众的人物形象；把插队的同是党员的儿子从群众的队伍中揪出来，衬托了老支书坚持原则、一视同仁、不徇私情的人物形象。最后只剩下自己和儿子时，又让儿子先走，衬托了老支书父爱如山的人物形象。

三、延伸虚构编生活故事

本单元的主题中有一句话：小说大多是虚构的，却又有生活的影子。为了让学生更深刻理解环境作用，也为习作创编生活故事提供扶手，课堂最后，可以让学生想一想：这篇小说中哪些地方是虚构的？为什么？

学生的回答可以五花八门，但教师要引导学生直指主题。

比如有的学生认为老支书和小伙子的父子关系是虚构的，一是因为现实生活中可能不会有这么巧的事情，二是即使小伙子真的是老支书的儿子，从人性的角度没有哪一个父亲在那样危险的情况下，不顾儿子的生死，把儿子揪出来。这时教师首先要肯定学生的想法，再问学生作者为什么要这样虚构，引导学生理解这样虚构的目的是突出老支书一视同仁、不徇私情的人物形象。有的学生认为老支书的身份是虚构的，仍然是要先肯定学生的想法，再追问作者为什么要虚构这样的人物，告诉学生小说反映社会生活的主要手段是塑造人物形象，小说中的人物，我们称为典型人物，这个人物是作者把现实生活中的不同人物原型提炼加工而成的，他不同于真人真事，而是"杂取种种，合成一个"，通过这样典型的人物形象反映生活，更集中、更有普遍的代表性，所以文中的老支书是这一类优秀党员人物的代表。也有的学生认为结局是虚构的，不可能那么巧只有这父子两个人死了……

无论哪种虚构，教师都要引导孩子说说作者为什么要这样虚构。这样，得出结论：哪一种虚构都是为了突出人物形象。

最后，教师提升：在我们的实际生活中，这样优秀的共产党员很多：邱少云、董存瑞、焦裕禄，还有像钟南山一样许许多多的抗疫英雄等。小说中的人物是典型人物，这一类人的形象来源于生活却高于生活，让人物形象更突出。

浅析优化小语低年级插图教学的策略

北京市平谷区东交民巷小学马坊分校　胡笑琪

作为语文重要的教学形式之一，插图教学在语文教材中出现的概率比较高，如果能够实现语言和图形之间的相互结合，必然会实现学生语文能力的进一步提高。插图是教师的重要工具，教师也可以经常运用插图的形式，将文本情感与学生自身结合起来，培养其积极向上的学习态度。王宁教授在研究过程中指出，语文素养具有多样性，不仅仅体现在语文运用能力的各个层次，还包括审美情趣和思维方式等。从上述部分角度出发可以看到的是，语文核心能力的提升与学生的全面发展之间有着一定的联系，上述多维的复合目标也给教师群体的教学提出了全新的要求，不仅应该注意语篇关系的科学性，还应该强调教学的丰富性和多样性，只有在教学中充分利用插图，才有助于提高学生的核心能力和素养。本文在研究过程中，将小学语文低年级教材作为主要的分析对象，研究插图与学生思维能力培养之间的相互关系，并提出相关的优化解决方案。

一、同孩子的心弦对准基调，树立插图教学的观念

苏霍姆林斯基曾经说过："在每个孩子心中最秘密的角落里，都有一根独一无二的弦。如果你触摸它，它会发出独特的声音。为了让孩子的心与我说的话产生共鸣，那就需要与孩子的心弦保持一致的基调。"综上所述，在教学情景的不同环节，教师首先应该站在学生的角度去尝试构建全新的模式，了解插图教学的不同环节，在培养学生好奇心和兴趣的同时，形成积极向上的课堂氛围和良好的学习态度。

例如，语文二年级下册第6课《千人糕》，文章的重点围绕米糕的制作过程展开。如果学生能够读懂孩子和父亲之间的对话，必然就会了解文章的核心意思。对于低年级的学生来讲，仅仅通过语言文字理解蕴藏在父子对话中的米糕制作流程难关重重。因此，在课文阅读时，教师应借助文本插图降低学生学习

的难度,并应充分考虑学生这个年龄段所经历的实际情况,学生能够借助插图与文字符号连接,完成第一层次的知识建构。关联性和差异性也是不容忽视的,虽然部分学生了解米糕这一食物,但是对具体的这个工艺并不熟悉,可以通过文本插图的形式帮助学生直观地掌握米糕制作流程的相关信息,找到生活与文字之间相互平衡的连接点。

二、个性化理解插图,坚持插图教学方法多元化

比起文字表达,学生更愿意接受丰富多彩的插图,但是部分学生对插图的好奇心只是浮在表面的。如何提高学生内在的学习动机,并维持基本的学习兴趣,将学生对插图的喜爱转化为对语文这门学科的热忱,成为当下摆在教师群体面前应该重视和解决的关键问题。教师应该充分考虑学生个体之间的差异性,坚持因材施教的基本原则,制定插图教学策略。首先,插图素材的丰富,给教师挑选插图的能力提出了一定的要求。借助插图,学生可以实现文本内容与现实生活之间的相互联系,丰富知识。除此之外,教师如果能够将多媒体和文本结合起来,必然会形成对插图的个性化和全新的理解,通过再加工和创造的方法,结合课堂实践和教学情况来引导学生的思维。从学生维度出发,教师如果能够综合运用视觉、听觉相互结合的方法,必然会引导部分学习能力较差的学生形成学习兴趣,更好地学习语文知识。而对于部分能力较强的学生来讲,教师则可制定差异化的插图教学策略,通过文本插图填补空白的形式来发挥个体的想象能力。

例如,《找春天》这篇文章的学习,则可以通过插图景色渲染的方法,帮助学生解放天性,从课堂走到大自然中,使其既能够感受春天的美好景色,同时也能够获得实际方面的愉悦体验。在体会乐趣的过程中,帮助学生通过镜头来捕捉美好的事物形象,此时,教师及时引导学生对文本插图"填白",层层递进从而促进学生思维发展。当然,插图的存在,既能够对文字做好基本的辅助,同时也能够引起学生的注意力和好奇心。综上所述,如果教师在插图引用的过程中能够坚持多元化的基本教学观念,就可以实现最终的教学目标,并达到教师和学生共同进步的目的。

三、关注插图,发展学生的阅读思维能力

为学之道,必本于思。思则得之,不思则不得也。教师要想更好地运用插

图，就应该自觉地投入教学的每一个过程中。首先可以创造多种形式，为学生融入课堂创造一定的条件，充分利用教材的理论知识和实践内容，有意识地备课，并把注意力放在插图上，同时也可以通过阅读课文和文献相互结合的形式，为后期的教学顺利开展创造条件。形象思维是低年级学生整体呈现出的鲜明特点。教师可以通过多种形式引发学生的关注，这也是教师群体在帮助孩子了解插图的过程中可以采取的关键方法，营造出良好的学习氛围。只有激发学生自我的深层能动性和主动性，才能够在多种感觉器官配合的同时，形成良好的阅读思维，真正把握住文章的核心内容和观点。综上所述，在语文学习的过程中，如何来实现插图整体直观性的表达与学生综合思维能力之间的相互结合，是当下教师群体应该充分考虑的关键问题，也是语文核心能力发展的重要前提。

以一年级下册第 21 课《小壁虎借尾巴》为例，老师可以提出一定的预习技巧，学生则巧妙地运用各种插图和创造性思维，借助小壁虎借尾巴的旅途来掌握文章所传达出的核心观点和知识。首先，学生通过观察直观形象会了解到壁虎的尾巴原来是可以折断的，在此基础之上的好奇心将进一步被激发，也就是壁虎为什么需要尾巴？除此之外，学生也可以通过一系列的插图来了解壁虎借尾巴的整个过程，培养完整的逻辑思维能力。从最开始到最后，完整的语言逻辑和清晰的表达是教学目标的重要组成部分。综上所述，插图教学能够很好地帮助学生养成良好的阅读思维，对全面发展也有着关键的促进作用，文本插图甚至在一定程度上可以扮演文本不能够扮演的角色，来再现文章主人公本身的生活经历情况。

四、善用插图，培养学生主动读图能力

陶行知说："好的教师不是教书，不是教生，乃是教学生学。"因此，教师群体应该充分认识到学习氛围营造的重要性，尤其体现在自主学习和合作学习这一层次，唤醒主体意识，把教师和学生放在平等的教学地位上，教师也应该思考如何教学生学。有鉴于此，教师应将研究儿童身心发展规律贯穿整个教学之中，教师应该注意低年级的学生本身在认知和身心的发展方面都存在一定不成熟的地方。要想成为学习的主人，插图的观察能力以及自我学习能力就是必不可少的，在语文学习上，独立阅读能力的培养是小学阶段的关键部分，那么教师在低年级阶段的插图教学成效至关重要。

以《iuüyw》为例，老师可以通过系列引导问题的提出，来帮助学生进行更深层次的思考，正确的阅读方法能够引导学生群体按照教师的思维进行观察。同时教师应该在适当的时间，比如课堂结束时，对文章的内容进行综合的总结，也可以通过学生发言的方法来调动他们学习的主动性和积极性。如果学生能够愿意积极地展示自己的学习成果，必然会在课堂范围内形成良好的学习氛围。独立思考和积极学习的观点态度一旦形成，读图能力必然会随之提高，语文的综合学习素养和核心能力也会得到质的飞跃。

五、自绘插图，提升学生创新能力

插图的运用能够帮助学生在愉快轻松的氛围中学习基本的语文知识，自主语文阅读能力也将随之提高。小学生的注意力和知觉等表征在过程中扮演着一定的角色，形象构建的过程也是心理塑造的关键。以一年级下册第 12 课《小池》为例，语文教材中对夏日的景象进行了细致的描绘。不同形状的荷叶，比如有的荷叶就会完全展开来铺平，像一个大的圆盘，相比之下，有的荷叶只是露出一个小小的尖尖角。池塘里的泉水十分清澈，而岸边树木的倒影在其中也有所体现。来了几只蜻蜓落在荷叶上，古诗词就可以将荷叶与蜻蜓很好地连接起来。因此，插图选取的过程中，如何能够表现出荷叶的运动和蜻蜓的动态就是教师必须要考虑的关键问题，再添加应有的景象和事物表达内心的感受。综上所述，智育和美育之间的相互结合是十分重要的内在学习动机，也是能力提升的关键前提。

总而言之，文本与插图之间的相互结合，能够满足当下中小学生在学习过程中所提出的要求，符合学生基本的年龄阶段和思维特点，能够加深学习的深度，同时也是语文阅读水平提高的重要部分。因此，教师应该树立插图教学的基本观念，通过插图教学方法的优化来达到提高学习效果的最终目的。

小学语文策略单元的教学初探

北京市平谷区东交民巷小学马坊分校　李　笛

部编语文教材最大的特点是关注学生语文学习方法与策略的培养，注重培养学生独立阅读的能力以及多样的阅读方法。从低年级开始，就向学生渗透语文学习的策略，引导学生边阅读边想象画面，等到了中高年级，阅读策略更是多种多样，并设置了独立的阅读策略单元，全册书经过系统的、连续性的学习，多方面地培养学生的语文能力。

一、设置——独立训练单元

部编版小学语文教科书阅读练习系统围绕阅读策略设置了独立的训练单元，包括预测策略、提问策略、复述策略、概括策略等。

（一）预测策略

部编版教科书中的课堂教学和课后发人深省的思考题为我们提供了预测技术。《胡萝卜先生的长胡子》课后题提醒学生这个故事讲述了长胡须的各种用法。你可以根据内容和生活常识做出预测，依据故事的内容、生活经历和生活常识。这是在提醒学生，不要盲目地预测故事的内容，而要以基础来预测故事的情节。这旨在引导学生考虑文本的边缘注释，并将文本的内容与生活经验和常识相结合，以此作为预测的基础。对于有偏见的预测，应及时进行更改以帮助学生更好地理解课文。比如《躲猫猫大王》《柔软的阳光》《团圆》等要求学生根据练习中所提供的题目对文中的情节和内容展开想象，进行预测。《小狗学叫》课后练习出现了这样的一道题："随机选取一本故事书，讲给同学们听，读的过程中随机停顿下来，让同学们猜测后面的情节。"这显然是要求学生根据文章内容里的一些线索，对后面可能发生的故事情节进行预测。这些预测性示例告诉我们，根据文章的标题和插图，我们可以预测哪些。《胡萝卜先生的长胡子》课后练习需要学生想象一下接下来会发生什么？你预测的基础是什么？听老师讲这个故事，看看你的预测和故事有什么不同。整个故事都做出了预测。当他们读到胡须被营养果酱弄脏时，学生们可以猜到胡须会长得越长。在阅读时，预测可以帮助我们预知背后的内容，以更好地了解文章。为了更准确地预测，请仔细阅读，并留意更多信息。在图书馆中查找图书时，请先查看书名，猜出书的一般内容，然后决定是否阅读该书。总结了三种不同的方法引导学生正确地运用"预测策略"进行阅读，学会运用一边读一边预测的预测方法理解课文的意思，掌握课文的主要内容。善于以文章中的一些细节描写作为预测的依据，以便于预测得更加精确。根据文章或者书的标题来推测故事的主要内容，也是学生要学会的一种预测策略。

部编版小学语文教科书阅读练习系统围绕预测策略设置独立的阅读策略训练单元，并且在具体的练习中体现了不同的预测方法，引导学生学会正确地运用预测策略，有利于培养学生的阅读兴趣。

(二)提问策略

围绕提问策略，学生要掌握的知识很多，部编版小学语文教科书采取"两步走"的编排策略。四年级上册第二单元导语明确提出："尝试从不同角度去思考，提出自己的问题。"在此基础上，四年级下册第二单元也编排了一个与之有关的单元，即"能提出不懂的问题，并试着去解决"。《一个豆荚里的五粒豆》要求学生针对文本的全文和局部进行提问。《蝙蝠和雷达》提示可以从内容、写法和得到的启示三个方面来提问。四年级上册围绕"提问策略"，编排了《一个豆荚里的五粒豆》《夜间飞行的秘密》《呼风唤雨的世纪》《蝴蝶的家》四篇课文。三篇课文课前导语和课后练习都非常明确地提示学生学会从不同角度提问。例如，在《夜间飞行的秘密》这篇课文的课后习题中有三个问题分别从不同的角度提问：超声波和无线电波有什么不同？蝙蝠探路还可以用在生活中的什么地方？课文的题目是"夜间飞行的秘密"，为什么一开始要写飞机？显然，这三个问题的提问角度是不一样的。第一个问题是针对课文内容来提问的。第二个问题是从课文中得到启示，联想生活经验提出的。第三个问题是针对课文的写法来提问的。《夜间飞行的秘密》这篇课文最重要的教学目标是学会从课文内容、写法、得到的启示或联系生活经验等不同角度提问。再如，《呼风唤雨的世纪》这篇课文中在课后就围绕着从不同角度提问这个阅读策略设置了三道不同角度的问题："程控电话"是什么？"忽如一夜春风来，千树万树梨花开"的意思是什么？为什么文中引用这句诗来形容科学成就？现代科学技术对我们来说都是有益的吗？显然，第一个问题可以通过让学生自己查阅相关资料解决，对课文内容的理解不造成影响。第二个问题可以帮助学生理解课文内容，让学生结合诗句本身的意思进而联系课文，进一步帮助学生理解课文内容。第三个问题有利于引起学生的深入思考，对课文的主题进行拓展思考，有利于培养学生主动探究、发现问题、解决问题的能力。这一单元的"语文园地"对"提问策略"进行了讨论与总结："阅读的时候要全面思考问题，敢于尝试从文章不同的角度提出问题，并且要筛选出最值得探究的问题，养成爱问问题、勤于动脑的好习惯。"

编者的意图是鼓励学生要学会提问的技巧，善于从不同的角度提出有质量的问题，通过独立思考来解决问题，有利于帮助学生养成勤于动脑、爱思考的好习惯。

（三）复述策略

部编版小学语文教科书针对阅读策略的训练，除了设计了预测和提问两个阅读策略单元以外，还重视复述策略的练习。三年级下册第八单元的单元导语要求学生："了解故事的主要内容，复述故事。"显然，这一单元的设计是围绕着"复述策略"展开的。《义务教育语文课程标准（2011年版）》对于第二学段的阅读目标要求："能复述叙事性作品的大意，初步感受作品中生动的形象和优美的语言。"因此，第二学段的学生需要掌握复述阅读策略，能够将故事的主要内容用自己的话复述出来。《慢性子裁缝和急性子顾客》课后练习要求学生："根据课文内容完成表格，再借助表格把这个故事讲出来。"这就要求学生能够在课后练习题的引导下，先概括出第一天到第四天急性子顾客的要求和慢性子裁缝的反应，然后再借助表格中自己概括出来的信息，试着用自己的话将这个故事复述出来。《漏》课后练习要求学生："借助下面的示意图和文字提示，按照地点变化的顺序，复述这个故事。"学生可以通过借助课后练习所提供的图片和文字，按照课文中地点变化的顺序，用自己的语言将这个有趣的故事复述出来。在这个过程中，学生逐渐掌握了复述策略，能够用自己的话将叙事性作品的大意讲出来。学生通过"复述策略"的相关阅读训练，能够为发展他们的阅读概括能力奠定扎实基础，从而循序渐进、有效地培养他们的阅读认知能力。本单元"语文园地"针对"复述策略"的运用进行了总结：要学会借助表格、示意图、流程图等非连续性文本将故事情节用自己的话讲出来，这样不会将重要的故事情节遗漏，也不会将故事发展顺序前后颠倒，有利于帮助学生完整、正确地将故事主要内容复述出来。

这一单元的设计旨在告诉学生"复述策略"是用自己的语言来讲述文章主要内容，并且要善于将非连续性文本与连续性文本相结合，运用复述策略按照故事情节发展顺序梳理故事的主要内容。这样有利于学生做到对文章主要内容的整体把握，更加准确地将文章内容复述出来。

(四)概括策略

部编版小学语文教科书三年级下册第四单元围绕"概括策略"设置了独立训练单元。单元导语要求学生："借助关键语句概括一段话的大意。"显然，这是要求学生能够学会借助一些关键的语句，概括文章的大意，重点训练学生对概括策略的掌握。例如，《花钟》课后练习对学生提出："默读第1~2自然段，分别说说这两段话的大意。"显然这是要求学生能够通过默读，在相应的段落中找出关键语句概括段落的大意。《蜜蜂》课后练习要求学生："默读课文，把给出的图表补充完整。"而给出的图表中已经有所提示：实验目的是验证蜜蜂是否有辨认方向的能力。让学生能够按照这个范例，补充相应的实验过程与实验结论。这就要求学生回归到课文本身，通过默读课文，自己借助关键语句，概括出不同段落的大意，显然是在训练学生掌握概括信息策略的能力。这一单元的"语文园地"对于"概括策略"在阅读中的几种情况进行了提示：关键语句能帮助我们概括一段话的大意。有时候，需要对关键语句进行改造。关键语句可能在一段话中的不同位置。

本单元重点要求学生做到对"概括策略"的灵活运用，针对不同的关键语句能够进行定位、提炼、调整，进而将段落的大意准确地概括出来。

二、实施——运用教学策略

在单元教学设计中，教师要借助不同的策略方法，营造出情境的真实性、实效性。在单元导语中，设立三个教学要素。一是"试着一边读一边想象画面"，二是"体会优美生动的语句"，三是"试着把观察到的事物写清楚"。这三个要素环环相扣，梯次深入。我们通过学习四篇选文，蕴含着上述要素。所以，要注重教师的教学策略，要从引导学生读写入手，读中想，读中说，读后写，读后再创新写，分层次、有步骤。依次展开，如下图。

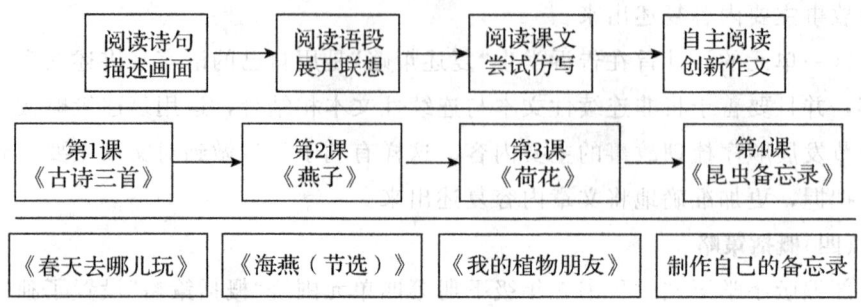

图1　教学策略实施图

（一）读中想象画面，丰富语言

老师以学生需要学习的要素"试着一边读一边想象画面""体会优美生动的语句"作为教学的出发点和落脚点。既要求学生展开想象，同时也要提高语言表达能力。在《古诗三首》《燕子》《荷花》课中，老师把引导学生做好边读边想、交流优美语句作为练习重点，使学生在诵读中展开想象，在想象中体会文字的韵味，并积累下来。在教学中，老师引导学生感受文字魅力，积累语言，丰富语言储备，就要从文章的整体出发，引导学生圈画文中优美语句并有感情地朗读，反复咀嚼文字之美，脑海中再现画面，字与画面遥相呼应，意象更加具体真实。以《燕子》一课为例，在写燕子飞行时作者用到"斜飞""横掠""沾"等动词，这几个动词都十分形象，让人忍不住在脑海中产生一片联想。仿佛眼前出现了姿态轻盈、矫健飞行的燕子，不时还出现快速迅捷飞行的燕子，时而眼前又来了许多让水面的小圆晕一圈一圈荡漾开去的调皮可爱的燕子。不仅此处，就连对"天空"、对"湖面"的描写也让人产生无限遐想。天空是那么广阔无边，晴空万里。湖面是那样闪闪灵动。这些文字都值得学生透过文字去展开想象的翅膀，把这些优美的语言积累下来。

（二）读中聚焦表达，实现仿写

读中促写是本单元的一个特色，与单元要素中提到的"试着把观察到的事物写清楚"相呼应、相契合。每课中都有值得积累的优秀美文，甚至是值得学习仿写的段落文字，比如，《燕子》的外形值得仿写，这也在"语文园地"的"词句段"模块中设计出来了。《荷花》的第2自然段，荷花不同的样子值得仿写，尤其是恰当的排比句的运用。《昆虫备忘录》中，导语直接布置任务，学做昆虫备忘录。课文中设计的每个"写"的机会都是为单元的习作做铺垫。为实现写的

目标,每篇课文都在为其做铺垫。如下图:

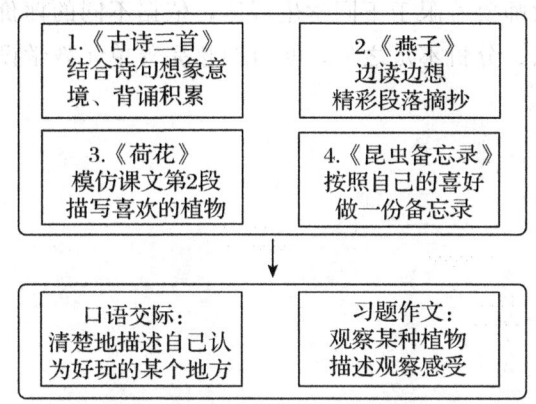

图2 三年级下册第一单元教学实施策略图

由浅入深,潜移默化,随着知识的迁移,学生能够在之后的学习中,边阅读边想象画面,更好地理解课文,并能适时地积累优美的好词好句应用到自己的写作当中,为自己的语文学习积累方法。

三、评价——进行反馈教学

教学成效的好坏,要以教学评价作为衡量的标准,教学评价发挥着检验、诊断、反馈、导向、调控等多方面作用。笔者在进行研究时主要从两个方面发挥评价的作用:一方面考核学生在课堂学习中语文核心素养的达成情况;另一方面根据课堂反馈,反思教学过程,不断完善教学设计,调整教学内容与节奏。

从单元教学设计的实施来看,目前,在理论上和实践中都处于探索阶段。教学评价和教学效果的测评都要求教师从更高级认知来培养学生的核心素养,用心收集能促使学生全面呈现思维轨迹的学习材料,开展具有一定深度、广度、维度的教学评价。以新课标教学评价实施建议为标准,我认为,可以从以下两点入手:基于课堂观察的表现性评价、基于日常学习成果的过程性评价。

课堂行为是课堂观察表现性评价的起点。它是课程教学效果评价的依据,能够比较客观地显示出学生的学习情况。基于日常学习成果的过程性评价,学生绘制学习导图,制作备忘录,完成练习、习作等都属于学生学习的成果,学习的收获,也可以作为学生学习本单元的学生评价内容。

总之，教学评价这一个循环往复、螺旋上升的动态发展过程，将单元教学贯穿始终。因此教师要着眼于不同学生群体，依据不同的评价方式，以教学反馈为蓝本深入总结、分析不足之处，及时调整完善单元教学设计。

教学设计篇

統計力學

《慈母情深》教学设计

北京市平谷区东交民巷小学马坊分校　张　静

《慈母情深》节选自梁晓声的小说《母亲》，讲述的是"我"的母亲在家境极端贫困的情况下，毫不犹豫地给"我"买《青年近卫军》的事，体现了母亲对子女无私的爱，也表达了"我"对母亲的爱和感激。

一、教材解读：深入解读新增的大段场景描写

《慈母情深》曾作为一篇略读课文，被选入部编版五年级上册课本。现今作为一篇精读课文，被选入部编版五年级上册课本，文章内容也发生了变化。除了对个别句子做了更精准的调整，最大的变化是增加了三个自然段，加大了"母亲工作场景"的描写：

在自己对自己的怂恿之下，我来到母亲上班的地方，向母亲要钱。母亲那一年被铁路工厂辞退了，为了每月二十七元的收入，又在一个加工棉胶鞋帮的街道小厂上班。

那是我第一次到母亲为我们挣钱的那个地方。

空间非常低矮，低矮得使人感到压抑。不足二百平米的厂房，四壁潮湿颓败。七八十台破缝纫机一行行排列着，七八十个都不算年轻的女人忙碌在自己的缝纫机旁。因为光线阴暗，每个女人的头上方都吊着一只灯泡。正是酷暑炎夏，窗不能开，七八十个女人的身体和七八十只灯泡所散发的热量，使我感到犹如身在蒸笼。

这段文字中，作者对母亲的工作场景进行了详尽的描述。厂房内环境非常恶劣：空间低矮——使人压抑；四壁潮湿——阴暗颓败；七八十台破缝纫机——震耳欲聋；窗不能开——空气污浊；酷暑炎夏——潮热蒸笼。这些描写与下文中的细节相照应，如，人物之间对话需要呐喊才能听到；"我"要穿过一排排缝纫机才能走到在角落里工作的母亲面前；工人们白天也要用灯泡照明才能工作；工作时要凑到缝纫机板上才能看见……

新加入的这段场景描写，写出了母亲为我们挣钱的那个地方，潮湿阴暗、闷热嘈杂、拥挤狭窄。"我"第一次来到这个昏暗、潮热、噪声四起的地方，感觉身在蒸笼。

这段场景描写有三层意思：1. 之前，"我"只知道，为了每月二十七元的收入，母亲在一个加工棉胶鞋帮的街道小厂上班。2. 第一次来到母亲上班的地方，"我"才知道，她上班的地方竟是这样一个地方，一个昏暗、潮热、噪声四起的地方，一个热浪滚滚、噪声嘈杂的地方，一个让人觉得压抑、喘不过气的地方，一个"我"一分钟都不愿意多待的地方。3. 母亲，她的昨天、今天、明天乃至以后的每一天，都要煎熬在这样的地方，为了每月二十七元的收入，为了供我们吃、供我们喝，"我"却想用母亲两天的血汗钱买书。

二、设计思路：依据语文要素，重视场景描写蕴含的情感

部编版教材每个单元都有语文要素，教学时，要将语文要素持续推进，不断增长学生的语文能力。本单元的语文要素是：体会作者描写的场景中蕴含的感情。根据单元语文要素确定课时重难点，并分三步落实：第一步，先从新增的场景描写入手，体会母亲工作环境的恶劣；第二步，品味其他场景描写，突出慈母形象；第三步，走进作者内心，感悟这件事带给作者的情感变化。

小说是以刻画人物形象为中心的文学，由人物之间的相互关系和人与环境之间的矛盾冲突而产生的故事情节。小说场景的描写为小说提供特定的环境，在小说艺术中是不可或缺的要素。这段被渲染的场景描写为作者的思想变化提供了驰骋的舞台，并为情节的发生、发展起到重要的推动作用。这里凝聚着作者的心血，看到母亲在这样的环境下煎熬着挣钱、度日，看到母亲是这样瘦弱憔悴，看到母亲是这样疲惫劳累，看到母亲日复一日手脚并用的机械忙碌……"我"震惊，"我"心酸，"我"难受，"我"惭愧。那一天，"我"第一次觉得自己长大了，应该是一个大人了。这些场景特写承载了"我"的情感变化，"我"不敢相信自己的母亲所处的环境如此恶劣，工作如此辛劳，内心极度地震惊和不安。在教学中，教师要带领学生仔细揣摩。

三、教学方案

18　慈母情深

第一课时

教学目标：

1. 能用普通话正确、流利、有感情地朗读课文。
2. 认识"魄、抑、颓"等11个生字，1个多音字"龟"，借助具体语言环境理解词语"失魂落魄、震耳欲聋、龟裂"等。
3. 厘清小说故事情节，从"母亲的工作环境"和"母亲慷慨给我买书钱"的环节对比中初步理解慈母情深。

教学重点：

认识"魄、抑、颓"等11个生字，1个多音字"龟"，借助具体语言环境理解词语"失魂落魄、震耳欲聋、龟裂"等。

教学难点：

厘清小说故事情节，从"母亲的工作环境"和"母亲慷慨给我买书钱"的环节对比中初步理解慈母情深。

教学过程：

(一)联系生活，导入新课

1. 读懂课题

你打算怎么读？为什么？

2. 联系生活

提起母亲，你的头脑中有一幅什么画面？

(二)通读课文，初步感知

1. 读通课文，厘清结构

(1)数自然段：共38个自然段

(2)划分部分：

第一部分(第1~4自然段)："我"想买一本《青年近卫军》，想得整天失魂落魄，但一元五角的书价、贫寒的家境使"我"的愿望难以实现。

第二部分(第5~37自然段)：母亲在恶劣的环境下工作，却毫不犹豫地给钱让"我"买《青年近卫军》。

第三部分(第38自然段)："我"有了第一本长篇小说。

2. 介绍背景

著名小说家梁晓声在他 15 岁时，为了买《青年近卫军》这本小说，向他的母亲要了一元五角钱。现在我们向家长要一元五角钱，大多数家长马上就会给你，因为一元五角钱，对现在的家庭来说，实在算不了什么，对于家庭的日常开销来说，根本派不了大用场。

但是，作者 15 岁的时候，处于我们国家的 60 年代，当时国家资源贫乏，经济萧条，普通劳动者辛辛苦苦从早干到晚，一天的工资只有四角、五角。因此，你别小看这一元五角，在当时能买 10 多斤大米或者 5 斤最大的带鱼，或者能买 3 斤肉，已经够一个家庭一个月的伙食开销了。就是在这样的情况下，母亲给了梁晓声一元五角钱买《青年近卫军》这本书。作者在长大后，仍然难以忘怀向母亲要一元五角钱这件事，写下了这篇文章。

3. 联系文本，学习词语

(1)理解词语意思：

A. 失魂落魄——形容极度惊慌、行动失常的样子。

作者为什么而失魂落魄？

B. 震耳欲聋——耳朵都震得快要聋了。形容声音很大。

你在哪里听过震耳欲聋的声音？

C. 龟裂——皮肤因寒冷干燥而破裂。

出示图片，为什么母亲的手在炎热的夏季也会龟裂？

"母亲掏衣兜，掏出一卷揉得皱皱的毛票，用龟裂的手指数着。"

"龟裂"的手指，是母亲日复一日拼命劳作的真实写照，透出母亲工作的辛劳、生活的艰难。

(2)词语填空：

我一直想买《青年近卫军》，想得整天（　　　）。于是，我来到母亲工作的地方，那里噪声（　　　），我发现母亲极其瘦弱。当知道我想要钱买书，母亲用（　　　）的手将钱塞给我，立刻又忙碌起来。我鼻子一酸，攥着钱跑了出去。

(3)订正答案：

A. 有感情地读

B. 指导重点词语的读音和书写

(三)细读场景描写,加深理解

1. 读清人物环境

(1)自读课文

初读课文,知道了这买书的一元五角钱对于"我"这个贫寒的家庭来说,是一笔不小的开支,母亲挣这一元五角钱容易吗?请同学们再读读课文,到课文的字里行间去寻找答案,去细细品味,把你体会最深的句子用波浪线画下来,说说你的感受。

(2)预设

工作环境非常恶劣

空间低矮——使人压抑

四壁潮湿——阴暗颓败

窗不能开——空气污浊

酷暑炎夏,灯泡烤——潮热蒸笼

七八十台破缝纫机——震耳欲聋

(3)引导

就在课文的字里行间,多处描写噪声不断,快速找到,读一读!

(4)小结

"我"第一次来到母亲挣钱的地方,这个昏暗、潮热、噪声四起的地方,七八十个人,七八十台破缝纫机,仅仅这么一会儿,"我"就感觉身在蒸笼一般。在来之前,"我"知道母亲是在这样的环境中工作吗?

(5)延伸

让"我"没想到的是什么?

预设:

"我"没想到——母亲挣钱的地方竟是一个昏暗、潮热、噪声四起的地方。

"我"没想到——母亲挣钱的地方竟是一个热浪滚滚、噪声嘈杂的地方。

"我"没想到——母亲挣钱的地方竟是一个让人觉得压抑、喘不过气的地方。

2. 读懂情感变化

(1)心情对比

这样的地方,你愿意待在这里吗?(不愿意)

是呀,这噪声、这闷热,让"我"一分钟都不愿多待。而母亲呢?

(2) 情感变化

为了每月二十七元的收入，为了供我们吃、供我们喝，母亲的昨天、今天、明天乃至以后的每一天，都要煎熬在这样的地方，"我"却想用母亲足足两天的血汗钱买书。

此时，你什么心情？

预设：

"我"震惊。

"我"心酸。

"我"难受。

"我"惭愧。

(3) 小结

那一天，"我"第一次看到了母亲挣钱的环境，看到了母亲的艰辛与煎熬，"我"震惊、心酸、难受、惭愧，"我"开始心疼母亲了。"我"觉得自己长大了，应该是一个大人了。

(4) 出示《母亲》原文

还有不少日子，母亲加班，我们一连几天甚至十天半月见不着母亲的面儿。只知母亲昨夜是回来了，今晨是刚走了。要不灯怎么挪地方了呢？要不锅内的高粱米粥又是谁替我们煮上的呢？

是的，我当年竟是那么不知心疼和体恤母亲。我以为母亲就应该是那样任劳任怨的。我以为母亲天生就是那样一个劳碌不停而又不觉累的女人。我以为母亲是累不垮的。其实母亲累垮过很多次。在夜深人静的时候，在我们做梦的时候，几回母亲瘫软在床上，暗暗恐惧于死神找到她的头上了。但第二天她总会连她自己也不可思议地挣扎了起来，又去上班……

3. 读明场景描写作用

这段场景描写重要吗？为什么？

场景描写衬托出母亲的瘦弱憔悴、疲惫劳累，让故事更真实地浮现到读者眼前，"不断的噪声"贯穿全文，不断推动情节发展。一切景语皆情语。读懂了环境，也就读懂了作者的心。

(四) 情节对比，做好铺垫

母亲挣钱那么不易，家境那么困难，却毫不犹豫地给钱让"我"买书，即便是同事认为"我"是要钱买闲书，劝阻她给"我"钱时，母亲却说："我挺高兴他爱看书的。"母亲的形象与对"我"的慷慨形成鲜明对比，慈母情深跃然纸上。

18 慈母情深
第二课时

教学目标：

1. 品析母亲的外貌、动作、语言，体会母亲的慈祥与善良和"我"对母亲的感激、热爱与崇敬之情。

2. 学习抓住重点语句来品味语言、品味形象，初步了解小说写作特点。

教学重难点：

品析母亲的外貌、动作、语言，体会母亲的慈祥与善良和"我"对母亲的感激、热爱与崇敬之情。

教学过程：

(一)谈话引入，体会"鼻子一酸"

1. 联系生活，体会"鼻子一酸"

你们曾向母亲要过钱吗？

你们向母亲要钱时，有过鼻子一酸的感觉吗？（板书：鼻子一酸）

2. 联系文字，提问质疑

这篇小说中，有这么一句话：我鼻子一酸，攥着钱跑了出去……

明明母亲给了"我"钱，很痛快地给了钱，期待已久的愿望就要实现了，为什么"我"不但不高兴，反而还会鼻子一酸？

3. 默读课文，寻找答案

带着这个问题，打开课文，静静地读，读着读着，把你特别有感受的地方，用波浪线画出来。

(二)品悟形象，感受慈母情深

预设：

1."我的母亲"后置三次

"背直起来了，我的母亲。转过身来了，我的母亲。褐色的口罩上方，一对眼神疲惫的眼睛吃惊地望着我，我的母亲的眼睛……"

(1)出示句子比较：

"我的母亲背直起来了，转过身来了，褐色的口罩上方，一对眼神疲惫的眼睛吃惊地望着我……"

这两句有什么不同？

句一：背直起来了，我的母亲。

采撷英华　润泽生命

A. 请你们慢慢地看，仔细地看：你看到的是一个怎样的背？（板书：瘦弱）

预设：（极其瘦弱的背、弯曲的背、瘦骨嶙峋的背）

B. 在我们的记忆中，母亲的背是什么样的？

预设：（直直的、挺拔的）

C. 我们现在看到的是极其瘦弱的背、弯曲的背、瘦骨嶙峋的背，这是母亲的背吗？读——背直起来了，我的母亲。

句二：转过身来了，我的母亲。

A. 你看到了母亲的脸，那是怎样的脸？（板书：疲惫）

预设：（粗糙、疲惫、瘦弱）

B. 这是"我"的母亲吗？母亲的脸曾经是什么样子？

预设：（光洁、红润）

C. 曾经红润的脸，如今粗糙、瘦弱。读——转过身来了，我的母亲。

句三：褐色的口罩上方，一对眼神疲惫的眼睛吃惊地望着我，我的母亲的眼睛……

A. 仔细地看，那是怎样的一双眼睛？

预设：（疲惫、无神）

B. 记忆中的母亲有着怎样的眼睛？

预设：（清澈、炯炯有神）

C. 这一双清澈、水灵灵、炯炯有神的眼睛没有了。读——褐色的口罩上方，一对眼神疲惫的眼睛吃惊地望着我，我的母亲的眼睛……

(2)品析人物形象：

母亲啊，你曾经挺直的背到哪里去了？你曾经光洁的面容到哪里去了？你曾经水灵灵的眼睛到哪里去了……

生回答。

(3)师生共读。

(4)当你看到这样的母亲，心里什么感受？

预设：（伤心、难过）

(5)体会表达特点：

这句中"我的母亲"出现三次。句中将母亲的动作、神态写在前面，把"我的母亲"放在后面，以慢镜头的方式描写了母亲在极其疲惫的劳作中艰难转身的细节，强调"我"看到的母亲是被生活所迫、被养家所累的母亲，她那样瘦小、疲惫、憔悴，与"我"心中母亲的形象完全不一样。昔日挺拔、健康的背如今那样瘦弱，昔日光洁鲜亮的脸如今那样疲惫，昔日有神的眼睛如今那样憔悴……"我"不敢相信这就是"我"的母亲，"我"的内心受到了强烈的震撼。母亲的疲惫和儿子的心酸就在"我的母亲"的反复中凸显。

(6)看到这样的母亲，"我"怎能不鼻子一酸？带着这样的感受，再来读这一段。

过渡：还有哪些地方让你"鼻子一酸"？

2."立刻"重复三次

"母亲说完，立刻又坐了下去，立刻又弯曲了背，立刻又将头俯在缝纫机板上了，立刻又陷入手脚并用的机械忙碌状态……"

(1)刚才看到的是慢镜头，现在你看到的是——快镜头。从哪儿看出的？（立刻）

(2)指名读，读出快镜头的感觉。

(3)立刻是什么意思？找近义词。

(4)小说的作者是梁晓声，作家的词汇那么丰富，为什么非得重复用四个"立刻"？

出示句子比较：

"母亲说完，马上又坐了下去，赶紧又弯曲了背，迅速又将头俯在缝纫机板上了，立刻又陷入手脚并用的机械忙碌状态……"

从比较中得出：

母亲这几个动作是一瞬间完成的，她是那样辛苦、那样忙碌，（板书：辛苦、忙碌）每天重复机械、单调的动作。这就是"我"的母亲，"我"的母亲就是这样挣钱的。

(5)体会表达特点：

"立刻"一词反复出现，写出母亲快节奏的工作，表明母亲为了维持一家人的生活没有喘息，没有休息，争分夺秒拼命挣钱。排比的手法，将母亲的忙碌、急促、机械、枯燥渲染得淋漓尽致、天衣无缝。

(6)看到"我"的母亲这样的劳累，这样的辛苦，"我"的鼻子怎能不一酸？带着这样的感受再读这段话。

3.母亲对"我"的爱

母亲却已将钱塞在我手里了，大声回答那个女人："谁叫我们是当妈的啊！

我挺高兴他爱看书的!"

(1)老师相信其中有一个细节会让你特别有感触。(板书:塞)

这是怎样的塞?(毫不犹豫、迅速)

(2)母亲塞到"我"手里的只是钱吗?

(爱和期待、希望)

总结:塞的不仅仅是钱,塞的是希望,是鼓励,是理解……塞的是母亲的一片情怀。

(三)读写结合,续写慈母情深

1. 读写结合

回忆母亲劳作的画面、给钱的细节,面对这样深厚的慈母情,"我"竟然鼻子一酸,攥着钱跑了出去……

我想一遍又一遍地对母亲说,我想对在噪声不断、震耳欲聋环境中工作的母亲说,我想对佝偻着背的母亲说……

2. 动笔写话

写下对母亲说的话,可以写你的悔恨,可以写你的自责,可以写你的激动,可以写你的幸福,可以写你的决心,可以写你的懂事……但是,不管你写什么,在你的话中,"母亲"这个词语不得少于三次。

3. 写话展示,教师点评

(四)拓展资料,体会小说特点

1. 小说特点

人物形象、环境描写、故事情节。

2. 作者简介

梁晓声,著有短篇小说集《天若有情》《白桦树皮灯罩》《死神》,中篇小说集《人间烟火》,长篇小说《浮城》《一个红卫兵的自白》《从复旦到北影》《雪城》等。近年发表有长篇小说《一亿六》《生非》,其短篇小说《这是一片神奇的土地》《父亲》,及中篇小说《今夜有暴风雪》获全国优秀小说奖。现任教于北京语言大学人文学院,中国作家协会会员。

3. 引入资料

节选自《关于〈慈母情深〉》
作者：梁晓声

当我们是孩子的时候，我们受到父母的种种关怀和爱护；如果我们的愿望是对于我们的成长有益的，哪怕仅仅是会带给我们快乐的，父母都会尽量地满足我们的愿望。即使因为家庭生活水平的限制，实现我们的愿望对父母来说，不是一件轻而易举的事，父母也往往会无怨无悔地尽力去做。但由于我们还是孩子，在我们的愿望实现了以后，我们往往只体会到那快乐，却很少想到父母为了满足我们的愿望，自己曾克服了多少困难。

父母总是这样——将为难留给自己，将快乐给予自己的孩子们。

比如，在《慈母情深》这篇课文中，《青年近卫军》这一部长篇小说的价格，等于母亲两天的工资。而且，当年的母亲，又是在那么糟糕的条件下辛劳工作着的。

一个孩子开始体恤父母了，那就意味着他或她开始长大成人了。

我就是从那一天开始体恤自己的母亲的。

我也认为，我就是从那一天开始长大的。

(五)总结课堂，发散思维

就像梁晓声说的那样：如果我们的愿望是对于我们的成长有益的，哪怕仅仅是会带给我们快乐的，父母都会尽量地满足我们的愿望。即使因为家庭生活水平的限制，实现我们的愿望对父母来说，不是一件轻而易举的事，父母也往往会无怨无悔地尽力去做。请你们阅读以下文章，体会其中的情感。

(六)推荐阅读

《疯娘》《一位母亲的教育史》《慈母情怀》。

(七)板书设计

慈母情深

母亲　　　　　"我"

辛苦、忙碌　　　鼻子一酸

疲惫、瘦弱　　　长大

《盼》教学设计

北京市平谷区东交民巷小学马坊分校　张　静

部编版精读课文的课后题，一般从朗读理解、积累运用、拓展实践三个维度进行设计。在《盼》的第一课时教学中，我根据练习题将一、二课时的任务进行分配，紧扣语文要素和课后练习题制定本课的教学目标。

一、语文要素定重点

本单元是写作单元，语文要素是围绕一个意思，写几件事或几个方面。我根据单元语文要素确定课时难点，并分三步落实：第一步，先从课文的整体感知入手，体会课文围绕"盼"写了几件小事；第二步，围绕"戏迷爷爷"选择合适的材料，让学生进一步体会怎样围绕一个中心，选择与之密切相关的几件事；第三步，走向学生生活，围绕一个字，写出学生自身的几件事。每个单元都有语文要素，各个年级要将语文要素持续推进，不断增长学生的语文能力。

二、方法策略及时用

第三单元是阅读策略单元，学习根据阅读目的，运用相应的阅读策略：浏览、精读、略读、跳读、选读。今天在第一课时中，教师出示"想想课文通过哪些事情来写'盼'的?"这个问题，回答之前，我问同学们：你将采用什么样的阅读方法来解决这个问题呢？同样，在学习第1至第3自然段时，教师出示"哪些语句能使你感受到作者盼变天"这个问题，也是让学生先说一说用什么样的阅读方法。这是复习三单元所学过的阅读策略。还有在体会"我的雨衣一直安安静静地躺在盒子里，盒子一直安安静静地躺在衣柜里"。除读懂其中蕴含的意思外，还可以复习二单元所学的反复手法，体会小作者"反复盼变天"。

部编版教材的教学，应该是前勾后连，在学习新知识时，可以将前面学到的知识、方法运用到课堂中，提高六年级学生综合运用意识。

三、五大能力课堂练

阅读的五大能力：整体感知、提取信息、形成解释、做出评价、综合运用。这五大能力随时出现在语文试卷的阅读中，但我们不能仅仅依靠试卷练习这五大能力，应该在平时的语文教学中，在精读课文和略读课文的教学中渗透语文的五大能力。这节课，主要渗透的能力就是整体感知：感知课文的主要内容，感知什么是合适的材料，感知如何选材。这些都属于整体感知的范畴，从讲到练形成一体。

在这一习作单元学完之后，教师重视了整体感知能力，明显解决了大部分学生在作文时选材跑题、偏题之症结。孩子们的作文非常精彩，有的写出了一件事的几个方面，有的写出了几件连续的事情，都能做到主题明确，情感丰富。

四、教学方案

16　盼
第一课时

教学目标：

1. 通读课文，认识本课生字、新词。

2. 整体感知课文内容，把握故事情节，感受围绕一个中心写几件小事的表达方法。

教学重难点：

整体感知课文内容，把握故事情节，感受围绕一个中心写几件小事的表达方法。

教学过程：

（一）联系实际，引入课题

1. 解题

盼的意思——希望。

2. 联系实际

盼是一种心理，你曾经特别盼望什么事？

3. 了解作者

这篇文章的作者是谁？

(1)指名读资料

(2)知道了什么？

(二)整体感知，学习表达

1. 检查生字

(1)读过几遍课文？

(2)检查字词

学生完成学习单第一题，教师出示：

> 一、给下面带点字选择正确读音。
>
> 窸窸窣窣(sū sù)　　系扣(jì xì)
>
> 蒜薹(tái háo)　　瞟一眼(piāo piǎo)
>
> 焖饭(mēn mèn)　　玛瑙(má mǎ)
>
> 厚墩墩(dūn guō)　　明晃晃(huǎng huàng)

(3)订正

2. 整体感知

课文围绕"盼"写了哪些事情？

(1)用什么阅读方法？

(2)学生回答，教师梳理并板书

盼变天　　盼穿雨衣　　盼雨停　　穿上雨衣

(三)学习盼变天，初步理解

1. 找到片段

从哪些语句中感受到作者"盼变天"？用什么阅读方法？

2. 分清结构

你怎么这么快就找到这段？（总分结构）

汇报1：可是一连好多天，白天天上都是瓦蓝瓦蓝的，夜晚又变成满天星斗。（连续盼）

汇报2：我的雨衣一直安安静静地躺在盒子里，盒子一直安安静静地躺在衣柜里。（反复盼）

汇报3：每天放学路上我都在想：太阳把天烤得这样干，还能长云彩吗？为什么"我"一有了雨衣，天气预报就总是"晴"呢？（心理盼）

3. 指导朗读

(四)整体感知,学习表达

1. 心理描写

从作者的心理描写,我们真切地感受到了作者盼变天,作者最盼望的是什么?——穿雨衣

整篇文章都在写盼着穿新雨衣,为什么题目不叫"穿雨衣"而叫"盼"呢?

以"穿雨衣"为线索,有了雨衣,盼变天;下雨了,盼穿雨衣;出不去,盼雨停;最后,终于如愿以偿,穿上了雨衣。

2. 素材连续

就是一件穿雨衣的小事,可在作者这里却好像并不容易,真可以说是一波三折,这样围绕"盼"连续写好几件小事有什么好处?

引起读者兴趣。

(五)讲练结合,学习选材

我们在习作中也要学习:围绕一个中心,从不同方面或不同事例来写。

完成学习单第二、三题。

二、围绕"戏迷爷爷",请你选择合适的材料。

1. 跑了几十里地去看戏。( )
2. 常给我们讲故事。( )
3. 在爷爷的倡导下,街道组织了业余戏班子。( )
4. 干活时会哼上两句流行歌曲。( )
5. 边炒菜边做戏曲里的动作,把菜炒糊了。( )
6. 到文化馆拜师学戏。( )
7. 每天看书看到很晚。( )
8. 一看到戏曲表演就占着电视。( )

三、选一个题目,说说可以选择哪些事例来写。

1. 等   2. 乐   3. 悔   4. 累

(六)板书设计

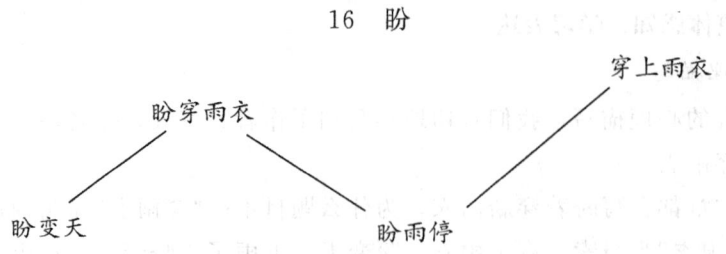

五、教学反思：以《盼》为例，谈习作单元如何教表达

从三年级上册到六年级下册，部编教材围绕观察、想象、写事、写景、写物、写人、围绕中心意思写、表达真情实感等关键要素共编排了八个习作单元。习作单元一般有两篇精读课文，与其他单元不同，习作单元的精读课文教学更注重学生言语表达能力的提升。本文以六年级上册第五单元《盼》为例，探讨习作单元如何利用精读课文教表达。

(一)语文要素定重点

《盼》作为这一单元的最后一篇精读课文，主要写：作者围绕"初得雨衣，盼下雨""下起雨来，盼出门""不能出门，盼雨停""最后，终于如愿以偿穿上雨衣"等小事件，突出了"盼"的主题。本单元语文要素是"体会文章是怎样围绕中心意思来写的"，习作要求是"从不同方面或选取不同事例，表达中心意思"。习作单元每一项内容的安排，目的都指向习作能力的培养。根据语文要素和课后题进行课时分配。

第一课时：重点解决对文本内容的整体感知，研究怎样围绕中心选材；

第二课时：领悟文中从"动作、语言、心理"等方面刻画"盼"这一心理，运用此方法迁移、练笔。

(二)分散难点定环节

习作单元的精读课文除完成语文要素外，也要讲、要读，本着分散课时难点原则，确定两课时的教学环节。

第一课时：

第一步，先从课文的整体感知入手，体会课文围绕"盼"写了几件小事；

第二步，围绕"戏迷爷爷"选择合适的材料，让学生进一步体会怎样围绕一个中心，选择与之密切相关的几件事；

> 围绕"戏迷爷爷"，请你选择合适的材料。
> 1. 跑了几十里地去看戏。（　　）
> 2. 常给我们讲故事。（　　）
> 3. 在爷爷的倡导下，街道组织了业余戏班子。（　　）
> 4. 干活时会哼上两句流行歌曲。（　　）
> 5. 边炒菜边做戏曲里的动作，把菜炒煳了。（　　）
> 6. 到文化馆拜师学戏。（　　）
> 7. 每天看书看到很晚。（　　）
> 8. 一看到戏曲表演就占着电视。（　　）

第三步，走向学生生活，围绕一个字，写出学生自身的几件事。

> 选一个题目，说说可以选择哪些事例来写。
> 1. 等　　2. 乐　　3. 悔　　4. 累

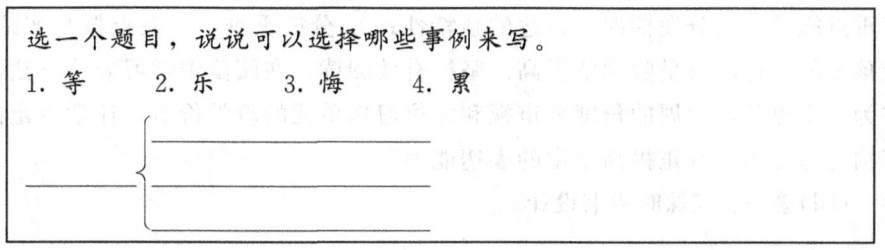

第一课时着重整体感知：感知课文的主要内容，感知什么是合适的材料，感知如何选材，同时也训练了"根据一个主题选择有关联的不同事件"这一写作能力，从讲到练形成一体。

第二课时：

首先，体会小女孩一波三折的心情变化：得到雨衣盼变天、盼下雨时的急切，看见下雨时的兴奋和喜悦，下雨不能出门的沮丧和期待，穿上雨衣的快乐。

其次，领悟作者如何从细小动作渗透"盼"、对话语言流露"盼"、环境描写烘托"盼"，使学生明白为了表现一个意思，可以选择多元的方式来进行，帮助学生体会其中的表达效果。

最后，在第一课时"围绕一个字写几件事"的基础上，运用动作、心理、语言、以景抒情等描写方法，试把一个意思写具体。

第二课时着重领悟表达方法：领悟作者的心理变化，领悟不同的描写方法，同时采用列提纲的方法继续指导"用不同的描写方法将心情写生动"，提升学生的构思选材能力。

两节课的教学概括为以下几部分：整体感知会阅读，精读重点能领悟，学以致用练选材，围绕中心品心理，习作训练教方法。以课文为载体，重点突出，讲练结合，环环紧扣，相得益彰，清楚地展现了习作单元的精读课文如何完成所承载的写作任务。

(三)教学后记

这一单元的学习，教师将语文要素融入课文之中，明显解决了大部分学生在作文时选材跑题、偏题之症结。孩子们的作文非常精彩，有的写出了一件事的几个方面，有的写出了几件连续的事情，高质量地完成了单元习作任务。

习作单元中"精读课文"承载写作、表达功能，教师可以这样做：1.从"单元主题要素"出发，联系"习作要求""课后习题"对文本精准解读；2.有目的、有重点施教，充分发挥课文表达的独特性；3.分散重难点，在点拨与实践中，让孩子的表达能力呈阶梯状提高。坚持有效阅读，在阅读中学习表达方法，站在为学生更长远发展的角度来审视和定位习作单元的教学价值，让学生走向语言构建与运用，真正提高学生的表达能力。

(四)第一、二课时板书设计

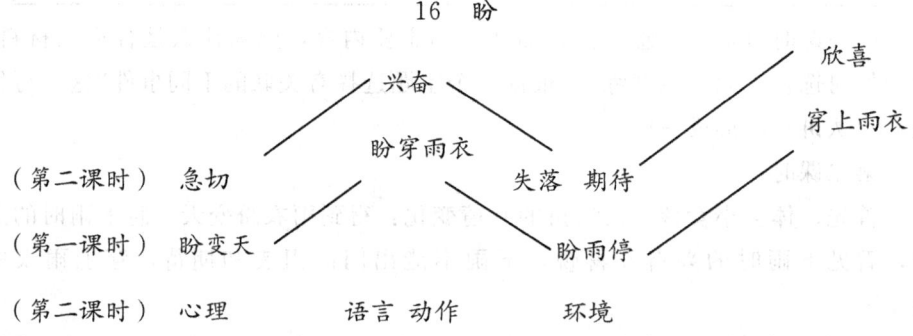

《鉴赏动、静态之美》单元教学设计

北京市平谷区东交民巷小学马坊分校 张 静

一、单元指导思想与理论依据

语文学科核心素养包括语言建构与运用、思维发展与提升、审美鉴赏与创造、文化传承与理解。本单元主要从学生思维发展和审美鉴赏出发，培养学生创新思维能力。

思维发展与提升是指学生在语文学习过程中获得的思维能力发展和思维品质的提升。学生能在阅读与鉴赏、表达与交流、梳理与探究活动中运用联想和想象，丰富自己对现实生活和文学形象的感受与理解，丰富自己的经验与语言表达，提高语言运用的能力和思维的深刻性、灵活性、敏捷性、批判性、独创性。

本主题"鉴赏动、静态之美"，重在培养学生审美鉴赏与创造能力。审美鉴赏与创造是指学生在语文活动中体验、欣赏、评价、表现和创造美的能力及品质。学生是通过阅读鉴赏、品味语言艺术而体验丰富情感、激发审美想象、感受思想魅力、领悟人生哲理，并逐渐学会运用口头和书面语言表现美和创造美，形成自觉的审美意识和审美能力，养成高雅的审美情趣和高尚的品位。这一单元包括一篇古诗和三篇散文，四篇课文都是名家名篇，清少纳言、巴金、贾平凹是非常有影响力的作家，他们的散文作品文学性强，给人以精神滋养和美感享受，有助于学生学习语言，发展语感，开启思维，提升文学素养。本单元无论是古诗词还是散文，都能让学生感受、体验动、静态的形象美和情感美，学生在学习中逐渐学会欣赏、鉴别和评价不同时代、不同风格的语言，把握其思想情感和语言特点，提高审美情趣、审美品位，用比较阅读的方法不断培养学生的创新意识。

二、单元教学背景分析

(一)教学内容分析及课时分配

鉴赏动、静态之美是部编版语文五年级上册第七单元的内容，这一单元承载的语文要素有：初步体会课文中的静态描写和动态描写，学习描写景物的变化。

单元要素序列：

三年级上册第五单元：作者是怎样留心观察周围事物的。

三年级下册第一单元：试着一边读一边想象画面，体会优美生动的语句。

三年级下册第五单元：走进想象的世界，感受想象的神奇。

四年级上册第一单元：边读边想象，感受自然之美。

四年级上册第三单元：体会文章准确生动的表达，感受作者连续细致的观察。

四年级下册第五单元：了解课文按一定顺序写景物的方法。

五年级上册第七单元：初步体会课文中静态描写和动态描写。

五年级下册第七单元：体会景物的静态美和动态美。

这是教材第一次以单元编排的方式对学生进行专门的文学品鉴能力的培养，是为以后系统培养学生鉴赏能力做铺垫的。《古诗词三首》初步感知什么是动静态描写，用时2课时；《四季之美》是一篇散文，是本单元的第二篇课文，要体会作者笔下四季的动、静态之美，包括结构美、动态美、内涵美，并能仿照课文用几句话练习表达动、静态之美，用时2课时。《鸟的天堂》通过动、静态对比，提高审美能力；《月迹》体会动、静态之趣，培养鉴赏能力，两篇略读课文用时2课时。语文园地、习作《____即景》用时2课时。《义务教育语文课程标准(2011年版)》提出：在语文学习过程中，培养爱国主义、集体主义、社会主义思想道德和健康的审美情趣，培养创新精神和合作精神。"鉴赏动、静态之美"这一主题就是在努力培养学生的审美情趣，培养创新思维能力。

(二)学生情况分析

通过测试、调研或访谈等分析学生在思维、认知等方面的基本情况，说明本单元(或主题)学习中学生的思维障碍点和发展点。学习本单元之前，三、四年级有观察基础和想象画面的体验，学生之前学过观察周围事物、边读边想象画面。本单元主题是：初步体会课文中静态描写和动态描写，这一单元要引导学生想象画面，有意识地对比鉴赏。以《四季之美》导学单说明学生情况。

> **《四季之美》导学单**
>
> 1. 给带点的字注音。
>   　红晕　巢窠　凛冽　闲逸
> 2. 说一说。
>   （1）你看到过萤火虫飞舞的样子吗？请你想象夏季夜晚其中一幅画面的样子。
>   （2）你看到过乌鸦归巢、大雁齐飞的情景吗？
>   （3）"冬天火盆里的火炭变成了白灰，未免有些扫兴"，你是怎样理解的？
> 3. 留心观察生活，选取一幅你认为最美的生活情景，试着描绘动态、静态画面。

结果如下：

1. 词语预习情况良好，能读准字音，认清字形。

2. 认知困难：在说一说中，学生情况不是很乐观，由于作者选材的角度与日常所见不同，89.7%的学生没有看到过萤火虫飞舞，尤其是雨夜中萤火虫闪着朦胧的微光在飞行的情景。43.6%的学生没有看见过大雁齐飞的情景，100%的学生没有看到过乌鸦归巢的情景。没有所见，甚至不知事物的样子，想象能力受到限制。

3. 理解困难：学生在理解"冬天火盆里的火炭变成了白灰，未免有些扫兴"时，53.8%的学生只是觉得火炭燃烧完了，没有热量了，不能在冬天给人以温暖了；12.8%的学生认为冬天里没有可欣赏的事物，所以扫兴；33.3%的学生不能说出这句话的含义。

4. 100%的学生能留心观察生活，能选出生活中的情景，76.4%的学生能说出画面中的动态描写、静态描写。

"鉴赏动、静态之美"的学习为五年级下册第七单元做好铺垫，下册第七单元的语文要素是体会静态描写和动态描写的表达效果。在课堂上，教师针对学生出现的障碍点，设计教学环节，解决认知、理解上的困难，为学生思维发展提供支架，为下册的学习做好承接。

三、单元教学目标

主题：鉴赏动、静态之美。

第一、二课时目标：点明单元主题，分清动态、静态描写。

第三、四课时目标：鉴赏动、静态之美，初步尝试运用表达方法。

第五、六课时目标：鉴赏动、静态之美，从阅读中提升审美鉴赏能力。

第七、八课时目标：运用动、静态描写，呈现学习成果。

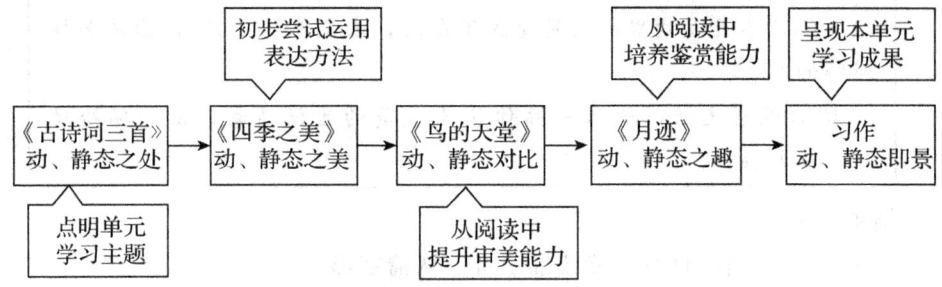

四、单元(或主题)教学过程

教学任务	教学活动	设计意图	课时安排
学习《古诗词三首》，点明单元主题，分清动态、静态描写	一、吟诵古诗，断句正音 二、初识作者，简介背景 三、初读诗词，字词教学 四、品读诗句，锤炼用词 五、动、静描写，体会意境 六、感情朗读，领悟内涵	学习诗句，认识诗句中的动、静态描写，欣赏"明月松间照，清泉石上流"等动态描写	2课时
学习《四季之美》，鉴赏动、静态之美，初步尝试运用表达方法	一、初读体会结构之美 二、联结感受动态之美 三、对比发现选材独特 四、抓住细微说出变化 五、直观感受动态之美 六、审美体验朦胧之美 七、思维发展内涵之美 八、积极创造练习表达	朗读动态描写的句子，体会动态美中的内涵，在小练笔中练习运用动态描写	2课时

续表

教学任务	教学活动	设计意图	课时安排
学习《鸟的天堂》《月迹》，鉴赏动、静态之美，从阅读中提升审美鉴赏能力	一、初读课文，发现"动、静态" 二、细读课文，对比"动、静态" 三、引导质疑，感悟"动、静态" 四、感情朗读，鉴赏"动、静态"	在动态与静态描写的对比中，感受动态描写的趣味性，提高学生鉴赏能力	2课时
运用动、静态描写，呈现学习成果	一、观察景物，寻找动静态 二、画面定格，描写动静态 三、朗读鉴赏，欣赏动静态 四、修改习作，精致动静态	在习作中，提高学生运用语言文字能力	2课时

五、单元（或主题）学习效果评价及结果分析

（一）评价目标

单元评价目标	学习水平
1. 能读准课文中的生字词语	知道
2. 能正确、流利地朗读课文	知道
3. 能分辨课文中的动、静态描写	知道
4. 能初步体会课文中的静态描写和动态描写	理解
5. 能品悟作者如何写出景物的变化	运用
6. 学习描写景物的变化	综合

（二）评价内容

1. 对鉴赏动静态之美的评价

项目	★	★★	★★★
能找到动、静态描写的句子			
能体会动态之美的内涵			
能读出动、静态的美			
能说出描写动、静态的方法			

2. 对描写动态画面的评价

项目	★	★★	★★★
能找到独特景物			
能抓住景物变化			
能运用动态描写			
能加入自身情感			

(三)评价方式

课堂教学评价、学生作文情况评价。

(四)评价结果及教学质量分析

通过本主题教学，100％的学生能读准字词，能正确、流利地朗读课文，94.3％的学生能分辨出动态、静态描写。课堂上，在教师的引导下，75.6％的学生能体会到动态之美的内涵，读出动、静态的美。学生100％能完成习作《_____即景》，70.3％能运用动态描写独特景物并抓住景物变化，这其中多数学生能加入自身情感。

"鉴赏动、静态之美"主题教学，在对比、鉴赏、品析中优化课堂情境，整合教学内容。学生在学习的时候，特别感兴趣，同时，在教师的引导下，师生共同感知语言、情境、情感等，从中获得了很多感悟——选材独特、有趣味性、动态的变化等，从中获得了丰富的写作素材。在习作中，学生将知识迁移、内化，锻炼学生的思维，从观察画面、想象画面建构鉴赏动、静态画面的新知识，促使教学更加高效。

六、本单元教学特色分析

在学科核心素养的指导下，培养学生的思维、创新能力，提高学生的审美鉴赏能力。

(一)深入赏析散文之"言"，从词句表述中学习文，发展语感

本单元的文章表达自由，结构精致，能启迪学生的心灵，培养学生的语感。在朗读词句中，教师引导学生走进丰富的散文世界里。在批画、默读、朗读中体会、感知语言，提高孩子们的直接感受力和领悟能力。《古诗词三首》中，"明月松间照，清泉石上流。竹喧归浣女，莲动下渔舟"让孩子们想象动态画面，联想生活情景，激发审美情感，提升精神品格。

(二)细致品味散文之"趣",从充沛情意中发现奇趣,意会理趣

在自读感悟《月迹》时,教师给予充分时间,学生细读文字,品味文字,从充沛的朗读中寻找"月迹":竹窗帘儿,瓷花盆儿,桂树下……月亮处处留着足迹,感受了作者对童年月夜的回忆。在品读语言中感受"动态的变化之趣"。在理解"秋天的画面令人感动"时,学生利用资料,思考联系,体会动态描写中蕴含的感动美。这些手段能促使学生主动思考、学习,促进学生思维发展。

(三)探究散文之"神",从对比中感悟主旨,学会鉴赏

散文特点是形散而神不散,教师抓住散文的"神",感悟主旨。在《四季之美》课文中,教师以导读的形式对比"明亮的月夜""漆黑的暗夜无数萤火虫飞舞""雨夜一只两只萤火虫闪烁"三幅画面,从对比中感受独特的动态之美,让学生在音乐声中体会画面,在审美实践中学会鉴赏。

在本单元语文教学中,教师立足学情,运用散文的特点,切实在鉴赏中逐步提升思维发展。

七、《四季之美》第二课时的教学方案

教学目标:

1. 体会景物的动态之美,欣赏动、静态结合的画面之美,感受不同景物的内涵美。

2. 选取独特视角,运用动态描写,表达内心情感。

教学重点:

体会景物的动态之美,欣赏动、静态结合的画面之美,感受不同景物的内涵美。

教学难点:

选取独特视角,运用动态描写,表达内心情感。

教学过程:

教学阶段	教师活动	学生活动	设计意图
一、感受变化之美	1. 这篇散文通过独特的景物,写出了四季不一样的美,分别是什么? 2. 春天、夏天、秋天、冬天抓住了哪些独特的瞬间?写出了怎样的美呢?	1. 学生回答:春天最美是……夏天最美……秋天……冬天…… 2. 默读发现独特瞬间、动态描写。	感受四季变化之美。

续表

教学阶段	教师活动	学生活动	设计意图
二、对比朦胧之美	1. 交流夏天的朦胧美。 2. 对比文字，鉴赏不同： 出示诗句和荷花散文的句子。 同样是描写夏天，你能发现不一样的地方吗？ (1)接天莲叶无穷碧，映日荷花别样红。——杨万里《晓出净慈寺送林子方》 (2)荷花已经开了不少了。荷叶挨挨挤挤的，像一个个碧绿的大圆盘。白荷花在这些大圆盘之间冒出来。有的才展开两三片花瓣儿。有的花瓣儿全都展开了，露出嫩黄色的小莲蓬。有的还是花骨朵儿，看起来饱胀得马上要破裂似的。——叶圣陶《荷花》 3. 总结：夏天，夜晚，萤火虫，这画面多么独特！谁来读读？ 4. 画面对比，学会鉴赏： 这样漆黑漆黑的暗夜里，星星点点的萤光忽明忽暗地闪烁。眼前是到处流动的萤光，是无数飞舞的精灵，这是一种怎样的美？ 5. 看萤火虫飞舞图 置身于这样的世界里，你仿佛走进了——童话里，仿佛飞进了——梦里，如梦如幻，用文中的词语形容就是——朦胧美。 6. 师生共读画面：你发现了什么？ 7. 资料对比，鉴赏独特，领悟画面。	1. 读资料，对比选择材料的不同。 预设： 白天黑夜——时间不同 动物植物——景物不同 荷花萤火虫——常见不常见 2. 学生读画面。 3. 说说感受到的这不一样的美、独特的美、生动的美、灵动的美、迷人的美。 4. 带着这种感觉再读读句子。指名读(音乐)。 5. 朗读鉴赏：师读"固然美"，男生读"暗夜"，女生读"细雨蒙蒙的夜晚"。	在对比文字中，感受选材的独特性，鉴赏文字独特的美。教师抓住散文的"神"，感悟主旨。在《四季之美》课文中，教师以导读的形式对比"明亮的月夜""漆黑的暗夜无数萤火虫飞舞""雨夜一只两只萤火虫闪烁"三幅画面，从对比中感受独特的动态之美，让学生在音乐声中体会画面，在审美实践中学会鉴赏。

续表

教学阶段	教师活动	学生活动	设计意图
三、鉴赏内涵之美	1. 谁能说说这为什么是一种感动的美？ 2. 借助资料，鉴赏内涵 资料1： 据说当老乌鸦年老体衰，不能觅食或者飞不动的时候，它的子女就四处去寻找可口的食物，衔回来嘴对嘴地喂到母亲的口中，一直到老乌鸦临终，再也吃不下东西为止。 资料2： 雁阵排成"人"字形时，飞行的速度会比单飞高出71%。雁阵不停地鸣叫，这是强壮的大雁在鼓励落后的同伴。如果哪只大雁因为过于疲劳或生病而掉队，雁群也不会遗弃它。它们会派出一只健康的大雁，陪伴掉队的同伴落到地上，一直等到它能继续飞行。 这是——动人的美，感动的美。 3. 鉴赏读。 4. 抓住冬天清晨升起熊熊炭火的画面，写出了和谐的美、温暖的美。 5. 谈谈生命之美。	1. 抓住了点点归鸦急急匆匆朝窠里飞去、成群结队的大雁比翼而飞这两个独特瞬间，写出了心旷神怡的美、动人的美、感动的美。 2. 读读这独特的画面——指名读画面。 3. 领资料，阅读。 4. 学生结合资料说理解：归鸦，急急匆匆是为了自己家；大雁，比翼而飞，一个不曾掉队是为了集体。 5. 学生说理解。 6. 手捧火盆过走廊，闲逸的心情和寒冷的冬晨多么和谐（冬天寒冷的早晨坐在炭火边取暖的画面）作者写了冷与暖的对比（板书），却发现这暖和的火盆和寒冷的冬晨并不是对立的，而是——和谐美。	利用图文并茂、设置情境、小组合作等教学手段，鉴赏动态画面中的内涵美，提升思维发展。

续表

教学阶段	教师活动	学生活动	设计意图
四、表达动、静态之美	"冬天火盆里的火炭变成了白灰，未免有些扫兴"，这是清少纳言对人的一生的隐喻，生命由美好到消逝。这是永恒不变的过程，即便生命消逝，也是一种美，所以在有生命的时刻里，要尽情绽放生命的美丽。 (1)播放视频：观察到哪些独特的画面？ (2)再次播放视频：用几句话把独属于你的画面写出来。	观看视频，记录独特画面。 1. 生写。 2. 交流。 3. 修改，根据板书评价，写出了画面的变化。 4. 音乐展示。	在对比和鉴赏中学习表达，让学生找到独特景物，抓住景物变化，运用动态描写，在实践中学习鉴赏。

《别饿坏了那匹马》教学设计

北京市平谷区东交民巷小学马坊分校 张 静

教学目标：

1. 能够正确流利地朗读课文，了解文中故事情节。

2. 正确理解课文内容，明确包含在"别饿坏了那匹马"这个善意谎言中的双重含义。

3. 深入理解课文内容，通过感受文中个别重点句子，明白残疾青年的良苦用心。

教学重点：

正确理解课文内容，明确包含在"别饿坏了那匹马"这个善意谎言中的双重含义。

教学难点：

通过对文中人物语言的揣摩，明白残疾青年寄予在"别饿坏了那匹马"中的良苦用心，体会"尊重"对"我"的莫大感动。

课时：

第二课时。

教学过程：

(一)谈话导入，引入话题

我们生活在这个世界上，总会碰到一些令自己感到无奈、无助的困难，如果在这个时候，有人能伸出援助之手，我们心里一定会感到无比的温暖。今天，我们就要走进这样一个温暖的故事，齐读课文《别饿坏了那匹马》。

(二)初读课文，整体感知

学生自由读课文，思考：文章主要写了什么事？

(主要写了"我"没钱在书摊看书，得到了残疾摊主的默许。父亲因"我"白看书打了"我",让"我"扯马草换钱看书。摊主谎称家里有马,让"我"把马草卖给他换书看。"我"发现摊主家没有马,是为让"我"看书故意收下马草的,十分感动。)

教师点评:这是一篇短篇小说,小说的情节可以分为开端、发展、高潮、结局,概括小说的主要内容要说出这四方面。

(三)抓住重点句,体会含义

1. 初步理解句意

残疾青年谎称家里有马,收"我"的马草,想让"我"看书。(板书:残疾青年 马 马草 让"我"看书)

他怎么说的?文章出现了几次"别饿坏了那匹马"?(3次)

2. 理解重点句意思

每一次的意思一样吗?让我们来依次看看。

> 这天傍晚,我离开书摊时,他叮嘱我:"以后,马草就卖给我。别饿坏了那匹马,行吗?""没问题!"我巴不得有这样的好事。

(1)怎样理解第一次"别饿坏了那匹马"?

①教学方法:

读读前面文字,理解"以后,马草就卖给我,别饿坏了那匹马"。

表面意思:想买"我"的马草,不让家里的马饿着。

教师指导:你解释的是这句话说了什么,这是表面意思,但还不够,残疾青年还想什么?

真实想法:想让"我"少跑路,少花费时间寻找马草买主,让"我"把时间花在看书上。

将表面意思与深层意思一块儿来说,就是这句话的意思。谁能试试?

②读后面文字,理解"行吗?"。(表面意思:和"我"商量,别饿坏了马,马草卖给我行吗?真实想法:和"我"商量,到我这里看书行吗?)

③刚才,我们是这样理解这个句子的:联系上下文,说出表面意思和深层意思。六年级的阅读就要从文字表面走向深层,理解人物内心情感。谁能再说说?

④残疾青年这一句话让我心花怒放,我巴不得有这样的好事,因为他解决

了——马草、读书(表面、深层)。

(2)怎样理解第二次"别饿坏了那匹马"?

> 以后每天,当我背着马草来到书摊时,他便冲里屋叫道:"碧云,快把马草提进去,别饿坏了那匹马。"

你能说出表面意思和深层意思吗?(表面意思是说给妹妹听的,暗示妹妹不要拒绝买马草,让她快点把马草放回去;真实想法是让"我"能快点儿去看书。)

你是怎样解决的?点评:重点词"快"。

(3)怎样理解第三次"别饿坏了那匹马"?

> "没事,别饿坏了那匹马。"我没有听他的劝阻,提着马草推开了那扇吱呀作响的门。

第三次是谁对谁说的话?什么意思?("我"从内心想让马早点吃上草,别饿坏了,真实想法:青年关心"我","我"也要关心他。)

(四)细读课文,体会人物心理

我没有听他的劝阻,提着马草推开了那扇吱呀作响的门。

1. 猜测心理

谁来读读,他看见了什么?他会想到什么?

> 可是迟了!我已经走进他家的后院,看见了一堆枯蔫焦黄的马草——这些日子我卖给他的所有的马草!那匹马呢?那匹香甜地吃着我的马草的马呢?

马草——马草还在,没有被吃掉;马草对于残疾青年来说,没有一点儿用处。

马——根本就没有马;这匹马只是一个谎言,是让"我"继续看书的托词。

(1)根本没有马,为什么还要收"我"的马草?

指板书:有马,解决了"我"的马草,看书。没有马,为什么不直接让"我"看书呢?

点拨:他不想让"我"认为自己是白看书(板书:理解 尊重)

残疾青年收了"我"的马草,"我"看书,会觉得很公平,"我"就能心安理得地读书了。(板书:心安理得 安心看书)

没有那匹马,作者还认为公平吗?他一下子明白了什么?没有马,不需要马草,却让"我"认为"我"在为他做事,理所应当看书,设身处地为"我"着想。

他不是怜悯,不是同情,保护了"我"的自尊心(板书:尊重)

(2)你怎么读?(提示看标点)

2.引读,理解残疾青年的行为

"我"以为真的有一匹马,"我"以为马草能帮他,"我"以为"我"给他马草,他让"我"看书,这是理所应当的事,直到此时,"我"才恍然大悟,原来,他的许多言行都包含着深层含义。

引读1:当"我"抖抖手里的马草,无奈地摇摇头时——

> 他先是一愣,继而眼睛一亮,笑着对我说:"过来,让我看看你的马草。"他认真地看过马草后,冲里屋叫道:"碧云,你出来一下!"

> 我以为他只是想_____,现在我明白了_____。

"我"以为他只是想买"我"的马草,还想让"我"认为他家里真的有一匹马。

> 这天傍晚,我离开书摊时,他叮嘱我:"以后,马草就卖给我。别饿坏了那匹马,行吗?""没问题!"我巴不得有这样的好事。

> 我以为他只是想_____,现在我明白了_____。

"我"以为他只是想让"我"把时间花在看书上,还想让"我"认为马在等着吃草,还想让"我"认为"我"能帮他。

尊重"我"的意见和选择,还想让"我"名正言顺地读书。

引读2:他是多么理解"我"啊,"我"不用再为卖马草烦恼了,同时也能安心读书了。

> 以后每天,当我背着马草来到书摊时,他便冲里屋叫道:"碧云,快把马草提进去,别饿坏了那匹马。"

> 我以为他只是想_____,现在我明白了_____。

"我"以为他只是想快把马草提进去,还想让"我"能快点儿去看书,还不想让"我"发现真相。

《别饿坏了那匹马》教学设计

引读 3：当碧云不在家，"我"想把马草提进去，往他身后的木板房走去时。

> "别别别……"他急了，"碧云！碧云！"他用双手拼命地摇着轮椅，想挡住我的路，"你放下！等碧云来拿！"

> 我以为他只是想_____，现在我明白了_____。

> "回来！"他在身后喊道，"那马会踢伤你的！"

> 我以为他只是想_____，现在我明白了_____。

"我"以为他只是想阻止"我"把马草提进去，还在掩饰真相，怕发现真相。

3．教师总结

在这之前，"我"竟然一直没有察觉到"别饿坏了那匹马"这句话的真正含义。这就是不露痕迹的帮助，这是润物细无声的帮助。（板书：不留痕迹的帮助）

结合语言、动作说说，你觉得这是一个怎样的青年呢？

（乐于助人，善解人意）

4．课文延伸

> 回忆往事，我总感激那些曾经向我伸出援助之手的人。然而，一位残疾青年对我年幼时那份特殊的帮助与关怀，至今令我难以忘怀。

那份特殊的帮助与关怀不仅仅是让"我"看书，还是不留痕迹的帮助，还有对"我"的尊重、理解。

(五)回忆方法

1．如何理解重点句？

我们是从重点句入手，联系上下文抓住人物的言语、行为，理解句子的表面意思和深层含义。

2．如何评价人物？以人物的言语、动作为依据，得出残疾青年的形象。

3．重复出现句子的作用：

在小说中，经常会有重复出现的句子。"别饿坏了那匹马"这一句在文中出现了三次，这有什么用意吗？

(1)刻画了人物形象。
(2)多次为下文埋下伏笔,层层深入推进情节发展。

(六)总结

在生活中,我们也要像残疾青年一样,不必刻意让人知道你在帮助他,要不露痕迹地帮助别人,用理解、尊重温暖人心。

(七)板书设计

<pre>
                    别饿坏了那匹马
        残疾青年 —— 马草 —— 马—— 让"我"看书
        善解人意   理解 尊重   心安理得
        乐于助人   不留痕迹的帮助   安心看书
</pre>

《别饿坏了那匹马》说课设计

北京市平谷区东交民巷小学马坊分校　张　静

主题阐释：

主题是"始"于思维，"终"于素养。

教育很难改变人的智力，但是能改变人的思维方式。思维是人脑借助于语言对客观事物的概括和间接的反应过程，它能探索与发现事物的内部本质联系和规律性。语文课中，阅读一篇课文，孩子们的思维不能仅仅停留在学习这一篇课文的内容、故事情节，还要关注写作顺序、表达方法、作家背景、作品简介，有时还需要用仿写的方法学习写作特点。这样下来，一节课的容量很大，内容繁杂，搞不好就变成了串讲串问，学生毫无兴趣。语文知识点、能力训练点散落在每一篇课文之中，零散而不能系统，根本不用提语文思维的发展和语文素养的提高了。基于以上认识，我对单元课堂教学进行改革，让课堂"始"于思维，"终"于素养。

教材分析与学生分析：

1. 教材分析

《别饿坏了那匹马》是部编版六年级上册第三单元的第二篇文章，这一单元以"真情"为专题安排教学内容，向我们展示了一个个人物的美好心灵，演绎了一曲曲动人的人间真情。《别饿坏了那匹马》主要写了酷爱读书的"我"在失去看书的机会时，摆书摊的残疾青年谎称家中有马，买下"我的马草"，让"我"得以继续看书的事，赞扬了残疾青年不计个人得失、想方设法让"我"读书的良苦用心，表达了"我"得知真相后的感激之情。

2. 学生分析

(1)六年级的孩子有一定的形成解释的能力，但对文字蕴含的真实含义理解得还不够。

(2)大多数学生能读懂故事情节，但不能理解"为什么要谎称家里有马，让我看书"。

(3)对小说的情节安排、反复的句式表达体会不够。

教学目标：

依据新课标、结合这篇文章上述的特点，我将本课的教学目标确定为以下三点：

1. 能够正确流利地朗读课文，了解文中故事情节。

2. 正确理解课文内容，明确包含在"别饿坏了那匹马"这个善意谎言中的双重含义。

3. 深入理解课文内容，通过感受文中个别重点句子，明白残疾青年的良苦用心。

教学重点：

正确理解课文内容，明确包含在"别饿坏了那匹马"这个善意谎言中的双重含义。

教学难点：

通过对文中人物语言的揣摩，明白残疾青年寄予在"别饿坏了那匹马"中的良苦用心，体会"尊重"对"我"的莫大感动。

教学过程：

(一)开拓思维，掌握语言规律

残疾青年谎称家里有马，收"我"的马草，想让"我"看书。他一直在说的一句话是"别饿坏了那匹马"。这句话既是标题，又在文章中出现了三次。每一次的意思一样吗？让我们来依次看看。

> 这天傍晚，我离开书摊时，他叮嘱我："以后，马草就卖给我。别饿坏了那匹马，行吗？""没问题！"我巴不得有这样的好事。

通过批画句子，让孩子们看清教师的思维路径，从上文入手，表面是想买"我"的马草，不让家里的马饿着；真实想法：想让"我"少跑路，少花费时间寻找马草买主，让"我"把时间花在看书上。从下文入手，表面意思是和"我"商量，别饿坏了马，马草卖给我行吗？真实想法：和"我"商量，到我这里看书行吗？

高年级的阅读就要从文字表面走向深层，理解人物内心情感。

按照这个方法，学生们学习了第二次、第三次"别饿坏了那匹马"的真正含义。这个环节中，教师教给学生品味重点句的方法，在形成解释这一阅读能力点的训练上环环相扣，层层递进，提升阅读能力。

《别饿坏了那匹马》说课设计

(二)梳理思维,加深文字理解

当"我"推门进去的一瞬间,"我"无比震惊,进而是无比的感动。我主要让学生抓住这段话中的关键词和标点来体会当时"我"的心理活动。

教学就要教学生觉得困难的地方。在本篇课文中,学生不能理解的就是"为什么根本没有马,还要收我的马草?"。经过学生交流、研讨,学生说:这匹马只是一个谎言,是让"我"继续看书的托词。还有的说:他不想让"我"认为自己是白看书;残疾青年收了"我"的马草,"我"看书,会觉得很公平,"我"就能心安理得地读书了。此时教师总结:这是因为他想让"我"认为,"我"在为他做事,理所应当看书,设身处地为"我"着想。而不是怜悯,不是同情,是为了保护"我"的自尊心。

(三)整合思维,提高运用能力

明白了残疾青年的用意,回过头来,整体感知课文,多处描写为此处埋下伏笔。直到此时,"我"才恍然大悟,原来,他的许多言行都包含着深层含义。

引读1:当"我"抖抖手里的马草,无奈地摇摇头时——

> 他先是一愣,继而眼睛一亮,笑着对我说:"过来,让我看看你的马草。"他认真地看过马草后,冲里屋叫道:"碧云,你出来一下!"

> 我以为他只是想_____,现在我明白了_____。

"我"以为他只是想买"我"的马草,还想让"我"认为他家里真的有一匹马。

> 这天傍晚,我离开书摊时,他叮嘱我:"以后,马草就卖给我。别饿坏了那匹马,行吗?""没问题!"我巴不得有这样的好事。

> 我以为他只是想_____,现在我明白了_____。

"我"以为他只是想让"我"把时间花在看书上,还想让"我"认为马在等着吃草。还想让"我"认为"我"能帮他。

尊重"我"的意见和选择,还想让"我"名正言顺地读书。

引读2:他是多么理解"我"啊,"我"不用再为卖马草烦恼了,同时也能安心读书了。

> 以后每天,当我背着马草来到书摊时,他便冲里屋叫道:"碧云,快把马草提进去,别饿坏了那匹马。"

> 我以为他只是想_____，现在我明白了_____。

"我"以为他只是想快把马草提进去，还想让"我"能快点儿去看书。还不想让"我"发现真相。

引读3：当碧云不在家，"我"想把马草提进去，往他身后的木板房走去时——

> "别别别……"他急了，"碧云！碧云！"他用双手拼命地摇着轮椅，想挡住我的路，"你放下！等碧云来拿！"

> 我以为他只是想_____，现在我明白了_____。

> "回来！"他在身后喊道，"那马会踢伤你的！"

> 我以为他只是想_____，现在我明白了_____。

知道真相后，教师带领学生再次揣摩前文内容，体味文本处处为后文埋下伏笔的精妙思路，也水到渠成地感受小说巧埋伏笔、一波三折的写作特点。这一环节又是一次提升。

语文课的教学真的不是带领学生在原地画圈，而是一点点地带领学生不断提升，不断深入理解文本的内涵，最重要的是学到了解读文本的好方法。

(四)拓展延伸，发现文字魅力

阅读的理想境界是学生能走进课文，与文本对话，走进作者的内心世界，与作者进行精神交流与碰撞，并产生自己的读书感受与情感体验。

> 回忆往事，我总感激那些曾经向我伸出援助之手的人。然而，一位残疾青年对我年幼时那份特殊的帮助与关怀，至今令我难以忘怀。

我引入原文结尾，让学生更清晰地看到那份特殊的帮助与关怀不仅仅是让"我"看书，还是不留痕迹的帮助，还有对我的尊重、理解。此环节中，学生再次升华了对人物形象的理解。

(五)板书设计

别饿坏了那匹马

残疾青年	—— 马草 —— 马 ——	让"我"看书
善解人意	理解 尊重	心安理得
乐于助人	不留痕迹的帮助	安心看书

好的板书是一篇文章的袖珍版，是课文是精华的体现，好的板书更应具有深刻的启发性。此板书力图全面而简洁地将授课内容传递给学生，清晰直观，可以展示文章的内涵。

回顾这堂课，训练了几个阅读能力：1. 教师教学如何理解句子含义：理解句子的表面意思和深层意思。总结出做出解释的方法，在课堂上有讲有练。2. 教师教学如何评价人物：联系残疾青年的言语和行为，体会他的真实想法，得出人物品质。3. 重复出现的句子的作用：(1)刻画了人物形象；(2)多次为下文埋下伏笔，层层深入推进情节发展。

薛法根老师说过："语文教学的价值就是要让学生经历从不懂到懂、从不会到会、从不能到能的学习过程，并在这样的过程中获得生命的成长。"课堂中，这节课的几个环节，既体会了情感，又关注了表达，使语文学习形成系统。这节课，"始"在发展学生的思维，最"终"落脚在提高学生的语文能力上。

《挑山工》教学设计

北京市平谷区东交民巷小学马坊分校　张　静

指导思想和理论依据：

1. 维果茨基认为"最近发展区"是教学发展的"最佳期限"。他强调，教学不应该指望儿童的昨天，而应指望他的明天。只有走在发展前面的教学，才是好的教学，因为它使儿童的潜在发展水平不断提高。

2. 语文阅读不应停留在"表面"阅读上，要读出"精思""悟神"，这样的读书才能读出书中之味。

3. "在目前和未来的语文新课程构架中，校外课程资源显现出其越来越强劲的课程激活力和生长性。"课堂上借用图像、其他阅读资源达到了以下的教学目的：一是营造了气氛，让学生身临其境地感受到挑山工的登山之难；二是让学生形象地感知挑山工登山时的表现，给学生心灵带来巨大的震撼；三是让学生尝试通过人物外表体会人物心理活动，掌握了学习方法，提高了语文能力。

教学内容：

《挑山工》是北京版语文第10册第六单元的一篇精读课文，作家冯骥才主要写挑货上山的挑山工，描绘了他们艰辛的劳作和惊人的毅力，赞颂了挑山工坚韧不拔的攀登精神。

学生情况：

五年级的学生有一定的阅读能力，通过自学、初读课文能理解挑山工行走的路线及挑山工行走的艰辛。"如何让学生从文字中找到一种激励人前进的精神？如何用比较等方法提升学生的认识"需要教师的引领、点拨、提升。

教学目标：

1. 抓住关键词句理解挑山工几句意味深长的话，体会挑山工坚持不懈、踏踏实实的精神。

2. 能够正确、流利、有感情地朗读课文《挑山工》。

3. 对比阅读《挑山工》与《请再坚持一次》，懂得只有踏踏实实、坚持不懈，做事才能成功。

教学重点：

抓住关键词句理解挑山工几句意味深长的话，体会挑山工坚持不懈、踏踏实实的精神。

教学难点：

对比阅读《挑山工》与《请再坚持一次》，懂得只有踏踏实实、坚持不懈，做事才能成功。

课时：

第二课时。

教学过程：

(一)学习课文《挑山工》，体会精神

1. 检查背诵第2自然段

上节课我们初步了解了挑山工，现在老师检查背诵第2自然段。

评价标准：没有错别字，流利，有感情。

2. 理解内容，体会"一次次超越"

引入：挑山工真的会腾云驾雾吗？作者去泰山写生的时候，就遇到了这种情况。

(1)请你默读课文第3～6自然段，读读挑山工和游人相遇的句子，想想每一次相遇都有什么共同点。

估计：

①我们在山下买登山用的青竹杖，遇到一个挑山工。我们很快就超过了他。

②到了回马岭那条陡直的山道前，我们发现那个挑山工就坐在对面的草茵上休息。随后，我们跟他差不多同时起程，很快就把他甩在身后边了。

③我们爬上半山的五松亭，看见在那株姿态奇特的古松下整理挑儿的正是他。

④在前边的山道上，我们又几次超过了他，但是总在我们流连山色的时候，他又悄悄地超过了我们。

⑤在极顶的小卖部门前，我们又碰见了他，他已经在那里交货了。他憨厚地对我们点头一笑，好像在说："瞧，我可又跑到你们前头来了！"

(2)同时出示这几句话，学生找共同点。

教师提升：这几次相遇，每一次都是我们比他先出发，而每一次挑山工都能走在我们的前边。也就是说，挑山工一次次地超过了我们。（板书：一次次超越）

【教学意图：语文阅读不应停留在"表面"阅读上，要读出"精思""悟神"，这样的读书才能读出书中之味。让学生找到几次相遇，从中寻找共同点，是让学生从文字中寻找内在规律。】

3. 细读话语，感悟"坚持不懈"

（1）作家冯骥才用大量的笔墨写了一次次超越，他想透过这一次次超越告诉我们什么呢？

（2）作者想表达的话就在挑山工这几句朴素的话中。（默读，批注）

> 我们哪里有近道，还不和你们是一条道？你们是走得快，可是你们在路上东看西看，玩玩闹闹，总停下来呗！我们跟你们不一样，不像你们那么随便，高兴怎么就怎么。一步踩不实不行，停停住住更不行。那样，两天也到不了山顶，就得一个劲儿往前走。别看我们慢，走长了就跑到你们前边去了。你看，是不是这个理儿？

一步踩不实不行，停停住住更不行。（踏踏实实）

就得一个劲儿往前走。别看我们慢，走长了就跑到你们前边去了。（坚持不懈）

【教学意图：《义务教育语文课程标准（2011年版）》指出：语文教学要注重语言的积累、感悟和运用，注重基本技能的训练，给学生打下扎实的语文基础。批注就是一项基本技能：在阅读过程中圈圈点点，心有所感，笔墨追录，三言两语，生动传神。简单的几个字，批注在书的旁边，久而久之，培养了学生的阅读习惯，提高文学素养。】

（3）能结合课文内容说说吗？

4. 观看图片，加深理解

在挑山工超过我们的过程中，可能会有这样的镜头。（图片为暴晒时、下雨时、登陡坡时的挑山工）你看到了什么？想到了什么？

在暴晒下、下雨中，挑山工仍然坚持走着，谁能再读读这几句朴素的话？

5. 引入资料，再谈影响

（1）作家从泰山回来，画了一幅画——在陡直的似乎没有尽头的山道上，一个穿红背心的挑山工给肩头的重物压弯了腰，他一步一步在向上登攀。"这幅画一直挂在我的书桌前，多年来不曾换掉，因为我需要它"。

"我"需要"它"，指的是什么？作家需要的正是这种在任何条件下都踏踏实实、一次次超越自我、坚持不懈的精神。

(2)加入作家经历理解：

> 冯骥才说："我的创作生涯中，有一种精神、一种力量，就是与'挑山工'连在一起的。它已经注入我的骨髓，我要永远地将它保留。"这幅画是他的精神支柱，冯骥才正是以"挑山工"的精神，在文学这座"泰山"上，不畏艰辛地一步一步向上登攀，取得了巨大的文学成就。

【教学意图："在目前和未来的语文新课程构架中，校外课程资源显现出其越来越强劲的课程激活力和生长性。"课堂上借用图像资源达到了以下的教学目的：一是营造了气氛，让学生身临其境地感受到挑山工的登山之难；二是让学生形象地感知挑山工登山时的表现，给学生心灵带来巨大的震撼；三是让学生尝试通过人物外表体会人物心理活动，掌握了学习方法，提高了语文能力。】

(二)阅读短文《请再坚持一次》，拓展延伸

我们今天学习的是《挑山工》，我为什么还给大家推荐这篇文章？(《请再坚持一次》见附件)

1. 自读短文，说说原因

估计：坚持不懈。

引导：挑山工的坚持不懈体现在一次次的超越，这篇文章呢？

2. 理解文章的"坚持不懈"

找一找第一次劝说、第二次……

从这里我们看出了"我"一次次被拒绝，一次次不放弃(板书)，最后终于成功了。他成功的理由是什么？(出示杰克的话)

(三)比较相同点，提炼主题

什么是坚持不懈？什么是踏踏实实？这一次次的超越、一次次的不放弃，就是坚持不懈，就是踏踏实实。这就是我们今天这节课的主题——成功的必经之路。

【教学意图：阅读教学是教师、学生、文本三者之间对话的过程。通过读另外一篇文章，孩子们更深刻地认识了要想成功，坚持去做是关键。通过情感交织，力求让学生的情感与作者之情、作品之情产生共鸣，触动学生的心灵，达到理解课文的最佳境界。】

(四)联系生活实际，谈做法

在你的身上，是不是也有这样一次次的自我超越？一次次不放弃？

这让我想起了有志者事竟成。

只要功夫深，铁杵磨成针。

不积跬步，无以至千里；不积小流，无以成江海。

(五)板书设计

成功的必经之路

挑山工　一次次超越　　坚持不懈

推销员　一次次不放弃　踏踏实实

(六)教学反思

本篇教学设计的特点是"抓住主干，突出重点，引用资料，丰富形象"。

设计中教师抓住"游人与挑山工每一次相遇都有什么共同点？"这一重点问题，层层剥笋，精设训练：从理解表层意思，到透过句子树立人物形象，到反复诵读表达各自的体悟。课堂上借用挑山工登山的图片，让学生身临其境地感受到挑山工的登山之难，给学生心灵带来巨大的震撼。在教师的引领下学生走过了一个认识上由表及里、由浅入深，情感上由无情到动情的发展过程。

设计的用意不仅在于认知与情感目标的有效落实，还在于学习方法的无形渗透。教学中老师引入文章《请再坚持一次》（见附件），并提出了这样的学习要求："挑山工的坚持不懈体现在一次次的超越，这篇文章呢？"此处便是有意教给学生比较阅读的方法：透过人物的行为，联系上下文结合具体语句揣摩人物内心。此后，教师又引导学生运用"对比朗读""想象朗读"的方法，在反复涵泳中进一步体悟到了成功的必经之路上需要些什么。

《义务教育语文课程标准(2011年版)》明确指出："语文课程的基本特点是工具性与人文性的统一。教学中要整体考虑知识与能力、情感与态度、过程与方法的综合。"此处的教学设计便做到了这三维目标的和谐统一与整体推进，使语言文字在涵泳中富有了生命力。

附件：

请再坚持一次

我是一家报社的新职员，我的任务是拜访一个很特别的客户——杰克。报社的人都知道，这个客户是不可能与报社合作的。我真有些沮丧，可毕竟这是我的第一个任务，我只有完成它才能继续干下去。

在去拜访杰克前，我先用了几天时间，暗地里收集他的爱好、习惯、性格等。我把自己关在屋里，站在镜子前，把这些信息和宣传材料念了好多遍，然后对自己说："杰克，我一定让你购买广告版面！"

我怀着坚定的信心去拜访杰克。第一天，我吃了闭门羹。第二天，我拿着自己的介绍信在他家门口徘徊了30分钟，看见杰克走了出来。我抢先一步走到他面前。我的心狂跳，好像连站立都有点困难，但还是抑制住兴奋的心情，向他问好，并将手中的材料递给他。杰克先生看了看，说："这儿不需要你，请回吧！"我来不及安慰自己，他已经从我视线中消失了。

从这以后，每天早上，杰克的商店一开门，我就进去请他做广告。而每天早上，他的回答总是"不"。每一次，当他说"不"时，我就装作没听见，然后继续去拜访他。尽管内心的失落一天比一天加剧，尽管有时候也会泪流满面，我还是告诉自己：再坚持一次。

到了月末的最后一天，这个已经连续说了30个"不"的商人说："你已经浪费了一个月的时间来请求我买你的广告版面，我现在想知道的是，你为何要坚持这么做？"

我说："我并没有浪费时间，我一直在训练自己在逆境中的坚持精神。"杰克一愣，想了想说："我也向你承认，你已经教会了我坚持到底！这对于我来说，比金钱更有价值，为了向你表示我对你的感激，我决定买下你的一个广告版面，当作付给你的学费。"

那30次的挑战不是失败，而是成功的必经之路。

《这片土地是神圣的》教学设计

北京市平谷区东交民巷小学马坊分校 张 静

教学目标：

1. 指导关键语句的朗读。帮助学生理解"神圣"，引导学生获得对自己生存的土地、家园的深刻认识，感受人类与生存的这片土地息息相关。

2. 研读课文，品味语言，让学生在读中感悟。充分地读，不同层次地读，在读中让学生不知不觉感悟文章优美的语言。

3. 在把握主要内容的基础上，能联系实际对土地与人类关系进行较深入的思考。

教学重点：

引导学生通过诵读，感悟文章优美的语言，感受人与自然息息相关的情感。

教学难点：

理解含义深刻的语言，让学生在读中感悟理解，在读中受到感情的熏陶。

课时：

第二课时。

教学过程：

(一)语文素养训练

1. 组词

2. 出示"神"的意思

(1)传说中万物的创造者：天～。

(2)不可思议的，特别稀奇的：～秘；～奇；～异；～话。

(3)不平凡的，特别高超的：～勇；～医；～通；～圣。

(4)心思，心力，注意力：劳～；～魂颠倒。

(5)表情：～色；～采；～姿；～志。

(6)精神：～清气爽。

让学生感知从不同的意思可以组不同的词。

3."神圣"这个词让你想起了哪些场面？

在我的眼中，父亲的书房是神圣的。

在我的眼中，_____是神圣的。

在____眼中，_____是神圣的。

是啊，升旗帜的时候是庄严神圣的，印第安人认为自己的这片土地是神圣的，是不可亵渎的。

(二)在读中感悟热爱，理解"神圣"，知道这片土地上的哪些事物是神圣的

1.默读课文，你从哪里感觉到这片土地是神圣的？

过渡引入：植物如同印第安人的姐妹，动物如同他们的兄弟，树汁是他们身体里的血液，他们还认为，山峦是他们的父亲，河流是他们的母亲……人类与大自然紧密相连，齿唇相依，我们和大地上的山峦河流、动物植物的关系用一个词语来形容，可以说是我们共同属于一个——家园。

2.学生默读思考、汇报。

3.这是从几个方面来写河流的，你仔细读一读。

问：你从第几自然段知道的？你能读出几层意思呢？这里要指导学生理解出三个层次，分别是：河流延续着我们的生命，从祖先到我们；河流对我们的直接作用；河流满载我们的希望。

读这三个层次，男女各读一个层次，共同读一个层次。

4.梳理课文：善待河流、照管空气、照顾动物。

(1)读三个词语，看看发现了什么。

引导：这三个词语写的都是谁？

把河流、空气、动物当成人来写，用法上是拟人，让你有什么感觉？

总结：你看，土地上的山川、河流、空气等一草一木，一山一水，这些事物在我们眼里都是司空见惯的，这些我们觉得微不足道的事物，可是在印第安人的眼里，那可是——神圣的。

(2)找同学读一读。

(3)男女生分读"三次呼吁"。

出示体现主旨的句子："如果我们放弃这片土地，转让给你们，你们一定要记住：这片土地是神圣的。"

你觉得这样写有什么好处？

如果说一遍代表西雅图的不舍，两遍、三遍代表的是更为强烈的情感。

5. 解释原因。

既然这么爱这片土地，为什么要转让、放弃？

(1)出示资料：

> 1848年，在加州发现黄金后，众多白人向西迁移，爆发了白人与印第安人争夺土地的长期战争。
>
> 19世纪，多数印第安人被迫迁入保留地，其间，印第安人丧失了近35万平方公里的土地。
>
> 印第安人相信"万物有灵论"，他们崇敬自然，对自然界的一草一木、一山一石都报以敬畏态度。
>
> 19世纪50年代，"华盛顿特区"的白人领袖想购买美国西北部的西雅图酋长领地。
>
> 印第安人崇拜自然神，有雨神、五谷神、死神、战神、北方星神、风神以及四方神等。

(2)甄选资料。

(3)得出结论：西雅图是被迫离开。你们说此时的西雅图是什么心情？

6. 感情朗读。

所以，印第安人在即将离开这片他们所热爱的土地的时候，作为酋长的西雅图只好反复地叮嘱来表达他的心声，他反复叮嘱的是什么？

一读：是啊，无可奈何，没有办法，他只能不住地叮嘱——(齐读)

读后陈述：当年的印第安酋长西雅图就是这样谆谆告诫白人的。

二读：带着不舍与不安，西雅图庄严地告诫——(齐读)

三读：西雅图即将带领族人们远离这片土地，远离这片他们热爱的土地，他们即将背井离乡，但仍然放心不下这片土地——(齐读)

就这样，西雅图就这样一遍遍地呼吁——(齐读)

总结：如诗一般的语言，凄美、感人。

(三)精读课文"呼吁"部分

1. "热爱大地，就像初生的婴儿眷恋母亲温暖的怀抱一样。"

过渡语：印第安人深深地热爱着自己的土地！在这篇课文中，有一句话最能体现他们与土地的关系，是哪句话？

(1)从这个句子,你体会到了什么?

(2)引导学生体会"出生的婴儿"与"母亲的怀抱"的关系,从而明白印第安人与土地的关系。

(3)理解"眷恋"的意思,体会感情,指导读出"深深地眷恋"之情。

2. 与13课的呼吁对比,体会感人心弦。

这篇文章被誉为"有史以来最动人心弦的环境保护演说"。

3. 西雅图现在图景。

(四)呼吁

同学们,请热爱保护我们脚下的每一寸神圣的土地。土地是神圣的,善待地球就是善待我们自己。但存方寸地,留与子孙耕。让我们用行动保护我们身边的一草一木、一山一石,让我们再一次深情地读课题——这片土地是神圣的。

(五)板书设计

     15. 这片土地是神圣的

  神圣   善待河流
        照管空气
        照顾动物

  呼吁   热爱大地
        保护大地

《这片土地是神圣的》说课设计

北京市平谷区东交民巷小学马坊分校　张　静

教材分析与学生分析：

(一)教材分析

本单元的主题是"珍惜资源，保护环境"，《这片土地是神圣的》是本单元第三篇课文。学过了前两篇课文《只有一个地球》和《鹿和狼的故事》，学生感悟到了人类的生存与自然资源、生态环境的密切联系，懂得人类应珍惜资源，保护环境。这篇文章与前两篇有什么区别呢？《这片土地是神圣的》被誉为有史以来在环境保护方面最动人心弦的演说，它生动形象地描述了人类与大地上河水、空气、动植物等的血肉关系，强烈地表达了印第安人对土地无比眷恋的真挚情感。整篇文章语言优美，内涵丰富，情感充沛，极富感染力。所以，除了让孩子们理解这深刻的感情，还要让孩子们知道这是怎样表达的，从中增长语文能力。

(二)学生分析

1. 六年级的学生能应用多媒体手段，查阅相关资料，但是挑选信息、整理信息的能力不足。

2. 大多数学生能画出课文思维导图，但是内容比较单一，还需教师多指导。

3. 大多数学生对于家园和土地有着自己的理解，他们热爱自己的家园，已经形成了较正确的爱憎观，愿意为地球家园美好的明天尽一分自己的力量。

教学目标：

1. 能有感情地朗读课文，把握本文主要内容，了解土地与人类生存的关系。

2. 引导学生联系实际深入思考，体会课文表达上的特点。

3. 激发学生保护环境、爱护土地的情感，懂得必须用全部的力量和情感来保护自己的家园。

教学重点：
能有感情地朗读课文，把握本文主要内容，了解土地与人类生存的关系。
教学难点：
引导学生联系实际深入思考，体会课文表达上的特点。
教学过程：
(一)开拓思维，掌握语言规律
　　课堂开始，我请学生根据"神"字的意思，为"神"字组词。孩子们据意组词、各抒己见，通过主动的积累掌握组词的规律。学生在语言实践中感受汉字独特的美，表现出热爱祖国语言文字的感情，增强在具体的语言情境中有效地运用祖国语言文字的能力。
(二)梳理思维，加深文字理解
　　这一环节我主要让学生自主读文，想想课文中"你从哪里感觉到这片土地是神圣的？"，并采用"以读代讲"的方法，让学生充分地读文，在读中体会，在读中感悟，并画出思维导图。
　　1. 借三个词梳理文章脉络
　　学生们通过读课文，找到了西雅图酋长让白人们善待河流、照管空气、照顾动物。只是找到三段的主要意思还不够，教师帮学生梳理。
　　请你们想想：一般情况下，"善待""照管""照顾"这三个词都是给谁用的？
　　学生们才意识到，三个词语都是写人的，把河流、空气、动物当成人来写，用法上是拟人，让人感觉到西雅图对土地上的山川、河流、空气、一草一木、一山一水都像自己的亲人一样。教师引导学生从词语入手，品味其内在的语言色彩，在阅读中逐步体会情感，运用联想和想象，丰富对文字的感受与理解，并在思维导图中加入自己的思考，整体感知文本。
　　2. 借三句话梳理表达手法
　　学生们很快找到："如果我们放弃这片土地，转让给你们，你们一定要记住：这片土地是神圣的。"这个句子在文中出现三次。如果说一遍代表西雅图对这片土地真挚的爱，那么两遍、三遍就表达了他不想离开这片土地，对这里深深的依恋与不舍。西雅图把一草一木当作亲人，为人们讲述了一遍又一遍，是强调，是哀诉，更是依依不舍。学生读出了文字中蕴含的感情还不够，我继续引导：作者是如何表达的，才让人体会到作者的内心。经过思维导图梳理，本文用到了修辞手法拟人、比喻。本环节我注重引导学生在品味语言的基础上，总结修辞手法及用途，培养他们对语言的感受能力和初步的审美能力。

（三）整合思维，提高运用能力

学到这里，学生们都会有疑问，既然这么爱这片土地，为什么要转让、放弃？

六年级的学生会搜集材料，但是挑选其中有用的材料就有些困难。我提前让学生们搜集了关于印第安、西雅图的材料，选取一部分学生的资料出示给大家：

> 1848年，在加州发现黄金后，众多白人向西迁移，爆发了白人与印第安人争夺土地的长期战争。
> 19世纪，多数印第安人被迫迁入保留地，其间，印第安人丧失了近35万平方公里的土地。
> 印第安人相信"万物有灵论"，他们崇敬自然，对自然界的一草一木、一山一石都报以敬畏态度。
> 19世纪50年代，"华盛顿特区"的白人领袖想购买美国西北部的西雅图酋长领地。
> 印第安人崇拜自然神，有雨神、五谷神、死神、战神、北方星神、风神以及四方神等。

这些材料中有几条可以解答转让的原因。学生通过甄选资料，得出结论：西雅图酋长是被迫带领族人们离开。背景资料的引入加深了对课文的理解。此时，学生再看自己的思维导图，删除无用的资料，整理思维导图。在这一选一改之中，切实锻炼了学生的语文运用能力。

（四）感情朗读，提高审美能力

试想，此时的西雅图酋长是什么心情？

西雅图即将带领族人们离开这片土地，离开这片他们热爱的土地，离开他们祖祖辈辈生活的地方，他无可奈何，只能不住地叮嘱——（齐读）

他们即将背井离乡，去往一个陌生的地方，但仍然放心不下这片土地——（齐读）

带着不舍与不安，西雅图庄严地告诫——（齐读）

就这样，西雅图就这样一遍遍地呼吁——（齐读）

总结：如诗一般的语言，凄美、感人。

(五)拓展延伸,发现文字魅力

这篇文章被誉为"有史以来最动人心弦的环境保护演说"。同样是保护环境,13课《只有一个地球》与本课的表达方法截然不同。我出示13课最后一段,让孩子进行比较:

> 只有一个地球,如果它被破坏了,我们别无去处。如果地球上的各种资源都枯竭了,我们很难从别的地方得到补充。我们要精心地保护地球,保护地球的生态环境。让地球更好地造福于我们的子孙后代吧!

同一内容,不同的表达,让学生在比较中形成系统的认识,此时不用再多的言语辨识表达方式,不用更多的分析归纳方法,学生说得有理有据。这样,加深了学生对本文内涵丰富的语句的理解,使教学的难点在学生深刻的体会中得以突破。

(六)板书设计

板书的设计简单明了,系统地呈现了本课所学。

```
         15. 这片土地是神圣的
     神圣    善待河流
             照管空气
             照顾动物
     表达    比喻
             拟人
```

综上所述,这节课的几个环节,都在思维导图的不断修改中得以体现。课堂中,利用思维导图既体会了情感,又关注了表达,使语文学习形成系统。这节课,"始"在发展学生的思维,最"终"落脚在提高学生的语文能力上。

《在炮兵阵地上》教学设计

北京市平谷区东交民巷小学马坊分校　张　静

一、教学指导思想与理论依据

《义务教育语文课程标准(2011年版)》中强调："阅读教学应重视主体阅读感受和体验，对课文内容和表达有自己的看法。""语文学习具有重情感体验和感悟的特点。"因此，在本课的教学设计中，我遵循"以读为本，以情感人，强化语感"的教学模式，重点设置情境，引导朗读彭总的语言，培养感悟及理解能力，在读中培养语感并受到情感的熏陶，感悟人物的思想情感，并结合对彭总神态变化原因的深入挖掘，体会彭总是个认真负责、雷厉风行、关心同志、严于律己、实事求是的人。

二、教学背景分析

(一)教学内容分析

《在炮兵阵地上》一课是北京版教材小学语文第10册第三单元的第三篇精读课文。本单元要求学生掌握动脑、动口、动手的读书方法。训练重点是通过指导朗读，使学生体会到课文表达的情感。本课分二课时完成教学任务。我所展示的是第二课时的设计。主要通过学习课文，抓住彭总神态的变化，仔细揣摩彭总神态变化的原因，了解彭总是个认真负责、雷厉风行、关心同志、严于律己、实事求是的人。

本课是一篇革命回忆录。选自丁隆炎同志根据彭总的警卫员景希珍回忆整理的《警卫参谋的回忆·在彭总身边》这本书。课文记叙了彭德怀同志在担任国防部长期间，深入到东海前哨一个炮兵阵地检查战备工作时，发现弹药库修在阵地前沿，就严厉批评了有关干部，果断布置重修。在吃晚饭时，彭总与受批评的干部谈心，做了自我批评，又语重心长地教育了干部。作者通过两个场景的描写，通过对彭总语言、神态、动作的再现，把彭总的思想感情变化清晰地呈现在我们面前。全文为读者勾勒出了彭总认真负责、雷厉风行、关心同志、严于律己、实事求是的形象。

(二) 学生情况分析

在炮兵阵地上到底发生了什么事，激起了学生学习课文的兴趣，这是阅读理解的良好开端。学生对彭总的认识甚少。彭德怀同志是我党我军的卓越领导人。他性格耿直，一生光明磊落，了解彭总的有关情况，对学生学习本课有积极的推进作用。因此课前要收集资料，补充对彭总的认识，加深理解，力求走进文本。而且这篇课文中讲的事发生的年代离学生也较远，学生对于当时国家边防形势和国情了解不深，从表面上很难看出彭总发火的原因，对彭总是个什么样的人理解不透。本课重点就是抓住彭总神态的变化，创设情境，仔细揣摩彭总神态变化的原因，了解彭总的形象。

三、教学目标设计

(一) 教学目标

1. 学习课文，抓住彭总神态的变化，仔细揣摩彭总神态变化的原因，了解彭总是个认真负责、雷厉风行、关心同志、严于律己、实事求是的人。

2. 培养学生积极动脑、自主探究、读书批注、动手、动口的能力；培养学生"既动笔墨又读书"和"深入课文字里行间思考"的好习惯。

3. 通过了解彭总的事迹和形象，使学生对彭总产生敬佩之情。

(二) 教学重点

学习课文，抓住彭总神态的变化，仔细揣摩彭总神态变化的原因，了解彭总是个认真负责、雷厉风行、关心同志、严于律己、实事求是的人。

(三) 教学难点

培养学生积极动脑、自主探究、读书批注、动手、动口的能力；培养学生"既动笔墨又读书"和"深入课文字里行间思考"的好习惯。

(四) 课时

第二课时。

四、教学过程

(一) 激情导入

说起彭德怀这个名字，无数人会从心中产生敬佩和赞叹之情。战争年代，毛泽东曾为他赋诗："山高路远坑深，大军纵横驰奔。谁敢横刀立马，唯我彭大将军。"（出示彭德怀元帅照）这就是指挥过"百团大战"，屡建奇功的彭德怀。新中国成立初期，我们国家的边境还不稳定，时常会有战争发生，彭德怀毅然挑起国防部部长这个重担。今天，让我们一起走近伟人彭德怀，领略彭总的风采！

【教学意图：通过激昂的诗、彭德怀的画像使学生集中注意力，对彭总产生初步的印象，简介本文的时代背景，为学习文章、理解"彭总是个怎样的人"做铺垫。】

（二）学习课文第 2、3 自然段

1. 过渡：同学们，课文主要讲了什么事？读过课文之后，你觉得彭总对这个炮兵阵地的战备情况满意吗？你是从哪个自然段看出来的？现在请同学们朗读课文第 2、3 自然段，找一找描写彭总神态的句子，用笔轻轻画下来，然后想一想这几句话有什么不同。

评价：看到同学们这么认真、这么投入地读课文，老师十分感动，这说明咱们班的同学有非常好的读书习惯。真好！你来读读你所画的句子。

根据学生回答出示描写彭总神态的句子：

脸色有些不好看了

再也忍不住了

电闪雷鸣般地发作了

压住了火，声音轻了，批评的分量可更重了

引导：这几句都在描写彭总的神态，它们之间有什么不同？（火越来越大……）是呀，彭总的神态发生了变化，你再读课文想想，彭总的神态为什么一次又一次地发生了变化呢？

【教学意图：整体回顾课文内容，使学生对课文有个整体的印象，然后，抓住描写彭总神态的句子，比较之后，体会出彭总的神态在发生着变化，火气越来越大，意在让学生通过学习、思考得出彭总神态的变化是根据事情的不断积聚、发展而引发的，火越大越表明他对工作不负责任的不容忍，从而说明他自己是个对工作认真负责的人。】

2. 仔细揣摩彭总每次神态变化原因。

（1）生：彭总的脸色有些不好看了，是因为"彭总向他提出了不少问题，开始他还能对答如流，后来问到国外最新的常规火炮的性能怎样，海面前方有哪些国家的定期航线,他就回答不出来了"。

引导:我可以说你的答案非常准确,但是,咱们学语文要深入课文的字里行间,非常仔细地去感受文字、理解文字。如果你明白在作战的时候团长不知道这两个问题会产生什么严重的后果,你就知道彭总的脸色为什么不好看了。

(团长不知道国外最新的常规火炮的性能怎样,在敌人来临的时候,我们能做出相应的抵御外敌的准备吗?古人有一句话,知己知彼,百战百胜。假如我们不能做好相应的准备,我们的战斗能取胜吗?假如我们在战斗中没有取胜,我们还能守住东海这扇大门吗?假如敌人打开了我们国家的东大门,后果怎样?将不堪设想呀!

这位团长不知道海面前方有哪些国家的定期航线,这样能分辨出对方的船是敌是友吗?如果把敌舰看成了商船?如果把商船看成了敌舰?

想想作为负责指挥这个阵地的团长,如果他不知道这些,他将如何指挥自己的军队呢?)

【教学意图:深入挖掘这两个问题的重要性,让学生明白:作为负责指挥这个阵地的团长,不知道这两个问题及其重要性,他很不负责任,很不称职,理解彭总神态变化原因。】

过渡:彭总的神态为什么再次发生了变化?

(2)生:彭总再也忍不住了,是因为"他又看到弹药库竟然修在阵地前沿,结构也不符合要求"。

引导:是呀,你知道弹药库修在阵地前沿,这意味着什么吗?

(假如双方开战,弹药库极有可能发生爆炸,那时,损伤惨重的将是我们自己的军队,那样,我们就会不攻自破了。)

引导:(你的分析让我们知道)这可真是个重大的失误呀!你来读一读这句,让同学们感受一下这个失误有多大。

【教学意图:让学生自己体会弹药库修在阵地前沿的危险性,理解彭总神态变化的原因,让学生自读这句,再次体会这是个显而易见的重大的失误。】

过渡:怪不得彭总再也忍不住了。彭总的神态为什么又发生了变化?

(3)生:彭总电闪雷鸣般地发作了,是因为"几位首长都说来过,对这个弹药库也提出了意见,只因为忙别的事,把改建弹药库给耽误了"。

引导:请你来读一读彭总的话。出示彭总的语言:

"别的事?什么别的事!"彭总电闪雷鸣般地发作了,"还有比守住你们的阵地，不让敌人的炮弹把你们的阵地掀翻更重要的事吗？你们啊，你们坐在敌人只要一发炮弹就能送你们升天的地方，还在忙什么别的事！乱弹琴！"

同学们，彭总向团长提出的问题重要吗？这么重要的问题团长不知道。弹药库修建在阵地前沿危险吗？这么危险的事作为指挥这个阵地的团长却没有意识到。改建弹药库是多么迫在眉睫呀，而首长们却忽视了这样的头等大事，还在忙别的事，这对于身经百战、久经沙场、深谋远虑的彭总来说，他能容忍吗？

试着读，找两位读。

引导：现在你就是彭总，就在这个炮兵阵地上，你亲身感受到团长工作中的失职，亲眼见到弹药库竟然修在阵地前沿，察觉到自己国家的东大门防卫如此薄弱而首长们竟然无动于衷，这个时候，你怎样电闪雷鸣般地发作？

试着读，找两位读。

听老师读，注意标点。找一位读。

评价：听你一读，老师确实感到彭总电闪雷鸣般地发作了。

【教学意图：以情带读，读中感悟，通过设置一系列情境，使学生理解当时彭总的心情，从而进入情境，全身心投入地读，同时，采用指名读、范读等读书方法，以读代讲，读中感悟。让学生充分地朗读，使他们能够随着感情的变化，体会读的节奏、停顿、重音、声调，感受彭总忍无可忍、电闪雷鸣地发作。】

(4)学习反问句。

同学们，"还有比守住你们的阵地，不让敌人的炮弹把你们的阵地掀翻更重要的事吗？"这句话是什么意思？（没有比守住你们的阵地，不让敌人的炮弹把你们的阵地掀翻更重要的事了。）

出示这两句话：

还有比守住你们的阵地，不让敌人的炮弹把你们的阵地掀翻更重要的事吗？

没有比守住你们的阵地，不让敌人的炮弹把你们的阵地掀翻更重要的事了。

这两句话表达的是一个意思，你说说有什么不同的地方？（标点不一样；语气强烈程度不一样，这个问句好像亲耳听见彭总电闪雷鸣般地发火了一样。）

像上面这样的句子，我们管它叫反问句。老师这里有两个句子，你能把它们换个说法吗？

出示练习：

你这个团长，连这两个问题都不知道，难道还能说你称职吗？

你们不能等着敌人用我们的弹药毁灭我们自己呀。

请你读一读，体会一下这两个句子的不同。

【教学意图：体会反问句的作用，立足文本，当堂练习改写句子，并能体会两个句子语气的不同。】

过渡：是呀！这个反问句问得首长们哑口无言，这样的批评让首长们都站在那里一动也不敢动。彭总感到发火解决不了问题，于是声音轻了，批评的分量可更重了！

（5）回顾彭总神态的变化及原因，分析彭总人物形象。

引导：你能用上先、又、接着、最后这样表示顺序的词语，把彭总的神态发生的一系列变化及其原因完整地说出来吗？

完整地出示彭总的神态：

先　　　脸色有些不好看了

又　　　再也忍不住了

接着　　电闪雷鸣般地发作了

最后　　压住了火，声音轻了，批评的分量可更重了

联想彭总神态的变化，再仔细读彭总下面的这些话，想想彭总是一个什么样的人。

出示彭总的语言：

你们几个都留在这儿，现在就动手，把这个弹药库拆掉重修。看还有什么问题，你们就地研究解决。过一个月，我再来检查！你这个团长，撤职！送军法处！

板书：认真负责、（说干就干，说改就改，立竿见影）雷厉风行

【教学意图：使学生对彭总神态变化及原因有整体的印象，并能从语言、神态中挖掘出彭总是个对工作认真负责、雷厉风行的人。】

过渡：这就是对工作认真负责的彭总，这就是说了算，定了干，有着雷厉风行的工作作风的彭总。彭总的形象一定出现在同学们的脑海中了，请同学们读课文第4~9自然段，深入课文的字里行间，看看你又能感受到彭总是一个什么样的人。

(三)自学课文第 4～9 自然段,汇报彭总是一个什么样的人

1. 找到文中让你感受最深的地方,先画一画,再在旁边简单地批注。

预设:

生1:"小景,去,把团长请来!"

请——这个团长在工作中可是出现了严重的失误呀,可是彭总还让"我"去请他,一个"请"字突出了彭总对团长的尊重、关心。

生2:彭总拉着团长,让他在自己的身边坐下。

彭总就像长辈一样让团长在自己的身边坐下,体现对同志的关心。

生3:彭总说:"我今天又说了错话,向你道个歉!但是只错了一句,不该说把你撤掉,送军法处。其余的话都对!当然,你认为不对的,还可以批评我,不能赌气不吃饭啊!"

彭总能够态度诚恳地做自我批评,体现出他是个实事求是、严于律己的人。

生4:彭总又说:"都对是不可能的,大部分对就可以了。想想吧,人民把一扇大门交给你来守卫,你就得千方百计把它看好啊!啊,你已经认错了,我就不说了。吃饭!吃饭!"

"想想吧,人民把一扇大门交给你来守卫,你就得千方百计把它看好啊!"这句话不仅是彭总语重心长地对团长的嘱咐,更是自己内心的独白,体现他是个对工作认真负责的人。

引导:千方百计——你是怎样理解千方百计的?你能用千方百计说一句话吗?

教师相机板书:关心同志、严于律己、实事求是

2. 小结:这就是对工作认真负责的彭总,这就是有着雷厉风行工作作风的彭总,这就是关心同志、严于律己、实事求是的彭总。

【教学意图】让学生在自学中发展学习能力,引导学生批注文本,落实学生与文本的有效对话。给足学生自主阅读的时间,让他们用自己的大脑去思考,用自己的眼光看问题,这才能保证学生的个性化阅读。让学生充分抓住人物的言行、神态描写体会彭总对国家安全、对工作高度负责的精神和关心同志、实事求是、严于律己的作风。教学中注重对学生的引导、启发、点拨,注重学生的自读自悟。】

(四)课堂练习

出示练习：

时间过得真快，转眼间，一个月过去了，彭总又来检查这个炮兵阵地。请你想一想：这次彭总和团长会说什么？他们的神态会是什么样？请你展开联想，说一说。

评价：

对，团长牢记了彭总的那句话，千方百计看好祖国的大门。

团长被彭总认真负责的工作态度深深地感动了，自己也变得认真负责了。你能联系课文内容去说，真好！你用上了"对答如流"这个生词说句子，真棒！

【教学意图：使学生对"彭总是个什么样的人"有更深刻的想象和认识，联想彭总的语言、神态，练习学生的说话能力与联想能力。】

(五)总结

如果有人问你，彭总是个什么样的人，你怎样回答？（出示彭总照片）

【教学意图：由学生总结彭总是个什么样的人，留给学生一个整体的印象。】

五、板书设计

在炮兵阵地上

认真负责　　关心同志

雷厉风行　　严于律己

实事求是

六、教学反思

确实，理念决定设计，设计决定呈现，呈现决定效果。设计要有一条主线路，在主线路下的分线路怎样分，怎样合？每一步的目的是什么？要想实现目的可以用什么方法？哪种方法学生最容易接受？

1. 这堂课中，开始主线并不鲜明，第2～3自然段归纳彭总对待工作是什么态度，第4～9自然段归纳彭总对待人民、自己、同志是什么态度，改成一个问题——彭总是一个什么样的人？

2. 在学习第2～3自然段神态变化时，开始总是问为什么"脸色不好看了"？为什么"再也忍不住了"？为什么"电闪雷鸣般地发作了"？改：为什么一次又一次发生了变化?

3. 在设计学习课文第2~3自然段引入时,先让学生找神态及变化原因。这就意味着我告诉了学生"彭总神态发生了变化",为了再自然些,再平滑些,就改成了先找神态,再比较"都是描写神态,有什么不同",过渡到"神态在根据事情的发展发生着变化"。

《我们的错误》教学设计

北京市平谷区东交民巷小学马坊分校　张　静

教学目标：
1. 引导学生在反复吟诵中感知、体味、鉴赏，感悟这首诗歌的内涵。
2. 启发学生联系自己生活的实际来丰富对课文中富有人文气息的内容的理解，使学生通过学习课文，对自己的错误有正确的认识，并正确对待错误。
3. 了解诗歌的语言风格，学习诗歌的表达方式。

教学重点：
引导学生在反复吟诵中感知、体味、鉴赏，感悟这首诗歌的内涵。

教学难点：
联系生活实际来丰富对课文中富有人文气息的内容的理解，使学生通过学习课文，对自己的错误有正确的认识，并正确对待错误。

教学过程：
(一) 情境导入
1. 师导入：迈着轻盈的脚步，展开想象的翅膀，这节课我们将在诗歌中漫步、徜徉。一起说出诗歌的名字《我们的错误》(师板书)。请你把文字变成动听的语言，细细地读，做到正确、流利。(全体读)
2. 指名读(3位)。其他同学想一想，这首诗歌的四小节分别告诉了我们什么？

评价：你似一位智者，向我们诉说衷肠；你似一位老者，在谆谆教导；你似一位伙伴，在促膝长谈。

这首诗歌每一小节告诉了我们什么？(如何面对错误，怎样认识错误，知道错了要改正错误。)请你们细细地品味这首诗，想想洗尽铅华之后，你发现"错误"是什么？选择其中一个句式说一说。

错误是(　　　)。错误可能是(　　　)。错误并不是(　　　)。

好的诗歌总是能让人与自己的心灵对话，现在我们就随着作者的思路说说错误是什么。

(二)学习诗歌

你有一个苹果,我有一个苹果,交换过后,我们每人还是一个苹果;你有一种思想,我有一种思想,交换过后,我们每人就有两种思想。如果哪位同学发现了沿途的好风景,那我们就随着他的目光驻足欣赏。

1. 错误是很平常的事:学习第一小节

你是从哪体会到"错误是很平常的事"的?读一读这一小节。

学生读之后,教师与之相比较读,读出"总""会"的意思,谁能再读?

也是这一小节,你还有什么想说的?不同的见解?那就读出来吧!

(你读出了反问句的意思,你想表达什么?还可以怎样说?)最后一句,还可以怎样说?为什么不用陈述句?(更表达了无论何时,无论何地,都有可能出现错误的身影)读一读,谁能把整个第一小节读出其中的意思,读出诗歌的味道?

2. 错误可能是再一次错误的开始:学习第二小节

(1)"根除"可以换成什么词语?为什么用"根除"?你看,诗歌的语言多准确呀!你来读一读。说说"错误可能是再一次错误的开始;可能是成功之母"的意思。

(2)咱们比一比,看谁反应快,老师说前半句,你来接读——如果(不根除错误),那么,错误就可能是再一次错误的开始;如果(根除错误),失败就可能是成功之母。为什么不说如果?(简洁精练)再读一读这精练的语言!

3. 错误并不是可怕的:学习第三小节

我们从第二小节知道了"错误可能是再一次错误的开始,失败也可能是成功之母,遇到错误要把它根除"。你从其他的文字中知道错误还是什么?

谁来读读?(你读出了感叹的语气)谁还想读?

(1)在这曲曲折折的道路中,每个人都会犯各种各样的错误,连天才伟人也犯错误。你们知道伟人对待错误的故事吗?

评价:你是联系课文的故事说的;你是联系课外资料去说的,会学习!

想象:成吉思汗错杀了他那只心爱的鹰之后是怎样做的?(发誓永远不在生气的时候做任何决定,于是他手下的人再也没有背叛过他,他成了历史上的一代天骄。)林海音犯了早晨赖床不起的错误,接受惩罚后,她是怎么做的?(再也没有迟到过,成了有名的作家。)

如果他们没有根除这个错误，而是畏缩不前，会怎样？谁来读读？

（2）理解"可怕的不是错误，可怕的是错误地对待错误"。

"不是什么，是什么"，这就是特有的诗歌的语言。男女生对读，女生上半句，男生下半句。指导朗读：可怕的是错误地对待错误。

可怕的是错误地对待错误，那么，怎样才是正确地对待错误？学生说。

引用周恩来的话：

> 任何人都会犯错误，人从降生的那一天起，便不断地犯错误。错误，可以说是要陪伴人的一生的。智者千虑尚有一失呢！问题是怎样对待错误？是硬着头皮采取不承认主义？是搪塞、遮掩？是嫁祸于人？
>
> ——周恩来

结合图片，说说你的生活经历，或者你收集到的伟人犯错误的生活经历。

再读此小节。

评价：你像一位智者，循循善诱！你像亲密的伙伴，在促膝长谈！

4. 错误是必修的一课：学习第四小节

你们发现了吗？这一小节的语言有个特点。是什么？诗句的特点就是上句结尾与下句开头重复。你来读读，体会一下哪一个更好。

师生分工读。

送大家几句名言，你还知道哪些名言？

> 如果你对一切错误关上了门，那么真理也将把你关在门外。——泰戈尔
>
> 尽可能少犯错误，这是人的准则；不犯错误，那是天使的梦想。——雨果

5. 整体读诗歌

错误还是什么？（进步的阶梯、成长的基石、宝贵的经验……）

假如沙班·罗伯特听了你的话，一定会竖起大拇指夸你："这孩子，说到我的心里去了。"让我们一起读读这个句子。

回顾板书：这就是一首小诗，是我们班同学创作的小诗。

整体读诗歌，学习诗歌押韵的特点。

师生对读，师读上半句，生读下半句。
这样的诗歌更有音律美、节奏美。

(三)出示诗歌

昨天，我收到了一封信，是我以前的学生写的，我来给大家念一念：

> 懒惰穿着漂亮的外衣来了，
> 它说要做我的朋友，
> 给我很多礼物，
> 我和懒惰牵手了，
> 它的礼物是什么？
> 退步、泪水……
> 现在，我该怎么做？

同学们，我们该跟他说些什么呢？
评价：你能把刚学到的诗句送给他，你真聪明！

(四)学生试写回信

因为这位同学是用诗歌来的信，我们试着用诗歌给他写回信。感谢你们！你们的语言充满智慧，充满诗情画意。我想，他一定会把绊脚石当作铺路石！

(五)板书设计

	可能是再一次错误的开始
	可能是成功之母
我们的错误	并不是可怕的
	是必修的一课
	是进步的阶梯

《生死攸关的烛光》教学设计

北京市平谷区东交民巷小学马坊分校　张　静

教学目标：
1. 理解课文内容及生死攸关的含义，感受文中一波三折的情节以及人物在危险面前所表现出来的机智与勇气。
2. 能根据故事情节、人物品质，展开恰当的联想，续编故事。

教学重点：
理解课文内容及生死攸关的含义，感受文中一波三折的情节以及人物在危险面前所表现出来的机智与勇气。

教学难点：
能根据故事情节、人物品质，展开恰当的联想，续编故事。

课时：
第二课时。

教学过程：

(一)复习导入

上节课我们已经读过课文，现在我们来回顾一下第一部分的主要内容。选择恰当的词语填空。

> 严密　绝密　秘密　巧妙　绝妙　奇妙
> 　　伯瑙德夫人的任务是保证把(　　)的情报安全藏好，直到盟军派人取走。她想了许多(　　)的办法，先是把金属管藏在椅子的横档中，又把它放在盛着剩汤的铁锅内，最后，她运用一个(　　)的主意，骗过了几次(　　)的搜查。

1. 读一读，试着填一填。
2. 订正。

为什么填绝密？(绝密就是极端机密的意思)绝密情报中可能写哪方面内

容？（敌方、我方的军队首脑名单，战略方针、战术——伏击还是围攻等，参战人数，接头暗号，会合地址……）

这个绝妙的主意是什么？（你记得真准确！）这个主意绝妙在哪？（外表看不出来，放在显眼的地方，最危险的地方也就是最安全的地方。）

3. 再读这段话。把绝密的情报用绝妙的办法藏好，可以说是万无一失，是吗？

【教学意图：通过填写词语，提炼课文第一部分的梗概，使学生了解伯瑙德夫人的任务，她采用了哪些方法保护文件；通过比较词语，区分"绝密"和"秘密"、"绝妙"和"巧妙"两组词语的意义；通过联系实际解读"绝密情报"，体会文件的重要，为下文体会"不堪设想"埋下伏笔。】

(二)重点探究

1. 朗读课文

发生了什么事？（点燃——保护情报）蜡烛被点燃，意味着生命的倒计时就开始了，大声读一读课文第二部分，用一个词语概括当时的气氛。

这些词语有个特点，都让人感到惊心动魄、万分危急，都与人的生、死有关，也就是生死攸关，带着这种感觉齐读词语。（真有感情！）带着这种感情，默读课文第二部分，想：哪些语句、哪些人物的表现让我们感到生死攸关？

2. 批注，写感受

画完了读一读，找一找关键词语。

3. 学生交流

由于第二部分叙述的是一件事，所以，我们按事情的发展顺序汇报。

(1)伯瑙德夫人的表现——急忙取　轻轻吹。

出示：

> 情况是危急的，伯瑙德夫人知道，蜡烛燃到铁管处就会自动熄灭，同时也意味着他们一家三口的生命将告结束。她看着两个脸色苍白的儿女，急忙从厨房中取出一盏油灯放在桌上。"瞧，先生们，这盏灯亮些。"说着轻轻把蜡烛吹熄。

《生死攸关的烛光》教学设计

出示对比句子：

> 她看着两个脸色苍白的儿女，急忙从厨房中取出一盏油灯放在桌上。"瞧，先生们，这盏灯亮些。"说着轻轻把蜡烛吹熄。
>
> 她看着两个脸色苍白的儿女，从厨房中取出一盏油灯放在桌上。"瞧，先生们，这盏灯亮些。"说着把蜡烛吹熄。

哪一个更好？为什么？（不仅要把蜡烛吹灭，还不能引起德军的注意）

就是这一句，你还想说什么？就是这一段，你的想法如何？

这一系列的想法在她的脑海中一一掠过，可以说她心急如焚、心潮澎湃，但她的脸上却不动声色，若无其事。应该怎样读？谁还想读？

过渡：伯瑙德夫人在生死攸关的时刻把蜡烛轻轻吹灭了。除了这一段，还有哪些地方让我们感到生死攸关？

(2)中尉又把蜡烛点燃了，就是这一段，你还从哪感到生死攸关？

你的感觉很敏锐，找得真准！我们都来看这一段，你从哪感到生死攸关？谈谈你的理解。过渡：这时敌军又把蜡烛点燃了，后果真是不堪设想啊！

①理解：不堪设想。

什么是不堪设想？结合"绝密文件的内容"想象：一旦这个情报中转站暴露，会有什么后果？把你想到的说说。

教师点评后小结：正像你们说的那样，一旦烛光熄灭，绝密情报就会落入虎口，情报中转站也会暴露。一旦情报中转站暴露，母子三人的生命，还有千万人的生命都危在旦夕；一旦情报中转站暴露，整个秘密情报工作系统就会被破坏。而这些不仅关系到这场正义之战是否能胜利，还关系到祖国解放事业是否能早日成功。一旦情报中转站暴露，后果真是——不堪设想。谁来读读？

②蜡烛越来越短了，情况越来越危急了，雅克怎么做的？

③随学生说的板书：慢慢站　伸手端。

德军把蜡烛夺走，十二岁的雅克没有和他争执，孩子是懂事的——他知道，厄运即将到来了，但在斗争的最后阶段，自己必须在场。他从容地搬回一捆木柴，生了火，默默地坐待最后的时刻。

过渡：时间一分一秒地过去了，最后的时刻就要到来了，还有哪些地方让我们感到生死攸关？

(3)杰奎琳的表现。

①结合文字和插图说说,在这生死关头,杰奎琳的表现让你觉得她是个怎样的小姑娘?

②带着你的理解读一读。

(三)小练笔(出示板书)

随着杰奎琳踏上最后一级阶梯,蜡烛熄灭了,危险解除了。敌人走后,这(学生回答过的)机智、勇敢、镇定、沉着、从容、遇事不慌的母子三人会说些什么呢?

评价:你是联系课文内容去说的。

你看,他学习了课文的优点,在动词前用上了提示语,更符合人物特点、语境。

(四)回顾整体

1. 谁能看板书,说说整件事情是怎样在生与死之间展开的。所以说这是生死攸关的烛光!(板书:生死攸关的烛光)

2. 从一波三折的情节和一家三口的表现,你可以看出什么?什么使他们在这生死攸关的、万分紧急的情况下,这么冷静、机智、从容?(中心:歌颂了法国人民崇高的爱国主义精神)(你说出了他们一家的心声,谢谢你!)

(五)板书设计

<pre>
          生死攸关的烛光
     急忙取   轻轻吹
     慢慢站   伸手端
     娇声说   镇定端
</pre>

《穷人》教学设计

北京市平谷区东交民巷小学马坊分校　张　静

教学目标：

1. 体会文中桑娜一家的贫穷，理解桑娜夫妇勤劳、纯朴善良，宁可自己受苦也要帮助别人的思想品质。

2. 揣摩主人公的心理，练习写一段心理描写。

教学重点：

体会文中桑娜一家的贫穷，理解桑娜夫妇勤劳、纯朴善良，宁可自己受苦也要帮助别人的思想品质。

教学难点：

揣摩主人公的心理，练习写一段心理描写。

课时：

第二课时。

教学过程：

(一)出示课题

同学们，请看这个字(师红笔板书：穷)，你能说出带有"穷"字的成语吗？

(生说，并由生板书到黑板左边，竖着排列：图穷匕见、穷困潦倒、穷凶极恶、无穷无尽、山穷水尽、穷途末路。)

你们了解得真不少，"穷"字在字典里有四种意思。

出示幻灯片1：

"穷"字解释：

1. 缺乏财物。2. 环境恶劣，没有出路。3. 达到极点。4. 尽，完。

你能说说这些成语中的"穷"字分别是什么意思吗？今天我们讲21课《穷人》，(补充板书：人)，这个"穷"字的意思是——

【设计意图：理解"穷"字的几种意思，积累有"穷"字的成语，并由"穷"引出课文重点内容。】

过渡：正是因为课文中桑娜一家的贫穷，才有了她精彩的、扣人心弦的、充满矛盾的心理描写，在第几自然段？

出示幻灯片 2：

"他会说什么呢？这是闹着玩的吗？自己的五个孩子已经够他受的了……是他来啦？……不，还没来！……为什么把他们抱过来啊？……他会揍我的！那也活该，我自作自受……嗯，揍我一顿也好！"

(二)层层深入，学习第 9 自然段的心理描写

1. 初读第 9 自然段，体会桑娜矛盾的心情

(1)谁来读读第 9 自然段？你是怎样理解的？

(2)你能用一个词语概括桑娜的心情吗？（板书：忐忑不安）介绍"忐忑"的写法。

(3)还可以用什么词说桑娜的心情？（教师适时板书：七上八下、坐立不安）

【设计意图：找到课文重点段，初步了解桑娜当时复杂的心情。】

2. 找出矛盾原因，理解桑娜一家穷苦的困境

过渡：为什么她的心里这样矛盾？（穷）默读课文，找找哪些地方写出了桑娜一家的贫穷，并适当批注。

(1)略读：

A. 渔夫的妻子桑娜坐在火炉旁补一张破帆。

B. 丈夫清早驾着小船出海，这时候还没回来。

(2)精读：（出示幻灯片 3）

①丈夫不顾惜身体，冒着寒冷和风暴出去打鱼，她自己也从早到晚地干活，可是还只能勉强填饱肚子。孩子们没有鞋穿，不论冬夏都光着脚跑来跑去；吃的是黑面包，菜只有鱼。

A. 我觉得她找的这句话值得我们大家共同品味，谁来读？透过桑娜的沉思，我们了解到了什么？

B. 学语文就要咬文嚼字，你能从哪个词语感受到桑娜家的贫穷？（抓住"从早到晚、勉强、黑面包、只有"）

黑面包是用麦皮和少量的面粉做成的，吃起来很硬，口感发酸。

C. 这两句话看似简单而又平淡，其实里面蕴含着许多内容，你们能想象出来吗？

D. 通过你们的朗读来告诉大家。

你的朗读让我们深深地感受到桑娜一家真是——（板书：一贫如洗、家徒四壁、捉襟见肘）

过渡：还哪些地方写出了桑娜家里的贫穷？（渔夫从早到晚地打鱼，他今天的收获怎样？）

②糟糕，真糟糕！什么都没有打到，还把网给撕破了。倒霉，倒霉！天气可真厉害！我简直记不起几时有过这样的夜晚了，还谈得上什么打鱼！谢谢上帝，总算活着回来啦……

引导：说说你从这句话中读出了什么。这是渔夫简短的几句话，这些话中蕴含着什么？谁来读读？

清早就驾船出去，夜晚十一点多了刚刚回来，至少十七八个小时，却什么都没打到，每一网都是徒劳无功，没有半点收获。

【设计意图：从文本中获取关于"桑娜一家贫穷"的语句，并通过朗读、想象等形式理解桑娜一家贫穷的程度，让学生了解桑娜一家是那样的一贫如洗、那样的捉襟见肘或者吃了上顿没下顿。】

(3) 引申理解贫困：

小结：是呀，桑娜夫妇竭尽全力，一个早出晚归，不顾随时可能被海浪吞没的危险去打鱼，一个辛辛苦苦地做家务事，但只能勉强填饱肚子，日子过得一贫如洗、捉襟见肘、家徒四壁。对于这样一个家庭，如果再多两张嘴，这意味着什么？

以前是勉强吃饱，也许以后会是忍饥挨饿。

以前桑娜还能在家里做家务活，多了两个孩子之后……

【设计意图：想象桑娜一家在非常贫困的基础上，抱养了邻居的孩子之后的窘困境况。为理解桑娜夫妇的品质做铺垫。】

(4) 再次理解桑娜心理矛盾：

怪不得桑娜的心里充满了激烈的矛盾，忐忑不安，七上八下，坐立不安！谁来读读这矛盾的心理？

【设计意图：在初步了解的基础上，通过学习有关"穷"的内容，进一步引申，理解桑娜的心情为什么那样矛盾、那样忐忑不安。】

(三) 理解桑娜和渔夫是怎样的人

渔夫得知西蒙死了、两个孩子无人照料这个消息后，他是怎样做的？

1. 初步感知

(1)读：哦，我们，我们总能熬过去的！快去！别等他们醒来。

(2)说说你的理解。

(3)熬字写法。

介绍四点底：煎、熬、烹、煮都有四点底，四点底表示用很长时间、慢慢、不间断地用火煮东西。

"熬"字在字典中解释：①久煮；②忍受，忍耐。这里选哪一个？

这个词也可以表示忍受、忍耐，这样换可不可以？

哦，我们，我们总能熬过去的！

哦，我们，我们总能挺过去的！

那是一种怎样的忍受？怎样的忍耐？怎样的煎熬呢？（长时间的、忍饥挨饿的、无穷无尽的……）

【设计意图：通过"熬"字再次感知桑娜抱养邻居家两个孩子所遇到的困难和承受的压力，引导学生正确理解桑娜夫妇纯朴善良的形象。】

2. 想象情景，理解夫妇的为人

(1)是呀，教师运用黑板上的成语总结：

他们被……煎熬着。（一贫如洗的生活，捉襟见肘的窘况，无穷无尽的贫困，举步维艰的困境）他们的生活捉襟见肘、举步维艰呀！但是——

出示幻灯片4：

能用上这些关联词语说说桑娜夫妇的想法吗？

哪怕……也……　　宁可……也不……

虽然……但是……　　不论……都……

(2)听了这些带有关联词语的句子，你仿佛看到了怎样的桑娜、怎样的渔夫？（板书：纯朴善良、心地善良、无比善良）

(3)（出示幻灯片5）填写：他们（　　）贫穷，但是他们（　　）不贫穷。

是呀，他们贫穷而不落后，贫困而不潦倒。从这贫穷与不贫穷之间，我们分明看见了大作家托尔斯泰笔下桑娜夫妇的什么形象？

【设计意图：通过"用关联词语说话、填空"的形式，引导学生感受桑娜夫妇的形象。】

(四)练习心理描写(出示幻灯片6)

善良的桑娜看了看熟睡在帐子里的七个孩子，又看了看撕破的渔网和空空的鱼篓，她陷入了沉思……

【设计意图：练习心理描写，更深一层理解课文内容。】

(五)板书设计

<pre>
            穷人
  一贫如洗   七上八下   纯朴善良
  捉襟见肘   忐忑不安   无比善良
  家徒四壁   坐立不安   心地善良
</pre>

《鲁本的秘密》教学设计

北京市平谷区东交民巷小学马坊分校　张　静

教学目标：

1. 批注"鲁本为了这个秘密是怎样做的"，体会他关爱母亲、不怕辛苦的品质。

2. 联系文本练笔，学习有理有据地评价课文中的人物，能提出自己的看法。

教学重点：

批注"鲁本为了这个秘密是怎样做的"，体会他关爱母亲、不怕辛苦的品质。

教学难点：

联系文本练笔，学会有理有据地评价课文中的人物，能提出自己的看法。

教学过程：

(一)复习回顾，整体感知

1. 听写词语：日夜操劳、梦寐以求(一生在黑板写，余生纸上书写)。

2. 谁能用简洁的话说说：鲁本的秘密是什么？(攒钱买胸针，在母亲节那天送给妈妈。)

(二)品读课文，深入体会

1. 默读课文

默读课文第2自然段，想想"鲁本为了这个秘密是怎样做的"，用"——"画出相关句子或重点词语，并把你的感受批注在旁边。

(1)分析提示：读完之后，你知道要做什么吗？(提示：批注用词语)

(2)教师巡视。

2. 感情朗读，体会鲁本的做法

本篇课文是按事情发展顺序写的，所以我们按照事情的先后顺序汇报。

(1)那天，他找到两个麻袋，拿到锯木厂装订工人那儿，换回了两个5美分的硬币。鲁本一直跑了两公里,到家时还紧紧地攥着它们。

生说体会,你批注了什么?

表扬并展示一个,像他这样批注,就是这一段,还有什么想说的?

重点理解"一直""两公里"(与实际结合,说说自己跑八百米的感受)"紧紧地攥"。

板书:一直跑了两公里　两个5美分

(2)"虔诚地藏"略讲,"虔诚"什么意思?你知道鲁本的心思,你对虔诚的理解就不只停留在字典上了。

(3)学生谈感想。(可能有"无异于珍宝的麻袋""经常""努力")

教师引导:"除……之外……"读读这句话,你有什么想说的?

询问:在炎炎夏季,太阳火辣辣的,鲁本,你锄完草已经是大汗淋漓了,你不休息一会儿吗?鲁本,放暑假了,别的孩子都在河边嬉戏呢,不和小伙伴一块儿玩吗?鲁本,你刚砍完柴,又累又饿,今天的风多大,你又出去干什么?

师领读:鲁本为了心中的秘密,整整一个夏季(板书)——生齐接读

(4)第一步:生说理解,读对话,师评价——读人物语言要体会人物的心情。

第二步:如果我们把这张表填完,我想我们会读出鲁本的心情。

看看时间,鲁本用了将近一年的时间。他要攒够5美元,就要找到100个麻袋。

这期间,鲁本每一天都在搜寻麻袋,每天至少要走四公里,他不知走了多少条马路,绕过多少条巷子……

今天是最后一天了,鲁本终于凑齐了100个麻袋,他马上就要攒够5美元了,可是——收麻袋的工人就要关门了,鲁本急得快要哭了,他央求道——一生接读(另一生对读)

鲁本为了等这一天,付出了多少艰辛的劳动,他经受过炎炎烈日的考验,也经受过凛冽寒冬的洗礼,现在他心中美好愿望就要实现了,他跟工人恳求道——一生接读(另一生对读)

鲁本是穷人家的孩子,他每日出去搜寻麻袋,有时能找到,有时却一无所获,即使是这样,鲁本也坚持了将近一年,他离他的愿望只有半步之遥了,他跟工人边乞求边喊道——全体生接读(师对读)

评价：

我听出了你心中的那分渴望、那分焦急、那分企盼……

你的心是多么虔诚啊！

(5)鲁本买到了——梦寐以求的礼物，"梦寐以求"什么意思？对于鲁本来说，什么是梦寐以求的？(得到胸针之后，什么是鲁本梦寐以求的?)

对于鲁本来说，(　　　)是梦寐以求的。

(胸针、5美元、麻袋、妈妈的笑容……)

(三)读写结合，深化主题

1. 鲁本买回了梦寐以求的胸针，第一件事就是——送给妈妈，祝妈妈母亲节快乐。快来读读吧！读第3自然段。

2. 联系课文第10自然段理解母亲的表现。

评价：你读得太好了，让我们仿佛看到了母亲接受礼物的画面：

看到母亲这双粗糙的手，想起了"日夜操劳"这四个字，鲁本的脑海中浮现出妈妈平日里……

母亲看到这枚胸针，想起小鲁本一年来的表现：有时很晚才回家，有时……

3. 选择不同角色动笔写：看着这可爱的礼物，母亲欣慰地笑着，一把将儿子揽入怀中！

鲁本兴奋地说："亲爱的妈妈，今天是母亲节，首先(　　　)，您看您，(　　　　　　　　)"

母亲深情地说："鲁本啊，让我怎么说你呢，你真是一个(　　　　　)的孩子……"

是啊，就像你说的一样，鲁本是个(板书：懂事、坚持不懈、有毅力、孝敬、细心)的孩子。

评价：

你说得有理有据！

你写得多有感情呀！

鲁本听了你的话，心里一定美滋滋的！

你不仅写得好，字也相当漂亮！

你的标点很正确，用了叹号、省略号。

4. 总结：

我们知道了鲁本的秘密是为了日夜操劳的母亲献上一份礼物，也知道了鲁本怎样实现了他美好的愿望，五月份第二周周日是母亲节，六月第三周周日是父亲节，希望你也能为日夜操劳的父母，献上一份他们梦寐以求的爱。

(四)板书设计

鲁本的秘密
为日夜操劳的父母，献上梦寐以求的爱。
整整一个夏季
明媚的春天来了
两个5美分
5美元＝500美分 100个麻袋
一直跑了两公里
……

坚持不懈　有毅力　孝敬　懂事　细心

《滥竽充数》教学设计

北京市平谷区东交民巷小学马坊分校　张　静

教学目标：

1. 使学生正确地理解"滥竽充数"这个成语的意思。

2. 学习朗读古文，能正确处理句子中的自然停顿。

3. 理解寓言内容，使学生懂得《滥竽充数》的寓意：没有真才实学，蒙混凑数是不行的。

教学重点：

理解寓言内容，掌握两个成语。

教学难点：

懂得寓言所揭示的道理。

教学过程：

(一)音乐引入

第一次跟大家见面，送给大家一段好听的乐曲《凤凰展翅》(放乐曲)，你们知道这是用什么乐器吹奏出来的吗？这种乐器叫"竽"(出示"竽"的图片)，它是用竹子做成的。看字形，竹字头，下面是"于是"的"于"，跟老师一起写(板书：竽)。今天我们就来学习一则寓言。(板书：滥、充数)谁来读？标"滥"的读音，大家一起读。你怎样记住这个字？

【设计意图：用动听的音乐导入，巧妙地引出生字"竽"，通过教师介绍，学生观察图片了解竽的制作原料，起到记住"竽"这个字的写法的作用，使学生在学习古文时，能记住生字的写法。"滥"也是一个生字，同样，引起学生的注意，读准字音，试记字形。】

(二)学习古文

1. 过渡

浏览课文，想想这则寓言和以前所学的有什么不一样。

这是一篇用两千多年前的语言写成的古文，短小精悍、语言精练是古文的特点,这则寓言却把故事讲得清清楚楚。

【设计意图:调动学生已有的学习资源,通过观察,比较现代文与古文的不同之处。教师通过总结,点拨古文的特点,并强调"全篇只有44个字",增强古文对学生的吸引力,提高学生学习古文的兴趣。】

2.初读古文

(1)轻声读课文,借助生字表读准字音,试着把句子读通顺。生读课文。

(2)逐段读课文。

引导:你读得很正确,也很流利,老师也想读一读,大家听老师读的和他读的有什么不一样?

你们也像老师这样读读这句话。

(3)过渡:他读得既正确又流利,还注意了句子中的停顿,我们像他一样试着读第2自然段。

指导重点字音。

设想:

读的时候出现错字:听出来了吗?哪个字读得不正确?

"你怎么知道这个字的正确读音的?"(生字表)—"你真仔细!能借助生字表读准字音,这个方法多好呀!"—板书字音—再读(南郭处士　廪食)—"两遍就能把古文读正确,进步真快!"—(面对全体)"我们读古文还要注意句子中的停顿"—出示第2自然段停顿—"来,你试着读一读"(随时打断,指导)—"大家都试试!"—指名读—全班读。

(4)过渡:既要读正确又要有停顿,自己试着读一读第3自然段,可以像这样用铅笔标一标。

设想:指名读——重点指导"滥""好"的读音。

真聪明,这个"好"字是个多音字,它有两个读音,请你分别组词。在这篇课文里,这个字读好(四音),好——听之。

(5)指名读全文——齐读全文。

【设计意图:这是学生第一次学习古文,读准字音、读通句子是个难点,如果这点做得扎实,对于了解课文意思有很大帮助。所以要抓住文章中易读错的字,多读多练,把字音读正确,把句子读通顺,并通过教师范读、试读屏幕上标有停顿符号的句子等方法,练习时注意句子中的停顿,了解古文停顿的规则,增强语感。】

3. 评价

你们第一次读古文,竟然读得这么好,你们真棒!那么,要想读懂这则寓言,你有什么好办法?运用你所说的方法,试着想想每句话的意思,把不懂的字、词画下来。

(1)第1自然段谁读懂了?生说意思。

在回答的时候,先读原文,再用自己的话说意思。

三百人,真多呀!谁来读?再来读!

一定(强调)要三百人,你再来读!

(板书:必三百人)

(2)第2自然段谁来试试?(出示幻灯片)

点处士—"处士什么意思?"—"这个处士姓什么?"—"我们的姓都是一个字,南郭这个姓是两个字,所以是复姓,南郭处士也可以称他南郭先生。"—师读半句,什么意思?—"大王指的是谁?再说说这句话的意思。"

若没说出请的意思:这个"请"字没用到,你们把这个字的意思代进去,再说说。

(板书:请)

"廪食什么意思"—廪食就相当于现在我们工作时领的工资。那齐宣王给南郭先生的待遇跟谁一样多?—数百人—这数百人就是上文说的—三百人—"请你再说说'廪食以数百人'什么意思。"—"你能不能完整地说说这句话的意思?"

南郭先生到底说了什么让齐宣王这么高兴?

出示:南郭先生(　　)地说:"　　　　　　　　　　。"

听了南郭先生的话,齐宣王高兴极了!谁来读读?(宣王怎样,再读)

(3)第3自然段。

齐湣王喜欢听一个人一个人地吹竽。(板书:一一听之、逃)

南郭先生听到这个消息,又会怎么想,怎么做?

南郭处士想:　　　　　　　　　　,于是处士逃。

评价:南郭先生害怕了、心虚了、担心了、心惊胆战。

体会南郭先生的心情,读读这句话。

【设计意图:在了解文章意思时,第1、3自然段很简单,由学生说出意思,教师随时点拨;第2自然段很难理解,教师要根据在课堂上学生出现的不同问题,予以引导、讲解。待学生弄懂意思之后,创设情境,让学生合理想

象,引领学生创造性地读出文中的语气。】

(4)你还有不懂的吗?用自己的话把这个故事讲给大家听,看谁讲得有声有色!(找一至两位)——你能把刚才的想象加进去吗?

【设计意图:结合文本内容,发挥学生的想象,在脑海中形成南郭先生请求为大王吹竽和南郭先生灰溜溜逃走的场景,体会两种不同情况下南郭先生的两种不同表现、不同的想法,提高口语表达能力,为理解寓意埋下伏笔。】

4. 读懂寓意

面对落荒而逃的南郭先生,你想对他说点什么?

【设计意图:让学生想象南郭先生逃跑的原因,从而说出对南郭先生的忠告等,与此同时,理解寓言的寓意:做什么事不能不懂装懂,不会装会,要有真本领。】

5. 巩固课文内容

(1)解释"滥竽充数"中"充"的意思。

①满,足;②装满,充满;③担当,充任;④冒充。

【设计意图:把课后练习题及时穿插在课堂中,有助于学生理解课文、理解成语的意思,同时减轻了学生课下的学习负担。】

(2)你能用原文填空吗?

南郭处士之所以能够滥竽充数,是因为＿＿＿＿＿＿＿＿＿＿＿＿＿＿＿；

后来,南郭处士不能滥竽充数,是因为＿＿＿＿＿＿＿＿＿＿＿＿＿＿＿。

【设计意图:培养学生准确地从文本中提取信息的能力,必须做到"不多字,不少字,用原文填空"。在此环节中,也可使学生正确运用"滥竽充数"这个成语。】

(3)多有意思的小故事,咱们把它背下来吧!(教师提示背诵,给一分钟,看谁能不用老师提示自己背。)

【设计意图:增强本节课学习效果,使学生熟读成诵,积淀文化底蕴,在比较中提高学生学习古文的兴趣。】

(三)拓展阅读

1. "滥竽充数"的近义词、反义词。

近义词:鱼目混珠、名不副实、掩人耳目。

反义词:货真价实、名副其实。

2. 这些成语的意思大家可以查查成语词典,看看《中国寓言故事》这本书。

【设计意图：结合文本内容，增加学生的知识面，拓展学生的思维，让古文学习延伸到课外。】

(四)板书设计

滥竽充数

必三百人　　　请

一一听之　　　逃

(五)教学反思

在开始备《滥竽充数》这堂课时，我进行了整体设计——读通古文、理解古文、理解寓意、运用成语、拓展练习。我想到：要遵循小学阶段学习文言文以"趣为先，读为主，放为止"的规律；要教给学生学习文言文的方法，能举一反三；要把基本的读、懂、背做得扎实，并能正确提取原文中的关键信息。但这些不能称为设计，只能算是我对这堂课的整体设想，只是一个理想状态下的想象。

在不断上课的过程中，长了很多见识。

1. 因学定设计：教什么内容，教师在课堂中要有所取舍

面对这只有44字的寓言，我想过很多设计环节：译文导入；扮演故事；采访南郭先生；选择文中人物谈感受；拓展成语近、反义词，并阅读其中一个近义词；用滥竽充数说一句话等。为什么好的环节没用上，因为在40分钟的课堂中，我们必须从学生实际出发，教给学生能接受的知识，不求"多"，要求"精"。

2. 增强教学设计的目的性，并努力达到预设目的

课堂中环节的设计，不是想起一招是一招，不是信手拈来，觉得很新鲜就可以用。有了目的再设计环节是对的，同时，还要反过来考虑这个环节能否达到这个目的，此环节过后学生能否达到这个目的。在考虑过后，上课就成了一个不断反思、不断改进的过程。

3. 预设要密不透风，现设要顺学而导

密不透风是指把课堂上学生可能出现的各种情况考虑周全。这篇是古文，对于学生，哪都有可能不明白。什么地方要重点指导、什么地方要直接告诉、什么地方要细细品味引导等，教师在课前必须心中有数。而在上课时，要根据学生的学而不断调整思路，使课堂真正成为学生的课堂。

《账单》教学设计

北京市平谷区东交民巷小学马坊分校　张　静

设计理念：

情感是语文阅读教学的基石，是文本的灵魂，也是课堂的灵魂。在阅读中，以"爱"为突破口，采用板块式引领学生品味语言的独具匠心，在读中实现多元思维、多样感悟、多情共振，唤醒学生生活中的真实情感，让学生在真情交流中唤醒对母亲的爱，在激情对话中感悟母亲的爱，在深情阅读中提升对母亲的爱。心灵在碰撞中飞扬，生命在阅读中成长，从而进一步加强情感的体验，使之升华。本课教学力求体现"一切从学生实际出发"的理念，理解感悟课文从学生的实际生活和已有经验出发。教师组织引导时，参考学习提示，为学生进行有效学习服务。主张"阅读是学生的个性化活动，学生的阅读能力只有在自主阅读过程中才能得到锻炼和提高"，让学生在阅读实践中有所悟。

教学目标：

1. 正确、流利地朗读课文。

2. 读懂课文内容，体会母爱情深，懂得帮父母做力所能及的事是应该的。

教学重难点：

1. 读懂课文内容，体会母爱情深。

2. 读懂妈妈的账单。

教学过程：

(一)复习回顾，整体感知

1. 今天我们继续学习《账单》，教师板书课题。

2. 上节课我们已经学过生字词语了，老师来检查一下，谁认识它们？

出示幻灯片：

填写　报酬　塞进　（把词语读正确：易错、轻声、多音）

蹑手蹑脚　小心翼翼　（读出这个词的意思，并积累几个这样的词语）

一心一意　自言自语　十全十美　各式各样

喜气洋洋　金光闪闪　白发苍苍　春风习习

如愿以偿　羞愧万分(听写词语，看谁写得既正确又美观，订正看老师写)

3．自由读课文，看看能不能用上这两个词说说课文讲了一件什么事。(小彼得给妈妈开了一张账单，他如愿以偿地得到了60芬尼，在看过妈妈给他开的账单之后，他羞愧万分，把钱又还给了妈妈。板书：小彼得)

指导方法：你用两个关键词就说出了课文主要内容，真好！

【设计意图：在上课之前，分不同类型复习易错词语，做到读准字音，读出词义，会写两个关键词，并能利用关键词说课文内容，既复习课文主要内容，又教了方法。】

(二)品读课文，深入体会

谁能立刻发现让小彼得如愿以偿的账单，都来读一读吧！

1．理解第一张账单内容

指名读账单：从这张账单你能看出什么？

预设：

(1)小彼得干的每一件事都跟妈妈要报酬。

(2)理解"小彼得一直是个听话的孩子"。

口头比较句子：

老师说一句"我是个听话的孩子"，看看有什么区别？要是把"一直"去掉行不行？

对，就像你们几个说的，小彼得从过去到现在都很听话，都按妈妈说的去做，也就是"一直"是个听话的孩子。

(3)你们看到这个字了吗——用红笔圈出"欠"，理解："欠"在字典里有这几种解释，选哪一个？

A. 哈欠。B. 缺乏，不够。C. 应当给人的财物还没有给。

在这儿是什么意思？(妈妈欠小彼得的钱)

这是小彼得认为妈妈应该给他60芬尼，他打好了如意算盘，小彼得真的如愿以偿了吗？我们接着往下读，谁来读读第4、5、6自然段？

2．理解第二张账单

(1)初步理解账单：你从这张账单里看出了什么？

(2)深入理解账单：

步骤一：理解10年的幸福生活

在这10年里，小彼得的妈妈为他做了什么？你猜想给小彼得留下了哪些幸福的记忆？（过生日、去广场放烟花、游乐园、马戏团、看电影、照相、野炊、钓鱼……）

那你应该怎样读？

接着看，你还能看出什么？

步骤二：理解"我一直是个慈爱的妈妈"

又出现了"一直"这个词语，你是怎么想的？

从过去到现在，到将来，妈妈一直是慈爱的。

【设计意图：《义务教育语文课程标准（2011年版）》中指出，"阅读教学是学生、教师、文本之间的对话。应让学生在主动积极的思维和情感活动中，加深理解和体验，有所感悟和思考，受到情感熏陶，获得启迪，享受审美乐趣"。在理解10年的幸福生活时，教师紧紧抓住文本的留白之处，用自身的体验使文本变得更厚实、更贴近学生的心灵，加深学生的情感体验，让学生的理解和感受从表层进入深层。】

步骤三：计算报酬

这点点滴滴的事再加上妈妈的慈爱，像一张网，织出了小彼得甜蜜的、滋润的、幸福的童年生活。你们看，妈妈同样用了"欠"字，"欠"就是应当给的财物还没有给，如果按小彼得的算法计算，小彼得应该给妈妈多少钱？

步骤四：体会不求回报

学生一项一项计算报酬：

你在家过了10年幸福生活，应该给妈妈的报酬（数也数不清），教师强调——可妈妈的账单上分明写着0芬尼。

你10年的吃和穿，应该给妈妈的报酬（不可估量），教师强调——可妈妈却只要0芬尼。

你生病时的护理，应该给妈妈的报酬（无价的），教师强调——妈妈的爱是无可替代的，这样的报酬妈妈仍然只要了0芬尼。

我一直是个慈爱的妈妈，我们已经无法计算出妈妈应得的报酬了，教师强调——妈妈的账单上却鲜明地写着0芬尼，共计0芬尼。

教师总结：妈妈付出了那么多，却从来没有想过跟小彼得要1芬尼报酬。这就是母亲的爱，只有母亲的爱是无私奉献、不求回报的。

【设计意图：《小学语文教学大纲》指出："在阅读教学中，教师要善于指导学生读懂课文，要指导学生通过语言文字正确理解课文内容，体会思想感情，提高认识，受到思想教育。"计算报酬这一环节，从文字中升华出一个活生生的慈爱的母亲，更把那种无私的爱具体化、表象化，拨动孩子们心中那根琴弦，荡起情感的涟漪。】

(三)升华情感，读写结合

1. 看到账单，小彼得有什么感受？齐读课文最后一段。

小彼得为什么感到羞愧万分？

2. 小练笔：任何母亲对孩子都是这样无私地付出，相信此时你也想到了你的母亲，请你们用笔写一写为我们终日忙碌而不求回报的妈妈。

3. 学生写话，写后展示。

点评：你看，洗衣做饭这样的小事，我们从来没有关注过。学了这一课之后，我们才明白那就是妈妈的爱。

总结：孩子们，老师为你们感到高兴，你们终于理解了妈妈的爱。妈妈的爱就藏在点滴小事里，妈妈的爱就是那么细微、那么实在，那样的默默无闻，又那样的放着光彩！

【设计意图：联系小彼得对账单的理解，迁移情感，充分理解妈妈的爱就在一点一点的小事中，写出妈妈每天为我们做了什么，却从来没想过自己。并能配乐深情朗诵，抒发真情实感。】

(四)板书设计

如愿以偿

账单　　小彼得

羞愧万分

(五)教学反思

1. 最近发展区，踱步更上一层楼

让学生看第二张账单，一下子理解妈妈的爱是无价的、不求回报的，比较空洞，有一些难度。我找到最近发展区，采用一步一步地理解：从"初步理解账单"到"丰厚10年的幸福生活"，然后理解"一直是个慈爱的妈妈"，接着"计算报酬"，最后从"0芬尼"理解不求回报，让学生一个台阶一个台阶地往上迈，迈得更稳，感悟更深。

2. 意到情深处，此时无声胜有声

课堂中，学生写出了对终日忙碌而不求回报的妈妈所说的话。我让学生配乐朗读，读着读着，学生的眼泪大滴大滴地掉落，声音哽咽却不停歇，一个、两个、三个……渐渐地，教室里哭泣声不断。学生读完了，音乐还未停。音乐声中，孩子们都在抽泣，我的眼眶里也盈满了泪水。我对他们说："孩子们，老师要为你们感到高兴，因为你们明白了妈妈的爱就藏在一点一滴的小事中，妈妈的爱就是那样的无私而不求回报！"话毕，唏嘘声不止，师生无言。那短暂的时间里，多少画面在眼前闪过，多少感动油然而生！

3. 待到洒泪时，勿忘提升指方向

最后一个环节是让学生把《账单》这个题目换一换，学生说得很好："妈妈的爱""伟大的妈妈""亲爱的妈妈"……我想让学生大声地说出自己的题目，可他们都哽咽了，没有出声。

虽然此时已经达到了文本到情感的升华，但是略有遗憾。因为哭不是目的。不是吗？应该让学生止住泪水，化哭泣为力量，懂得用实际行动去报答妈妈、孝敬妈妈才是目的！

这堂课中，有悲有喜，有收获有不足。如果再遇到这种情况，我想我会引导得更到位。

《小壁虎借尾巴》教学设计

北京市平谷区东交民巷小学马坊分校　张　静

一、单元解读

（一）人文主题线

本单元围绕问号这个主题编排了《棉花姑娘》《咕咚》《小壁虎借尾巴》三篇课文，其中《棉花姑娘》《小壁虎借尾巴》是童话故事，《咕咚》是一个民间故事。课文融科学知识和生活常识于故事情节中，既有教育性，又富有童趣。《棉花姑娘》告诉学生，不同的动物能消灭不同的害虫。《咕咚》以木瓜掉湖中的声音引起小动物们惊慌逃窜的故事，让学生初步懂得，遇事要学会思考，不盲目跟从。《小壁虎借尾巴》让学生知道动物尾巴有不同作用，壁虎尾巴有再生功能。

（二）语文要素线

本单元的学习重点是借助图画阅读课文，这一单元的课文没有全文注音，有许多连环画课文。在教学时，要在借助图画猜字认字，读懂课文的基础上，继续发展学生的独立识字和阅读能力。《小壁虎借尾巴》一课要能借助偏旁表义的特点，了解字义，并通过交流是怎么猜出来的，提炼猜读的几种方法，有能力的学生还可以借助图画复述课文，或进行角色表演。这样训练层层递进，要求逐步提高，让学生在实践中掌握借助图画阅读的方法。

读出祈使句的语气，读好多个角色之间的对话，是本单元教学的另一重点。《棉花姑娘》中，棉花姑娘对燕子、啄木鸟、青蛙说的话"请你帮我捉害虫吧"，是祈使句，要加强指导，教学时可以创设情境，引导学生进行体验，体会棉花姑娘的急切之情，指导学生尝试读出请求盼望的语气。读好角色的对话，在三篇课文中都有要求，可以根据课文的故事情境，体会不同角色的心情，读好不同角色说的话语，特别是《棉花姑娘》和《小壁虎借尾巴》中主人公说的话。这些话虽然基本相同，但随着故事的发展，说话的心情和语气也随之变化，在教学中需要进行引导。

本单元要继续训练根据信息做简单推断的专项阅读能力，教学形式上可以更放手，让学生带着问题看图读文，找到相关信息交流，互相补充。

二、基本框架

(一)文本教学解读

1. 文体特质

《小壁虎借尾巴》是一篇知识性的童话故事。童话故事以儿童为主要阅读对象，讲述与儿童生活较贴切的故事，运用夸张、想象、幻想的手法塑造人物形象，故事有趣，充满了神秘的色彩，深受儿童的喜爱。

这篇童话的主要内容是小壁虎被蛇咬住尾巴后为了逃命，将尾巴挣断了，之后它向小鱼姐姐、黄牛伯伯、燕子阿姨借尾巴，终因它们各自的尾巴都有用处而没能借到，最后还是壁虎妈妈聪明，让小壁虎发现了它自己长出的新尾巴。

通过这个故事，小学生认识到小鱼、老牛、燕子的尾巴分别有不同的作用，了解小壁虎的尾巴有再生的特点。

2. 语文知识

读知识性童话，第一是搞清楚童话所渗透的科学知识到底有哪些；第二是揣摩它以怎样一种生动有趣的童话情节、话语形式来传递这种科学知识。

我们知道，《小壁虎借尾巴》这个童话，传递了这样一些科学知识：第一，壁虎尾巴有一个与众不同的作用——在遇到危险时通过自切尾巴达到自救的目的；第二，壁虎自切的尾巴过段时间能够重新长好；第三，燕子、小鱼、老牛的尾巴各有它们的作用。

本课生动有趣，语言优美，具有浓重的感情色彩，适合有感情地朗读。《小壁虎借尾巴》这篇童话故事以连环画的形式呈现，"小壁虎"为童话的中心人物，"借尾巴"为童话的中心事件，精心设计了小壁虎断尾求生→借尾遭拒→新尾长成的故事情节，开端紧张惊险，中间曲折起伏，结局既出乎意料，又在情理之中。这样的情节构思无疑会把儿童带入小壁虎生活的天地，去感知它、认识它、理解它、评价它，从中获得情趣陶冶和知识启迪，了解小壁虎的尾巴有再生的特点。

感知小壁虎的心理变化是难点，在不同时期小壁虎心里有不同的想法。这是学生在朗读过程中需要思考理解和体会的。此外，小壁虎在借尾巴的过程中虽然没有借到尾巴，但是学到了很多知识：小鱼的尾巴能帮助小鱼拨水，老牛的尾巴能帮助老牛赶蝇子，燕子的尾巴能帮助燕子掌握方向，而自己的尾巴能够再生。

3. 核心素养

①语言的建构与运用

赏析"挣"这个词。

当遇到危险时，它放弃了害怕和担心，没有哭泣和无谓的难过，而是努力争取获得逃命的机会，它冷静和机警地想到了挣断尾巴。"挣"这个动作写出尽管挣断尾巴很疼，但是小壁虎忍小痛换来了自己得以保住的性命。

从"语文"的角度着眼，发展语言：小鱼的尾巴——摇，老牛的尾巴——甩，燕子的尾巴——摆。顺着这样的思路，可以继续丰富学生这种精致的语感，松鼠的尾巴——翘；猴子的尾巴——竖；狐狸的尾巴——拖；兔子的尾巴——夹。这样的语文拓展，不断丰富学生的语感。

②思维的发展与提升

小壁虎三个"爬呀爬"的动作，一方面说明爬得慢（这正是没有尾巴的缘故，可见尾巴对壁虎也有帮助爬行的作用），另一方面说明爬的时间长。也正是经历了一次又一次借尾巴的漫长爬行，它的新尾巴才可能完全长出来，否则岂不给人太容易的错觉？可见作者的情节构思是极其严密审慎的。如此丰富的知识都聚拢在借尾巴的情节中，小壁虎借尾巴的过程真是妙不可言。

(二)教学目标

1. 认识本课生字及词语，会写"条、捉、爬、您"等生字。

2. 通过阅读课文，了解小壁虎的尾巴可以再生的特点及小鱼、老牛、燕子的尾巴的用途。

3. 通过阅读理解感悟体会小壁虎、小鱼、老牛、燕子的不同心情，能根据自己的体会，正确、流利、有感情地朗读课文。

4. 借助课文插图及情境表演讲故事。

(三)课时教学设计

第一课时

教学目标：

1. 认识本课生字及词语，会写"捉、爬"等生字。

2. 了解小壁虎的尾巴可以再生的特点及小鱼、老牛、燕子的尾巴的用途。

3. 正确、流利、有感情地朗读课文。

教学重点：
了解小壁虎的尾巴可以再生的特点及小鱼、老牛、燕子的尾巴的用途。

教学难点：
了解小壁虎的尾巴可以再生的特点及小鱼、老牛、燕子的尾巴的用途。

教学过程：

1. 谜语激趣，引入新课

(1)师：四肢短短，身体扁平；

墙上爬行，专吃蚊蝇；

尾巴易断，断了再生。

(2)学生猜出后出示"壁虎"图。读准字音。

(3)师：今天我们一起来学习小壁虎借尾巴的故事。

(4)借是什么意思？你和谁借过东西？

(5)小壁虎为什么要借尾巴呢？

2. 初读课文，读准字音

(1)学生第一遍读课文，遇到生字，可以猜猜它们的读音，看清拼音读准确，边读边画出文中有几个自然段。

(2)第二遍读课文，指名7个学生，一人读一个自然段，要求把音读准，尽量做到不添字、不漏字、不读错字。读后老师正音。

(3)第三遍读课文，要求正确流利，边读边想，提出不理解的词语和问题。猜猜这些词语的意思，说说你是怎么猜出来的。

3. 深入学习，读、议课文

(1)出示图一：大家先看一看课文中的第一幅插图，思考：要想知道"小壁虎为什么借尾巴"，得从哪几个自然段找答案。

①小壁虎为什么要借尾巴？

学生选第1、2自然段，各自轻声读。出示活动投影片《小壁虎挣断尾巴》。

读后判断：小壁虎的尾巴是怎么断的？

A. 小壁虎的尾巴是被蛇咬断的。（×）

B. 小壁虎的尾巴是被蛇咬住后，自己挣断的。（√）

假如小壁虎不挣断尾巴，会出现什么情况？从壁虎挣断尾巴，可以看出小壁虎的尾巴有什么作用？

②理解"挣"

小壁虎的尾巴是挣断的，在此基础上讲清了壁虎的尾巴有保护自己生命的作用。

(2)老师范读第2自然段。

①听老师读的语气，体会小壁虎当时的心情，说说标点符号"！""？"所起的作用。

②学生练习有感情地朗读。

4. 通读课文

请你说说小壁虎都向谁借尾巴了。请你在课文中把它的名字圈一圈。

用"先……接着……最后……"，说说小壁虎向谁借尾巴了。

5. 学习生字"捉、爬"

(1)想想怎样记住这两个字。"捉"字为什么是提手旁？"爬"字为什么是爪字旁？理解汉字的偏旁和字义息息相关。

(2)指导怎样书写才漂亮。

(3)学生练习写生字。

第二课时

教学目标：

1. 认识本课生字及词语，会写"条、房、您"等生字。

2. 体会小壁虎、小鱼、老牛、燕子的不同心情，能根据自己的体会，正确、流利、有感情地朗读课文。

3. 借助课文插图及情境表演讲故事。

教学重点：

体会小壁虎、小鱼、老牛、燕子的不同心情，能根据自己的体会，正确、流利、有感情地朗读课文。

教学难点：

体会小壁虎、小鱼、老牛、燕子的不同心情，能根据自己的体会，正确、流利、有感情地朗读课文。

教学过程：

1. 复习导入

(1)请你说说小壁虎都向谁借尾巴了。请你在课文中把它的名字圈一圈。

(2)用"先……接着……最后……"，说说小壁虎向谁借尾巴了。

(3)贴图。

2. 学习第 3 自然段

(1)用引读法让学生理解第 3 自然段每句话的意思和叙述顺序。

教师引读：小壁虎爬到哪？→看见谁？→它怎么说？→对方怎么回答？

(2)学生比较下面的句子和标点。

小鱼，你把尾巴借给我！

小鱼姐姐，把您的尾巴借给我行吗？

引导学生理解用上"姐姐、您、行吗"等词语及询问的语气，说明小壁虎十分有礼貌。

小鱼说："不行！我要用尾巴拨水。"

小鱼说："不行啊，我要用尾巴拨水呢。"

引导学生体会加上"啊""呢"这些语气词，可以表现小鱼是友好拒绝，和因不能把尾巴借给小壁虎而为难的心情。

(3)指导学生有感情地朗读对话。

(4)演示活动投影片，理解"摇着""拨水"并让学生做动作演示。

(5)小结：课文第 3 自然段先写小壁虎爬到哪里，看见什么，再写小壁虎怎么说，最后写小鱼怎么答。这样就写清了小壁虎是怎样向小鱼借尾巴的。

3. 教学第 4 自然段

(1)学生自读，说说这一段先写什么，再写什么，最后写什么，体会到第 4 自然段与第 3 自然段写法相似，只是地点变了，借尾巴的对象变了。

(2)指名学生用手势做"甩"的动作。

(3)用课文中的一句话，说说老牛为什么没有把尾巴借给小壁虎。

(4)师生分角色朗读：品读"爬呀爬"，你从这里感觉到了什么？

4. 学生自学第 5 自然段

(1)学生自学本段，想一想第 1、2 两句写什么？第 3、4 两句写什么？

(2)指名学生有感情地朗读本段，让学生找出说明燕子尾巴作用的词语。(摆、掌握方向)

(3)让学生做手势，帮助理解"摆""掌握方向"的意思。

5. 通读借尾巴过程

请你把第 3、4、5 自然段连起来朗读，用"因为……所以……"这个句式说说小鱼、老牛、燕子为什么没把尾巴借给小壁虎。

让学生把手当作动物的"尾巴",演示辨析"拨""甩""摆"三个动词,体会几个词的意思,以及它们之间的差别。

6. 读第6、7自然段

(1)指名读课文,要求学生找出一组反义词,说说小壁虎心情起先怎么样,后来怎么样。

(2)指导学生有感情地朗读课文,读出从"难过"到"高兴"的心情。

(3)小壁虎把借尾巴的事告诉了妈妈,谁来扮演小壁虎把借尾巴的经过告诉妈妈,想一想该怎样说。

7. 小结全文,课堂练习

(1)说说学了这篇课文你知道了哪些动物尾巴的作用。

(2)填空练习。

①小鱼(摇)着尾巴,在(河里)游来游去。

②老牛(甩)着尾巴,在(树下)吃草。

③(燕子)摆着尾巴,在(空中)飞来飞去。

④小鱼用尾巴(拨水),老牛用尾巴(赶蝇子),燕子用尾巴(掌握方向),小壁虎的尾巴断了以后,还能(长出来)。

8. 知识延伸,语言训练

松鼠的尾巴——翘;兔子的尾巴——夹。

猴子的尾巴——竖;狐狸的尾巴——拖。

9. 板书设计

	小 鱼(图片)	摇	拨水
小壁虎借尾巴	老 牛(图片)	甩	赶蝇子
(彩色图片)	燕 子(图片)	摆	掌握方向

再生、保护

三、教学资源

(一)文本选编

猴子种葡萄

有一只小猴子非常骄傲,觉得没有什么事是自己办不到的。

有一天,小猴子和几个小伙伴在山坡上聊天。小山羊说:"妈妈给我带回了一串葡萄,那味道真是太诱人了!"小鹿说:"就是,我也爱吃葡萄,可是咱们这里没有啊!"

　　小猴子听了,不以为然地说:"那算什么?下山弄棵葡萄秧,保证你们能吃到美味的葡萄!""可是,你会种葡萄吗?"小伙伴们问。"当然啦,我是聪明的小猴子啊!"说完,它一溜烟儿跑下了山。

　　山脚下有个葡萄园,园丁正在给葡萄苗浇水。小猴子见了恍然大悟:"原来种葡萄需要水,那还不容易!"于是,小猴子向园丁要了一棵葡萄秧,种在小河里。可没过几天,葡萄秧就被淹死了。

　　小猴子不甘心,它又来到葡萄园里。这次,园丁正在给葡萄秧施肥料,小猴子拍了拍脑门说:"哦,原来葡萄需要肥料,真容易!"于是,它又向园丁要了一棵葡萄秧,把它种在粪堆上。没过几天,葡萄秧就被烧死了。

　　小猴子坐不住了,它再次来到葡萄园里。这时已到了冬天,猴子看见园丁用稻草把葡萄秧包起来埋在地下。小猴子又明白了:"哦,原来葡萄怕冷!"

　　第二年春天,小猴子又种上一棵葡萄秧,用稻草包好埋在地下。可葡萄秧还是没活,它被闷死了!

(二)题型示例

1. 填空练习。

(1)小鱼(摇)着尾巴,在(河里)游来游去。

(2)老牛(甩)着尾巴,在(树下)吃草。

(3)(燕子)摆着尾巴,在(空中)飞来飞去。

(4)小鱼用尾巴(拨水),老牛用尾巴(赶蝇子),燕子用尾巴(掌握方向),小壁虎的尾巴断了以后,还能(长出来)。

2. 文中的小壁虎向(　　　)、(　　　)、(　　　)借过尾巴。

部编版第11册第五单元教学设计

北京市平谷区东交民巷小学马坊分校　付京芳

一、单元指导思想与理论依据

课标中指出："阅读是搜集处理信息、认识世界、发展思维、获得审美体验的重要途径。""写作是运用语言文字进行表达和交流的重要方式，是认识世界、认识自我、创造性表述的过程。"而如何把阅读和写作有机结合起来是教师们一直在探索的问题。2019年推行的部编版语文教材的编写力图突破既有的模式，在突出综合能力的前提下，注重基本写作方法的引导。写作方法和技能训练的设计编排照顾到教学顺序，让老师能够落实，克服随意性，但也注意到避免应试式的反复操练。写作课的系列，努力做到中心突出简明扼要，有可操作性。也就是说如何进行读写结合的教学，部编版教材已经给出了具体的要求。

部编版教材采用了"读写分编，兼顾读写结合"的编排方式，从三年级开始每一学期都推出了习作单元，共八个单元，每个年级的习作主题、语文能力训练要素以及所承载的任务都有所不同。

册别	习作主题	表达训练要素	
三年级（第5册）	观察	仔细观察，把观察所得写下来。	指导学生通过观察和想象，愿意把自己看到的、想到的写下来。重点在于培养学生对习作的兴趣。
三年级（第6册）	想象	发挥想象写故事，创造自己的想象世界。	
四年级（第7册）	叙事	记一次游戏，把游戏过程写清楚。	学生学习按照"起因、经过、结果"表达一件完整的事，以及按游览顺序进行景点的介绍。重点在于指导和练习有序表达。
四年级（第8册）	写景	学习按游览的顺序写景物。	

续表

册别	习作主题	表达训练要素	
五年级（第9册）	状物	搜集资料，用恰当的说明方法，把某一种事物介绍清楚。	接触词句的表达效果应用，重在不同文体的表达方式的指导和训练。
五年级（第10册）	写人	初步运用描写人物的基本方法，尝试把一个人的特点写具体。	
六年级（第11册）	写中心	从不同的方面或选取不同的事例，表达中心意思。	正确处理"立意"与"选材"，重在明确写作的目的是表达自己的情感。
六年级（第12册）	表情感	习作时，选择合适的内容写出真情实感。	

本次教学设计所展示的是六年级第11册的习作指导与练习。本单元的语文要素阅读方面是"体会文章是怎样围绕中心意思来写的"，习作方面是"从不同方面或选取不同事例表达意思"。这一单元是在前面学生基本学会表达的基础上，对学生进行"立意"与"选材"的引导，为达到最终目标"写作是为了表达自己的情感"做铺垫。"从不同方面、选取不同事例"更需要学生有一个全局思考的能力，事件的组合、叙述方法的选择都是创新能力的体现。

二、单元教学背景分析

（一）教学内容分析及课时分配

课标中指出："阅读是搜集处理信息、认识世界、发展思维、获得审美体验的重要途径。""写作是运用语言文字进行表达和交流的重要方式，是认识世界、认识自我、创造性表述的过程。"而如何把阅读和写作有机结合起来是教师们一直在探索的问题。而"部编版"教材在这方面给了我们很大的帮助，温儒敏在《"部编版"语文教材的编写理念、特色与使用建议》中提到："部编版"语文教材的编写力图突破既有的模式，在突出综合能力的前提下，注重基本写作方法的引导。写作方法和技能训练的设计编排照顾到教学顺序，让老师能够落实，克服随意性，但也注意到避免应试式的反复操练。写作课的系列，努力做到中心突出，简明扼要，有可操作性。

那么本单元的习作要求在各年级的教材中是怎样一步步呈现出来的呢？

册别		习作要求	与本单元习作的关联
三年级 (第5册)	五单元	仔细观察，把观察所得写下来。 例：习作《我们眼中的缤纷世界》，要求观察时不仅用眼睛看，用耳朵听，还可以用手摸，用鼻子闻，有时还可以尝一尝。	观察时调动多种感官来参与，为写作时多方位的表达进行铺垫。
	六单元	习作的时候，试着围绕一个意思写。 例：《富饶的西沙群岛》有感情地朗读课文，说说从哪些方面可以看出西沙群岛风景优美，物产丰富。	初次提到了"围绕一个意思写"，虽然是写景文章的指导，但是也为后面的"先立意后选材"做了铺垫。
	八单元	学写一件简单的事。 例：习作《那次玩得真高兴》要求写后读一读，看看你写的内容有没有表达出当时快乐的心情。	完全从兴趣出发，从一开始对于叙事文章的定位就在于表达心情，是写文章"先立意"的潜移默化。
三年级 (第6册)	一单元	试着把观察到的事物写清楚。 例：习作《我的植物朋友》要求把观察和感受到的写清楚。	重在写清楚，但是也同样体现了习作的目的是表达自己的感受。
	二单元	把图画内容写清楚。 例：习作《看图画，写一写》图画上有哪些人？他们在干什么？他们的动作分别是怎样的？可能说了哪些话？	在写清楚的基础上涉及人物的动作、语言描写，这两种描写方法是学生后面习作中经常会用到的最基本方法。
四年级 (第7册)	五单元	写一件事，把事情写清楚。 例：《麻雀》思考故事的起因、经过、结果，想想作者是怎样把过程写清楚的；习作《生活万花筒》也要求写之前仔细想想这件事的起因、经过、结果是怎样的。	从这一册起在指导学生文章的布局上就有了要求，同时在方法上（动作、语言、神态……）也有渗透。
	六单元	记一次游戏，把游戏过程写清楚。 例：习作《记一次游戏》，游戏前，你做过哪些准备？在游戏中，你做了些什么？印象比较深刻的是什么？游戏结束后，你有什么想法和感受？	同样在要求学生习作时要有合理的布局，按照一定的顺序来表达，继续在文章的"立意"上做启发——对事情发表自己的看法。

续表

册别		习作要求	与本单元习作的关联
四年级 (第7册)	八单元	写一件事，能够写出自己的感受。 例：习作《我的心儿怦怦跳》，要求写清楚事情的经过和当时的感受。提供词句积累"不知所措""提心吊胆""脸上火辣辣的""心里打起鼓来"……	从情感入手，对表达清楚和写出感受有了更深一层的要求。而给学生提供的"不知所措""提心吊胆"等词语就是这篇文章的中心意思，和本次单元的习作呈现方式较为相似，但要求没有那么高，主要定在表达清楚上。
四年级 (第8册)	六单元	按一定的顺序把事情的过程写清楚。 例：《小英雄雨来(节选)》课文中多次写到还乡河的景色，找出来读一读，再说说写这些景色有什么作用。	首次涉及环境描写对于情节的烘托促进作用，但只是初步了解，为后面的运用做铺垫。
	七单元	学习从多方面写出人物的特点。 例：体会《"诺曼底号"遇难记》中对话描写，《黄继光》中人物动作、语言描写；习作《我的"自画像"》，要求选择自己想介绍的几方面内容写下来。	再次对人物的语言、动作进行品析，并且明白从这些描写中可以感受人物形象。同时在习作中要求用事例来说明自己的特点，实际上是对学生选材能力的指导。
五年级 (第9册)	一单元	写出自己对一种事物的感受。 例：习作《我的心爱之物》，要求围绕心爱之物，把自己的喜爱之情融入字里行间。	再次提出要写出自己的感受，但是此次要求更高，要将这种感受融入行文之中，这就是全文围绕一个中心表达的体现。
	六单元	用恰当的语言表达自己的看法和感受。 例：《慈母情深》哪些地方体现了"慈母情深"；习作《我想对您说》，要求用恰当的语言表达自己的看法和感受，让他们感受到你的爱、理解和接受你的看法，接纳你的建议。	围绕中心意思来写在这里体现得非常明显，而习作的功用性也体现了出来，它是交流的工具，是情感的依托。

续表

册别		习作要求	与本单元习作的关联
五年级 (第10册)	一单元	把一件事的重点部分写具体。 例：习作《那一刻，我长大了》，要求写一件自己成长过程中印象深刻的事情，要把事情的经过写清楚，还要把感到自己长大了"那一刻"的情形写具体，记录当时的真实感受。	在习作上有了"详略"的要求，同时更加注重对自己情感的关注，不过要求还是写一件事。写好一件事是为后面可以写多件事做准备。
五年级 (第10册)	四单元	尝试运用动作、语言、神态描写，表达人物内心。 例：习作《他____了》，要求我们可以从多个角度写一个人当时的表现。如：他的面部表情是怎样的？眼神与平时一样吗？他有哪些不寻常的举动？他说了哪些话？说话时的语气是怎样的？	在前五册书的积累感悟训练基础上，将描写人物的多种方式进行整合，同时使学生感悟到这些描写都是源于这个人的心情，也就是内在的心情决定他外在的动作、语言、神态……这一内容虽然编在五年级下册的教材中，但对于初用部编版六年级上册的学生来说并不是已知的。
六年级 (第11册)	五单元	从不同的方面或选取不同的事例，表达中心意思。 例：习作"围绕中心意思写"，要求想清楚自己要表达的中心意思，注意围绕中心意思，从不同的方面或选择不同的事例来写。	明确地提出"中心意思"这一词语，也就是直接要求习作要"先立意后选材"。同时将原来写一件事的习作要求扩充为可以写几件事。
六年级 (第12册)	一单元	习作时注重抓住重点，写出特点。 例：习作《家乡习俗》，要求介绍风俗特点的时候可以分几个方面，且要有重点，如果是自己亲身经历的，要重点描写活动现场和自身的感受，如果对这种风俗有自己的看法，也可以表达出来。	秉承上学期的要求，可以从几方面来介绍事物的某一特点，且要有详略，仍旧侧重于自我的感受和对事物的评价，仍是注重习作的功用性。

续表

册别		习作要求	与本单元习作的关联
六年级（第12册）	三单元	习作时，选择合适的内容写出真情实感。 例："初试身手"要求选择一个情境，就心情"好"与"不好"这两种状态，分别写几句话；习作《让真情自然流露》，要求写事时，把印象深刻的内容写具体，把情感自然真实地表达出来。如果在事情发展的过程中，情绪有所变化，要把情感的变化写清楚。	重点直指情感，而且特别强调了情感对于人物所观、所感、所做的影响，这是本单元内容的延续与深化——强调了环境描写的方法与作用，并在习作中要求会运用。
	四单元	习作时选择适合的方式进行表达。 例：习作《心愿》，要求写之前想一想，选择什么材料能够更好地表达你的心愿，再根据想表达的内容，选择一种合适的方式进行表达。	"先立意后选材"和"文体意识"的综合运用，也是小学所学所有习作知识的综合应用，其习作是为了交流和表达内心情感的作用更加突出。

可以看出，在不同年级，教材对于习作的要求明显呈现出由低到高的阶梯状增长，三年级之前注重的是观察和写作的兴趣，四、五年级则注重的是写作的顺序和方法，到了六年级就关注到写作的目的，也就是说到了六年级的习作更应该倾向于我为什么而写作，怎样才能把我的写作目的表达得更加清晰有力，这就是"立意"与"选材"的能力。同时，六年级的习作又打破以前学生习惯的写一件完整事的常规，提出可以写一件事的几个方面或几件事表达同一中心，为六年级下册及初中学习写多件事和议论文打下基础。所以说，这个习作单元所承载的任务是非常重要的。

为了完成这一习作单元所承载的任务，本册书又做了哪些铺垫呢？我们再来横向梳理一下。

单元	习作要求	习作能力	与习作单元相关联内容	
一单元	习作时发挥想象，把重点部分写得详细一些 习作：《变形记》	想象详略得当	《丁香结》说说作者是从哪几方面描写丁香的。丁香结引发了作者对人生怎样的思考？结合生活实际，谈谈你的理解。	除了承载各单元的阅读能力任务之外，我们可以看到这三个单元中都有"从不同方面或者选择不同事例表达同一意思"的训练，这是在给习作单元做准备与铺垫。
二单元	尝试运用点面结合的写法记一次活动 习作：《多彩的活动》	场面点面结合	《狼牙山五壮士》根据课文内容填一填，再讲讲这个故事。《开国大典》想象从群众入场到游行结束，课文写了哪几个场面？连起来简要说说开国大典的过程。	
三单元	写生活体验，试着表达自己的看法 习作：《____让生活更美好》	心情表达看法	《竹节人》导读给出的任务：写玩具指南，并教别人玩这种玩具；体会传统玩具给人们带来的乐趣；讲一个有关老师的故事。	
四单元	发挥想象，创编生活故事 习作：《笔尖流出的故事》	细节描写方法	《桥》找出描写老支书动作、语言、神态的句子，结合情节说说理解；画出描写雨、洪水和桥的句子读一读，再联系老支书在洪水中的表现，说说这些描写对表现人物的作用。《穷人》人物对话和心理活动的描写，环境描写对刻画人物的作用。	将不同的描写方法与体会人物形象挂钩，为下一单元通过多种形式描写人物心理活动搭了一个台阶。
五单元	从不同方面或选取不同事例，表达中心意思 习作："围绕中心意思写"	中心立意选材	《夏天里的成长》找中心句，说说课文是怎么围绕这句话来写的；具体到段都写到了什么，是怎样体现这一段的中心的？《盼》课文是通过哪些事情来写"盼"的？哪些地方具体描写了"盼"这一心理活动？	每一个练习都为最终完成习作而服务，且能够体会出步步深入的感觉。

续表

单元	习作要求	习作能力	与习作单元相关联内容	
六单元	学写倡议书	观点 我手写我心	《只有一个地球》结合关键句，说说课文讲了哪几方面内容；作者的结论是怎样一步一步得出的？	在巩固习作单元"先立意后选材"的写作原则的同时，更加注重习作的功用性。
七单元	写自己的拿手好戏，把重点部分写具体	评价有理有据	《月光曲》贝多芬为什么弹琴给盲姑娘听？为什么弹完一曲又弹一曲？	
八单元	通过事情写一个人，表达出自己的情感 习作：有你，真好	情感 习作功用	《少年闰土》结合相关内容，说说闰土是个怎样的少年。《好的故事》这故事的美丽、幽雅、有趣体现在哪里？	

可以看出，整册教材各个单元都是为习作在精心做着准备，整本书前后贯穿，连为一体。而五单元恰好处于中间位置，在学生对于从不同方面或不同事例表达同一意思有了些许的认识之后，进行专项的指导与练习，并进行总结，这个时候刚刚好。而后面三个单元，既是这一单元内容的延续，又为下一册书习作的功用性进行铺垫。

上述关系可以简练地用思维导图来表示：

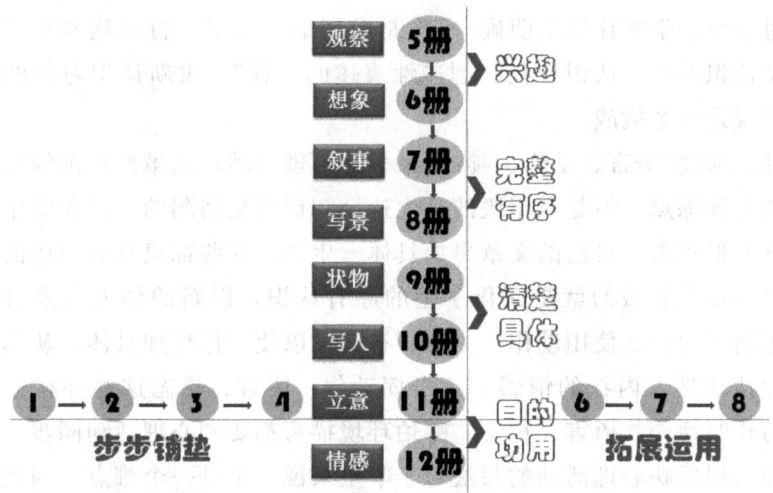

第11册习作单元有两篇讲读课文《夏天里的成长》《盼》。第一篇开篇以"夏天是万物迅速生长的季节"总领全文，而后围绕中心句从动植物（有生命的）、山河大地（无生命的）、孩子的成长三方面来具体描写，文章结构明晰，且层层深入。《盼》则以"新雨衣"为线索，通过一系列的小事凸显出"我"强烈盼望能够穿上雨衣的各种复杂心情。《盼》更加贴近孩子的生活以及心理体验。所以在本单元执教时，《夏天里的成长》以感悟为主，《盼》则读写结合，边讲边练，将本单元的习作训练与阅读紧密结合，在此基础上再进行习作教学。课时分配如下：

《夏天里的成长》　　2课时
《盼》　　　　　　　2课时
习作例文　　　　　　1课时
习作　　　　　　　　3课时

从教学方式上来说，本单元以课后任务为抓手，采用"讲练结合"的方式进行，使学生在每一节课上能力都有一点提升，而且是阶梯状循序渐进的成长。

(二)学生情况分析

学生通过五年的学习，对于习作已经有了一定的基础，能够把一件事情写清楚、写具体，且能够运用基本的语言、动作、心理活动把重点部分写具体。通过访谈，学生认为习作要想一想写什么事，再来考虑怎么写，而当问到你有没有想到为什么要写这篇文章时，学生都认为是作业的要求。从中可以看出，学生对于写作的目的性并不清晰，也就是对于"立意"和"能文"的关系并不很清晰。通过本组教学要让学生明确"写作是运用语言文字进行表达和交流的重要方式，是认识世界、认识自我、创造性表述的过程"。重新认识习作的目的对于学生来说是一个挑战。

另外，通过"语言、动作、神态"来表达心理活动，这虽然是部编版五年级下册的能力训练点，但是六年级的学生这个知识点是遗漏的，因此学生只知道可以用这些形式来使自己的文章更加具体、生动，这些都只是对习作的表象认识。而这一单元要做的就是深化学生的原有认识，以新的切入点来看心理活动，真正明了为什么使用动作、语言、神态可以使习作更加具体，从而使他们理解心理活动是人内在的情感，是指挥动作、语言、神态这些外在流露的核心，在写作时动作、语言、神态，哪怕环境描写都要和心理活动同步。而这种通过外在表现反映心理活动的写法对于学生来说一定是一个难点，因此是课上的一个重要知识点与训练点。

　　学生四、五年级的叙事习作，练习的都是写一件具体的事，采取的也是一个最有效的角度。而本单元的习作则将一件事扩充到几件事，将单一的角度化为多方面，再加上多元化的表达要求，这对学生习作又是一个新的挑战。

　　三、单元教学目标

课文	体会文章是怎样围绕中心意思来写的。	从不同方面或选取不同事例，表达中心思想。
《夏天里的成长》	1. 找出文章中心句，能说出课文从哪些方面描写"夏天里的成长"。 2. 体会课文从不同方面表达中心意思的写法。	—
《盼》	1. 体会课文是如何选取事例，围绕《盼》来写的。 2. 感受课文是如何把心理活动写具体、写生动的。	1. 围绕"戏迷爷爷"这个主题，选取适合的素材。 2. 运用多种表达方式，写出一种心理活动的。
习作例文	自主阅读习作例文，借助旁批了解作者是如何围绕中心意思写的。	—
习作	—	1. 能围绕一个意思选择不同的事例或从不同的方面写，能将重要的部分写详细、写具体。 2. 与同伴交换习作，针对是否写清中心意思相互评价、修改习作。

　　四、单元教学过程

　　现将本单元的教学分为以下五个环节进行。

(一)明确目标，有的放矢

体会文章是怎样围绕中心意思来写的；从不同方面或选取不同事例，表达意思。

(二)初步体会，感受方法

《夏天里的成长》

第一课时：通读课文，厘清字词；找出中心句，说说课文是怎样围绕这句话来写的。

第二课时：以第2自然段为例，体会作者是怎样把每一段的中心意思写清楚的。

(三)边讲边练，重在落实

《盼》

第一课时：着重整体感知，在整体阅读中体会文章是怎样围绕"盼"这一主题写具体的，训练根据一个主题选择有关联的不同事件来写这一写作能力。

第二课时：着重精读课文，在分析中体会作者除了直接描写盼的心理活动，还可以从细小动作渗透"盼"、对话语言流露"盼"、环境描写烘托"盼"，使学生明白为了表现一个意思，可以选择多元的方式来进行，同时进行相关的写作能力训练。

(四)学习交流，感悟选材

默读习作例文《爸爸的计划》《小站》，体会作者是通过哪些典型的事件将"爸爸爱订计划"及"小站的小"体现出来的。

(五)完成习作，互评运用

第二课时：出示习作要求"围绕中心写意思"，借助提纲整理思路，体现出"一步一步，步步深入"的特点，同学间点评。

第三课时：完成习作。

第四课时：讲评习作。

五、单元学习效果评价及结果分析

(一)评价目标

1. 通过多种形式的评价促进学生语文素养的提升。
2. 根据评价结果检测课堂教学效果。

(二)评价内容及评价方式

采用学生自评、同伴互评、教师评价相结合的方式进行。（在相应的位置打√。）

1. 学生自评

评价内容	评价等级			
	A	B	C	D
在学习课文和习作例文的过程中,明白作者是如何进行选材行文的。	明白作者是如何进行选材行文的。	大概明白作者是如何进行选材行文的。	有些明白,但说不清楚。	不明白作者是如何进行选材行文的。
在本单元学习的基础上,顺利完成本次习作。	在完成习作时思路清晰,一气呵成。	思路比较清晰,写完后才发现有些地方要进行增减。	没有多少思路,一边写一边想,也顺利完成了。	这次习作太难,绞尽脑汁,好不容易凑够了。
与同伴交换习作,能针对是否写清中心意思做出评价。	很清楚对方习作是否写清中心意思,并和他进行交流。	基本能判断对方习作是否写清中心意思,但又不是太确认。	不敢确定对方习作是否写清中心意思,只知道他大概写的是什么。	只会读,不会评价。

2. 同伴互评

评价内容	评价等级			
	A	B	C	D
能围绕一个意思选择不同的事例或从不同的方面写一篇习作。	能围绕一个意思选择不同的事例,或者能从不同的方面写一篇习作。	能围绕一个意思选择不同的事例,但在顺序上有些杂乱。	选择事例有些与主题无关。	不能围绕一个意思选择不同的事例,思维混乱。
围绕一个意思表达时,能将重要的部分写详细、写具体。	能将重要的部分写详细、写具体,表达方法多样灵动。	能将重要的部分写详细、写具体,但方式有些少。	基本能将重要的部分写清楚,但属于"流水账"形式。	不能将重要的部分写清楚,错词病句较多,语句不通。

3. 教师评价

评价内容	评价等级			
	A	B	C	D
在学习课文和习作例文的过程中，认真参与，积极思考，作业正确。	认真参与学习，积极思考，回答问题精准到位，作业正确。	较认真参与学习，跟随大家进行思考，偶尔回答问题，作业基本正确。	能够参与学习，跟随大家进行思考，不愿回答问题，作业问题较多。	不能够参与学习，不跟随大家进行思考，不愿回答问题，作业问题很大。
习作符合要求，按时按质完成。	习作符合要求，按时按质完成。	习作基本符合要求，按时完成。	习作基本符合要求，但不能按时完成。	习作不符合要求。
与同伴交换习作，能针对是否写清中心意思做出评价。	能针对是否写清中心意思做出评价，且评价精准到位。	能针对是否写清中心意思做出评价，评价基本符合文章内容。	能针对是否写清中心意思做出评价，但具体分析说不清。	不会做出评价或者评价针对角度不对。

通过评价，发现大部分学生对本单元的知识掌握较好，不仅知道精读课文是怎样围绕中心意思写清楚的，而且在自己的习作中能够做到围绕中心意思选取不同事例进行表达，60%的学生能比较精准地对他人的习作进行评价。所有参与学习的学生C等成绩只占7.5%，没有D等成绩。

通过对评价结果进行分析，我发现这种以单元能力点为目标，课后习题为扶手，一课一练，循序深入的教学模式在我们的学生中是可行的。

六、本单元教学特色分析

本单元的教学中，教师特别注重在教学中提升学生的语文学科素养。

(一)关注语言构建与运用的体系化

本单元以"以立意为宗，不以能文为本"为主题，落实"围绕中心意思写"这一语文要素，从初步了解到边讲边练，再到自主感悟，最后完成习作，一气呵成，体现了这一习作能力的构建过程，同时为学生下学期"我手写我心"这一写作的最终目的的落实打下基础。

(二)关注思维发展与提升的实效化

在本单元的精读课文教学中，以课后学习任务为抓手，在学生自主研读与合作交流中锻炼他们的感知归纳能力（《盼》"默读课文，想想课文是通过哪些事情来写'盼'的"），逻辑思维能力(《夏天里的成长》是怎样围绕中心意思写的)，语言表达能力(课文哪些地方具体描写了"盼"这一心理活动?)，以及举一反三的能力，每节课都有针对习作方法的片段练习，趁热打铁，将习得的方法落到实处。

(三)关注审美鉴赏与创造的全局化

在整个单元的教学中，时时刻刻都在关注学生对语言文字的鉴赏能力。《夏天里的成长》第2段"一天""一夜""昨天、今天、明天""几天""个把月"这样的表达顺序能变吗？删去一个行不行？《盼》选出你认为生动的两处心理活动描写，说说这样写的好处。习作中的同学间互评，都是对这一能力的培养。

七、课时举例——《盼》第二课时

(一)教学目标及重难点

教学目标：

1. 朗读课文，感受作者是怎样通过语言、动作、心理以及环境描写等方式将"盼"的心理活动写具体、写生动的，能够说出这样写的好处。

2. 能够选取多种方法把某一种心理活动写具体。

教学重点：

感受作者是怎样通过语言、动作、心理以及环境描写等方式将"盼"的心理活动写具体、写生动的。

教学难点：

能够选取多种方法把某一种心理活动写具体。

(二)教学过程

教学阶段	教师活动	学生活动	设计意图
回顾已知导入新课	谈话：同学们，我们继续来学习《盼》这篇文章。 过渡：可是老天似乎总是和我作对，一连好多天都不见雨的踪迹。出示第3自然段句子："太阳把天烤得这样干，还能长云彩吗？为什么我一有雨衣，天气预报就总是晴呢？"	回顾课文讲的是谁在盼着什么。 读出"我"急切的心情。	回顾前文，重现主要内容。

续表

教学阶段	教师活动	学生活动	设计意图
品味心情 探索写法	教师总结：作者通过心理活动描写把"盼"的心情表达得淋漓尽致。 （一）自主学习 出示自学要求： 文中还有哪些地方具体描写了"盼"这一心理活动呢？默读第4～17自然段，选出你认为写得生动的两处，想想这样写的好处。 （二）学生汇报 【第4自然段】 路上行人都加快了走路的速度，我却放慢了脚步，心想，雨点儿打在头上，才是世界上最美的事呢！ 教师引导：除了直接写出了小姑娘盼望快快下雨的心理，还有哪里也能看出她在盼望着下雨？我们在读书时要边读边想开去，你从放慢了脚步里想象到了什么？ 教师总结：作者通过一个小小的放慢脚步的动作，也在渗透着"盼"的心理。而且这次离穿上雨衣的梦想又近了一步了。 引导思考：在本段中还有一系列的动作描写，你也来体会一下这些动作中是怎样渗透"盼"的心理的。	及时记笔记。 学生自主学习，教师巡视指导。 汇报心理活动——赶快下雨吧！下了雨就能穿雨衣啦！ 回答问题：想象到她是想等着下雨。 及时记笔记。 抓住动作描写进行汇报： 伸手试了试——不敢相信自己的眼睛； 仰头——让雨点打在脸上更真切；	"能联系上下文和自己的积累，推想课文中有关词句的意思，辨别词语的感情色彩，体会其表达效果。"通过自主学习，感悟重点词句的表达效果。 感受通过细微的动作描写可以渗透出小孩子"盼"的急切心理。

续表

教学阶段	教师活动	学生活动	设计意图
品味心情 探索写法	出示：果然，随着几声闷雷，头顶上真的落上了几个雨点儿。我又伸手试了试周围，手心里也落上了两三个雨点儿。我兴奋地仰起头，甩打着书包就大步跑进了楼门。	甩打书包——高兴得忘乎所以，就有挥舞东西的欲望； 大步跑——赶紧回家穿上雨衣。	在前面学习的基础上进行自主运用，深入体会作者将"盼"这一情感，用一系列动作来呈现这一表达方式。
	教师总结：作者这种异常兴奋的心理并没有直白地用心理活动描写来展现，而是采取了一系列的动作，将盼的欣喜渗透于每一个细小的动作之中。 【第5~15自然段】 引导思考：这些心理活动并不是单独存在的，而是夹杂在"我"和妈妈的对话之中。你能从这些对话中猜测出"我"说这话的真正用意吗？	自由回答： "我今天特别特别不累。妈妈，我给你买酱油去吧，啊？"我央求着。 "可是……不是还要炖肉吗？炖肉得放好多好多酱油呢。"我一边说，一边用眼瞟着窗外，生怕雨停了。 "你没说，爸爸可说过。"这话一出口，我就脸红了。 师生对读，体会心情 及时记笔记。	感受通过一连串的对话描写可以流露出小女孩"盼"的焦急心理。同时体会"盼"这一情感，也可以用一系列对话来呈现。
	教师总结：在这几段中，作者虽然没有过多地描绘小女孩的心理活动，可是我们通过她和妈妈的对话，每一句都流露着对穿上雨衣出去玩耍的期盼。 当然最终以失败告终，她此时的心情一定是——失落至极。 【第16、17自然段】 教师引读第16自然段第一句。 提问：这里有"盼"吗？ 过渡：雨好像读懂了我的心思，它真的停了。	指名接读后面的句子。 动作——张望； 心理——担心。 指名读第17自然段，其余学生说说你读后的感受。 （雨后很美；盼着明天下雨） 及时记笔记。 回答问题： 先有心情，再把它写下来。	这一环节是对前"面""心理活动表达'盼'""细小动作渗透'盼'""对话语言流露'盼'"这些表达方法的实际运用。 体会环境描写的作用：衬托心情。通过交流，明确习作的目的是表达自己的情感，使学生体会到一篇好的文章要先有"立意"，再来考虑如何"行文"。

273

续表

教学阶段	教师活动	学生活动	设计意图
品味心情 探索写法	与作者原文中的一段话做对比，再来猜猜为什么此刻的雨在作者眼中却是那么的美好。 教师总结：（指板书）作者是怎样表达"盼"这一心理活动的呢？我们在写文章的时候，是先有这一系列的心情，还是先考虑用什么样的方式来表达？ 出示本单元能力训练点"以立意为宗，不以能文为本"，使学生明白写文章要先有"立意"，在选择合适的"能文"方式。 【第18～20自然段】 引导思考：就像我们常说的那句诗"山重水复疑无路，柳暗花明又一村"，当"我"不再有期望的时候，却下雨了。你觉得"我"此时的心情怎么样？ 自由朗读，作者又是用什么样的方式来表达这份"盼"来的欣喜呢？快快找一找。	及时记笔记。 朗读课文，回答问题： "甜丝丝"——味觉，与其说是雨的味道甜，不如说是"我"的心里美得甜，这是用心理描写来表达盼的欣喜。 "几步跑回家""理直气壮""冲"——一系列迫不及待的动作处处渗透着盼来的欣喜。 "妈妈……"——一句语无伦次的语言更是将盼来的欣喜表露无遗。 "它们……"——环境体会作者快乐无比的心情，并读出来。 思考回答： (1)不单调，形式多样，使文章更加有魅力。 (2)符合实际，心情会影响你的动作、语言、神态，看到的景物也会随心情好坏或美或丑。 自主回答： 用不同的方式来把同一情感写具体。 先有情感，再想办法写清楚这种情感。	这是对本课涉及的所有方法的全面汇总，目的仍旧是方法的运用。 从对表象的了解过渡到深入的对比，从而感悟到一切语言、动作、神情乃至目之所及都是由心而发的。

续表

教学阶段	教师活动	学生活动	设计意图
品味心情 探索写法	(三)总结梳理 1. 总结写法 作者为了表达"盼"这一心理活动，不仅仅有直接描写小女孩的心理活动的地方，还把"盼"的心理巧妙地埋藏在了一串动作、一段语言或者一些景物之中，谁能说一说，这样的安排好处在哪呢？ 2. 深化写法 再次看作者铁凝的介绍——擅长心理活动描写。请学生说一说在写作上你有什么收获。 教师总结：真正能打动人的文章一定是由内而外地呈现出来的。		
仿写练习 学以致用	作者可以用这么多方法来表达自己"盼"的心理，你学会了吗？如果让你写写"悔"这个心理，你会用什么方法呢？可以采用列提纲的方式，将关键的、提示性的语句罗列就可以。 1. 等；2. 乐；3. 悔；4. 累。	汇报。 互评。 及时修改。	边学边用，读写结合。在运用中，加深学生对多种方式表达同一情感这一训练点的掌握，为下面"从不同方面或选取不同事例，表达中心意思"的习作做准备。
归纳总结 畅谈收获	学完了《盼》这篇文章，对你的写作有没有什么启发呢？我们围绕中心意思写文章，不仅仅可以选取不同方面的小事例，还可以用不同的描写方法来表达这个中心意思。	谈体会与收获。	在交流中再次加深对本节课知识点的认识。

续表

教学阶段	教师活动	学生活动	设计意图
板书设计	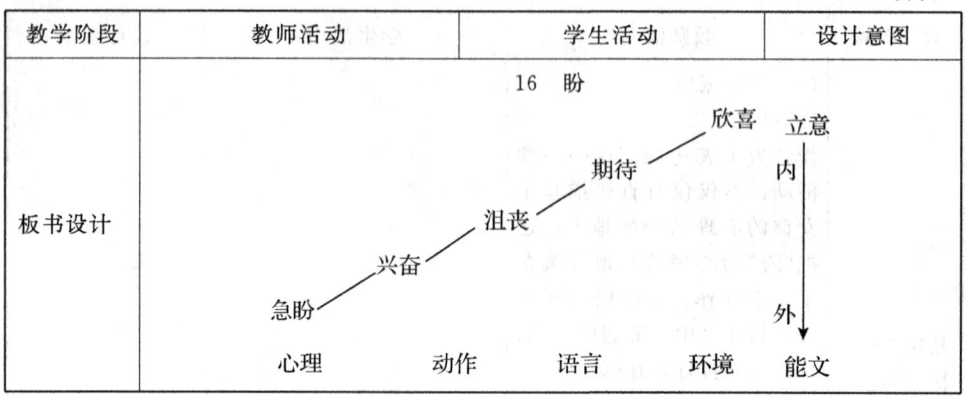		

《大小多少》教学设计

北京市平谷区东交民巷小学马坊分校　王　慧

教学背景分析：
(一)教材分析
《大小多少》是部编版一年级上册第五单元的第二篇文章。在第一个识字单元，学生认识了象形字，初步感受了汉字以象形字示意的特点。在本单元，学生将认识会意字，并进一步了解汉字偏旁表义的构字规律。将识字寓于生动形象、充满童趣的情境之中，内容浅显，内涵丰富，形式多样，渗透了对比识字、会意字识字、归类识字等多种识字方法。《大小多少》是一首由四小节组成的儿歌。每小节有两行，第一行从"大小"或"多少"的角度进行简单比较，第二行通过具体事物，感受"大小"或"多少"的关系。这首儿歌节奏感强，读起来朗朗上口。配合儿歌，有四幅对比图，形象地呈现了事物间"大小""多少"的关系，提示学生同类事物间可以比大小、比多少。

(二)学生分析
一年级学生能够借助拼音进行自主阅读，可以书写简单的独体字，在朗读和习字方面都有了初步的基础。但是，只有30%的学生能够在正确朗读的基础上，做到停顿得当、有语气、有节奏。在识字教学时，学生喜欢在丰富多彩的教学情境中，通过已有的生活及识字经验，采用具体形象的直观方式来学习。学生可以在教师的引领下，了解汉字的文化内涵，发现汉字规律，喜欢学习汉字。

教学方式：
朗读、感悟、表达相结合。
教学手段：
1. 借助插图理解文本内容。
2. 结合生活实际，仿照文章段落进行表达。
3. 师生、生生评价，促进学习兴趣。

教学目标：

1. 认识"多、少"等 8 个生字，认识反犬旁和鸟字边 2 个偏旁。
2. 会写"小、少、鸟"3 个生字，写好竖折折钩 1 个笔画，做到笔顺正确，书写规范、端正、整洁。
3. 正确朗读课文，了解"大小""多少"的对比关系。背诵课文。
4. 初步了解感知"个、只"等量词的正确使用。

教学重点：

认识"多、少"等 8 个生字，认识反犬旁和鸟字边 2 个偏旁。

教学难点：

会写"小、少、鸟"3 个生字，写好竖折折钩 1 个笔画，做到笔顺正确，书写规范、端正、整洁。

教学过程：

(一)猜谜语，导入新课

1. 出示谜语，教师指导

(1)观察题目要求，想一想完成这道题需要几步。

(2)说一说，你是从哪猜出来的？

2. 导入

过渡：谜底这只可爱的小猫就藏在我们今天要学习的课文中，伸出你的小手和老师一起写课题。

(1)注意小和少的笔顺。

(2)观察课题，你有什么发现？（反义词）

【设计意图】通过猜谜语的形式，指导学生阅读小谜语的方法，让学生初步感悟到阅读要抓住重点，同时谜底和这节课有着密切的关系，激发了学生的学习兴趣。

(二)初读课文，整体感知

过渡：课题中我们发现大小和多少是两组反义词，到底谁大谁小，谁多谁少呢？我们一起走进课文去看看吧。

1. 初读课文，了解内容

学生自由朗读课文，教师巡视指导。

2. 交流汇报

(1)出示第一小节

读完课文，你发现了什么？快来看看，谁大谁小？课文是怎么说的？

(预设：黄牛大，猫小，相机指导学生朗读课文。)

(2)出示第三小节

还有谁大谁小呢？课文是怎么说的？

(预设：苹果大，枣小，相机指导学生朗读课文。)

教师小结：第一和第三小节都是在比大小，请你再读这两个小节，边读边想，它们是按照什么顺序比大小的？

(预设：先大后小)

(3)出示第二、四小节

引导学生思考：谁多谁少？课文是怎么说的？

教师小结：第二和第四小节都是在比多少，它们又是按什么顺序比多少的？

(预设：先多后少)

【设计意图】通过三读课文，从初步的整体感知入手，到发现文章的表达顺序，最后到归纳出比较的方法，学生的思维是在一层一层地不断深入，阅读的能力也是在一点一点提升的。

(三)细读课文，练习表达

1. 出示词语，发现规律

(1)黄牛　猫　鸭子　鸟

指名领读词语，其他学生说一说你发现了什么。

(预设：这些词语都是动物)

认识反犬旁，请你猜一猜我们熟悉的动物哪些带有反犬旁。

认识鸟字边，请你猜一猜我们熟悉的家禽鸟类哪些带有鸟字边。

(2)苹果　枣　杏子　桃

齐读词语，你发现了什么？

(预设：这些词语都是水果)

(3)教师指导学生仔细观察这两组词语：在课文中，动物和动物比，比的是什么？水果和水果比，比的又是什么？

(预设：动物和动物比大小、比多少，水果和水果比大小、比多少。)

教师小结：孩子们，我们在比大小和比多少时，必须要同一类事物进行比较。

2. 拓展练习，初步感知量词的用法

(1)出示词语：一头黄牛　一只猫

指名读词语，想一想，为什么黄牛用头，猫用只？

教师引导学生明白形容大的动物用"头"，小的动物用"只"。

练习：括号里还可以填上哪些小动物的名字呢？

一头(　　)　一只(　　)

(2)出示词语：一个苹果　一颗枣

指名读词语，想一想，为什么说一个苹果、一颗枣呢？

教师强调"颗"一般用来形容圆形或粒状的东西。

练习：括号里还可以填什么？

一个(　　)　一颗(　　)

(3)出示词语：一群鸭子　一堆杏子

指名读词语，什么时候用群，什么时候用堆？

教师总结：在形容动物时用"群"，在形容没有生命的杂乱无章的物体时用堆。

练习：图片上的该怎么说？

(预设：一群猴子　一堆沙子)

【设计意图】在充分理解课文中量词用法的基础上，结合生活实际进行扩充练习，提高学生的词汇积累量，同时，还为下面的语言训练做了铺垫。

(四)精读课文，拓展提升

1. 趣味读文，练习背诵

(1)拍手打节奏读

(2)看图片背诵课文

2. 建立联系，拓展提升

(1)出示图片(冬瓜和葱)

蔬菜朋友也想比一比，谁来说一说？

(2)出示图片(草莓和梨)

快来帮水果朋友比一比吧。

(3)出示图片(大象和羊)
动物朋友来了,谁来比一比?
(4)结合生活实际,自由发挥
现在什么图片都没有了,你能想象着比一比吗?
总结:刚才我们读课文背诵课文以及我们自己编出的儿歌都在比大小和比多少,在比大小和比多少时,你有什么发现吗?
(预设:同类事物相比较)
【设计意图】通过生活中学生熟悉的事物进行仿照课文结构的说话训练,一方面提高了学生的语言表达能力,另一方面也强化了同类事物相比较的原则,真正做到了发散思维,构建了学生的语汇系统。

(五)写字
过渡:生活中的许多事物都可以进行比较,我们的汉字也可以进行比较。
1. 比较"小、少"
指导学生比较这两个字的字形不同之处在于小的第一笔是竖钩,少的第一笔是竖;小是三笔,少比小多一笔撇。
指导学生比较这两个字的书写,相同之处在于第一笔都压竖中线。不同之处在于小的竖钩在横中线上下是一样长的,少的竖在横中线的上边,点也是一样。
2. 学习"鸟"
出示象形文字,帮助学生记忆。指导笔顺,认识新笔画:竖折折钩,观察占格,练习书写。
【设计意图】通过汉字与学生的元认知构建联系,这种识字方法深受学生的喜爱。从形象直观的甲骨文入手,与他们实际生活中对鸟的认识进行比较,这种思维的联结更有利于发展学生自主识字能力,识记新字的效果更好。

(六)课堂小结
同学们,这节课我们学习了大小多少,你能说一说你的收获吗?
(预设:动物和动物,水果和水果可以比大小、比多少,也就是同类事物间可以进行比较。)
在比较大小多少时还有很多的小奥秘,下节课我们接着学习。

(七)板书设计

```
              7. 大小多少
          ┌ 比大小
同类事物 ┤           [鸟]
          └ 比多少
```

(八)本教学设计与以往或其他教学设计相比的特点：

本节课我关注学生思维构建语汇系统，无论是在表达上还是在识字上，都是通过一个既定的模型，从一个到多个再到一个系列，结合生活实际充分锻炼学生的思维，最终使学生的能力形成一个系统性、阶梯性的增长。

1. 识字能力的培养

识字教学是低年级的基础，要让学生喜欢学习汉字，有主动识字、写字的愿望。所以这节课我采用归类识字、对比识字等多种方法，使绝大部分的学生都能积极参与教学活动，让不同层次的学生均有收获。

2. 语言表达能力的训练

在出示同类词语的基础上，让学生清楚只有在同类事物间可以进行比较，课堂上有讲有练，不仅拓宽学生的词语积累，还锻炼了学生的表达能力。

3. 实际运用能力的落实

在朗读课文的基础上，让学生仿照课文的样子进行说话训练，既明白课文的表达顺序，又知道它为什么这么说；既以课文为基础，又大于课文的表达范围。

《大小多少》说课设计

北京市平谷区东交民巷小学马坊分校 王 慧

主题阐释：

主题是：关注思维，构建语汇系统。

小学语文教学的最终目的是培养学生的语文素质，教师要树立素质教育的大教学观，在识字教学中，注重学生语文能力的训练与培养，利用教材优势给学生创造更广阔的语言交际环境，以识字和发展语言同步为目的，进行全方位、多角度的训练。语言和思维是不可分割的，低年级学生的课堂中不仅仅要简简单单地认识几个字，而应该是使学生发散思维，从一个字延伸到一类字，形成系统的识字教学。基于以上认识，我把这节课的主题定位：关注思维，构建语汇系统。

教学背景分析：

（一）教材分析

《大小多少》是部编版一年级上册第五单元的第二篇文章。在第一个识字单元，学生认识了象形字，初步感受了汉字以象示意的特点。在本单元，学生将认识会意字，并进一步了解汉字偏旁表义的构字规律。将识字寓于生动形象、充满童趣的情境之中，内容浅显，内涵丰富，形式多样，渗透了对比识字、会意字识字、归类识字等多种识字方法。《大小多少》是一首由四小节组成的儿歌。每小节有两行，第一行从"大小"或"多少"的角度进行简单比较，第二行通过具体事物，感受"大小"或"多少"的关系。这首儿歌节奏感强，读起来朗朗上口。配合儿歌，有四幅对比图，形象地呈现了事物间"大小""多少"的关系，提示学生同类事物间可以比大小、比多少。

（二）学生分析

一年级学生能够借助拼音进行自主阅读，可以书写简单的独体字，在朗读和习字方面都有了初步的基础。但是，只有30％的学生能够在正确朗读的基础上，做到停顿得当、有语气、有节奏。在识字教学时，学生喜欢在丰富多彩的教学情境中，通过已有的生活及识字经验，采用具体形象的直观方式来学习。学生可以在教师的引领下，了解汉字的文化内涵，发现汉字的规律，喜欢学习汉字。

教学目标：

这节课我用两课时来完成，第一课时在读文识字的同时，重在让学生明白同类事物比大小、比多少。第二课时进行拓展延伸，让学生明白同类事物既可以比大小，又可以比多少。我所呈现的就是第一课时的教学内容。

依据新课标，结合这篇文章上述的特点，我将本课的教学目标确定为以下四点：

1. 认识"多、少"等8个生字，认识反犬旁和鸟字边2个偏旁。

2. 会写"小、少、鸟"3个生字，写好竖折折钩1个笔画，做到笔顺正确，书写规范、端正、整洁。

3. 正确朗读课文，了解"大小""多少"的对比关系。背诵课文。

4. 初步了解感知"个、只"等量词的正确使用。能够结合生活实际进行比大小、比多少这类语言的运用。

教学重点：

认识"多、少"等8个生字，正确朗读课文，了解"大小""多少"的对比关系。

教学难点：

"鸟"字的书写。能够结合生活实际进行比大小、比多少这类语言的运用。

为了突出重点，突破难点，我将本节课设计为以下五个环节：谜语导入，充分激发兴趣—落实朗读，感悟表达顺序—分类识字，着重发散思维—语言运用，提升表达能力—对比联结，培养自主识字。以课文为载体，在读文的基础上，边识字边积累边进行语言训练，最终让学生通过这节课的学习，无论是识字方面还是表达方面的能力都有系统性的增长。

教学过程：

(一)谜语导入，充分激发兴趣

兴趣是最好的老师，课的第一锤一定要敲击在学生的心灵上，激发起他们思维的火花，或像一个吸铁石一样牢牢地把他们吸引住。所以上课前我通过一个"读一读，猜一猜"这个拼音小谜语迅速吸引学生的兴趣，导入新课。

学生刚学完拼音，借助拼音阅读是非常重要的，用一个小谜语的形式让学生初步感悟到阅读要抓住重点,同时谜底和这节课有着密切的关系,激发了学生的学习兴趣。

(二)落实朗读,感悟表达顺序

我通过学生观察课题中对应的大小、多少这两组反义词,到提问课文中谁大谁小,再到课文中是怎么说的这几个问题,通过初步感知课文,发现课文中大小多少的句式特点,为后面学生学会表达打好基础。

课堂上,我通过三次朗读,让学生感悟文字,让图片与词语相对应。第一次朗读让学生解决比较浅显的问题。课题中我们发现大小和多少是两组反义词,到底谁大谁小,谁多谁少呢,我们一起走进课文去看看吧。学生初读课文,从语文能力训练点来说,这就是整体感知能力的培养。

第二次朗读,讲课文第一小节和第三小节的插图与语言文字相对应。在反复朗读后,教师引导学生思考:这两个小节都是在比大小,请你们想一想,它们是按照什么顺序比大小的呢?学生很容易发现是按照先大后小的顺序进行比较的。你们看,低年级的学生在老师的引领下也是可以对文章的表达进行评价的。

第三次朗读,用同样的方法,让学生自主学习第二小节和第四小节,发现表达的顺序是先多后少。那么整体上什么时候比大小,什么时候比多少呢?这是一个非常有思维含量的问题。学生在熟悉课文内容的基础上,要对文章的内容进行整理、归纳,最终发现数量相同时可以比大小,数量不同时可以比多少。

这三读课文,从初步的整体感知入手,到发现文章的表达顺序,最后到归纳出比较的方法,学生的思维是在一层一层地不断深入,阅读的能力也是在一点一点提升的。

(三)分类识字,着重发散思维

这节课是一个识字课,识字作为这节课的教学重点,教师除了让学生会读、会认本课中的基本汉字词语之外,还要培养学生通过一个偏旁认识一类字的自主识字的意识与能力。适当拓充一些常用的量词。

1. 利用偏旁,自主识字

本节课学生应该认识反犬旁和鸟字边这两个偏旁,通过让学生看图观察带有这些偏旁字的共同特点,学生发现:反犬旁和动物有关,鸟字边和家禽鸟类是相关的。在这个基础上,结合生活实际或者已有认知来猜一猜我们熟悉的动物哪些带有反犬旁和鸟字边。

识字是和生活息息相关的，从生活中发现了共同特点后，又回到生活中去，最重要的是学生在学习中非常有兴趣，在不知不觉中识字方法和能力都有所提升。

2. 结合生活，拓展量词

在本课当中，有很多量词是学生喜闻乐见的，当然只积累这几个还是远远不够的，所以在课堂上我进行了拓展，让孩子们来说说一（ ）沙子，一（ ）猴子，一（ ）狮子，一（ ）老鼠等等。低年级的学生在语言表达方面是有一些欠缺的，在表达事物时大部分学生只会用"个"这一个量词，所以我设计了这样的一个环节，在拓展了学生词汇量的同时，还为下面的语言训练做了铺垫。

(四) 语言运用，提升表达能力

语文教学就是以课本为载体，最终的目的是让学生学会表达。所以在学生知道了数量相同比大小，数量不同比多少的情况下，必须要进行语用训练。让学生学会仿照文章的表达顺序，自编儿歌。

1. 建立联系，拓展提升

分别出示三组图片（冬瓜和葱、草莓和梨、大象和羊）：孩子们，你们能试着像文中这样来编个小儿歌吗？学生在前面学习的基础上，很容易就编出了像"一个大一个小，一个冬瓜一根葱"这样的儿歌，语言表达能力的确得到了提升。这个时候教师再引导学生观察课本上和扩充的图片，思考：在比大小和比多少时，你有什么发现吗？学生立即发现动物和动物比，水果和水果比，蔬菜和蔬菜比。也就是我们在比大小和比多少时，要同类事物相比较。

在运用语言的基础上，学生的思维又有了进一步的提升。

2. 结合实际，发散思维

更有意思的是最后什么图片都没有时，我问孩子们：现在你们还能说什么？本来我想，孩子们会陷入空场，但是让我十分意外的是，孩子们的思维非常活跃，有个男孩竟然这样说：一个高一个矮，一座高楼一间平房。看来通过前边一步一步的学习，课文中的句式已经深刻地印在孩子们的脑海中，而且他们也明白了比较的原则，所以孩子们通过生活中熟悉的事物进行仿照课文结构的说话训练就会这么水到渠成。他们的思维已经跳出了我设定的蔬菜、动物、水果这三类，根据自己的生活实践，不断进行思维拓展。不仅强化了同类事物相比较的原则，也真正做到了发散思维，构建了学生的语汇系统。

(五)对比联结,培养自主识字

课堂上我们不仅要识字,还需要写字,于是我通过让学生先比较,再观察,最后动笔书写,以此提高学生的写字能力。

以"鸟"字为例,它是一个独体字,在田字格的正中间,看,这就是甲骨文的鸟,头小小的,身子大大的。你能找到它的眼睛和头上的羽毛吗?孩子们抢着说:点就是鸟的眼睛,撇就是鸟头上的羽毛,横就是鸟站的小树枝……我们写的时候按顺序先写它头上的羽毛,然后写它的头和眼睛,再写它的身子,最后写它的小爪子站在树枝上。

通过汉字与学生的原认知构建联系,这种识字方法深受学生的喜爱。从形象直观的甲骨文入手,与他们实际生活中对鸟的认识进行比较,这种思维的联结更有利于发展学生自主识字能力,识记新字的效果更好。

本节课我关注学生思维构建语汇系统,无论是在表达上还是在识字上,都是通过一个既定的模型,从一个到多个再到一个系列,结合生活实际充分锻炼学生的思维,最终使学生的能力形成一个系统性、阶梯性的增长。

(六)板书设计

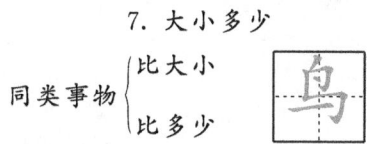

7. 大小多少

同类事物 { 比大小 / 比多少 }   鸟

好的板书就像一份微型教案,在教学活动中起着画龙点睛的作用,好的板书更应具有深刻的启发性。此板书力图全面而简洁地将授课内容传递给学生,清晰直观,便于学生理解和记忆。

(七)回顾这堂课,训练了学生以下能力

1. 识字能力:课标指出,识字教学是低年级的基础,要让学生喜欢学习汉字,有主动识字、写字的愿望。所以这节课我采用归类识字、对比识字等多种方法,使绝大部分的学生都能积极参与教学活动,让不同层次的学生均有收获。

2. 语言表达能力:在出示同类词语的基础上,让学生清楚只有在同类事物间可以进行比较,课堂上有讲有练,不仅拓宽学生的词语积累,还锻炼了学生的表达能力。

3. 实际运用能力:在朗读课文的基础上,让学生仿照课文的样子进行说话训练,既明白课文的表达顺序,又知道它为什么这么说;既以课文为基础,

又大于课文的表达范围。

  知识，只有当它靠积极的思维得来，而不是凭记忆得来的时候，才是真正的知识。所以，要想学生构建庞大的语汇系统，切实提高学生的语文素养，落脚点一定在关注学生的思维。系统的学习，让学生兴趣盎然。在本课的学习中，学生积累了词汇系统，发展了思维，并为下节课的学习埋下伏笔，诱发学生的求知欲，让学生爱上学语文。

《搭船的鸟》教学设计

北京市平谷区东交民巷小学马坊分校　许秋菊

教材分析：

这篇课文主要写了"我"在去乡下外祖父家的途中观察并认识翠鸟的过程。课题中的一个"搭"字，让鸟儿有了灵性，体现了鸟与人和睦相处。

文中的"我"在一次回乡下的途中，不仅听到了大自然的雨声，还发现了翠鸟的外形美与捕鱼时的一系列连贯的动作，说明了作者对周围事物的留心与观察的细致。通过本文的学习，培养学生留心观察周围的人、事、景、物，学会发现生活中的美。

本单元的主题为"留心观察"，语文要素是"体会作者是怎样留心观察周围事物的"，习作要求是"仔细观察，把观察所得写下来"。学生学会留心观察，目的是积累习作素材，有内容可写，从而不断提高习作能力。

学生分析：

1. 三年级的学生已经具备了一些对课文的初步感知能力，遇到疑问也有了一些初步的理解分析能力。

2. 从三年级上学期开始，语文的学习由识字与写字为重点，转移到"学阅读""学表达"为重点，同时学生刚开始学习写作，教师应当培养学生从多角度观察事物的能力。

3. 对于"细致观察"有初步的认知，但是还需要提升准确的判断力，提升语言的感受力，对于"细致观察"的不同方面、有效方法、文字表述等还要有更加具体、系统的认知和实践。

教学目标：

1. 能够正确、流利、有感情地朗读课文，了解这只搭船的鸟的外形特点和捕鱼的本领，感受作者对翠鸟的喜爱之情。

2. 在阅读中体会"我"对翠鸟的外形、动作所做的观察，感受"我"观察的细致，初步体会留心观察的好处，培养观察意识。

3. 感受人与动物和谐共处的美妙境界，培养学生亲近自然、热爱自然的美好情感。

教学重点：
品读描写翠鸟外形、动作的语句，感受"我"观察的细致，初步体会留心观察的好处，培养学生热爱自然的美好情感。

教学难点：
引导学生在品读中初步了解留心观察周围事物的方法，并能够进行仿写。

教学过程：

(一)激趣导入

这节课我们继续来学习第15课，齐读课题，这只搭船的鸟是谁？(翠鸟)还记得翠字怎么写吗？(出示带有羽字头的字)观察这些带有羽字头的字和"羽"字有什么区别？伸出手和老师一起来写这个字。(第一笔是横折、第四笔是横折)(板书：翠鸟)

通过上节课的学习，你还记得作者对哪些事物进行了细致观察吗？(板书：雨景)

作者是怎样细致观察雨景的？(用眼睛看，用耳朵听)

作者又观察到了什么？(板书：外形、捕鱼)

(二)细读课文

1. 这只翠鸟什么样？(板书：美丽)

2.(1)文中哪些语句让你感受到这是一只美丽的翠鸟？打开书，边读边找，用"_____"画出来。

(2)我们一起来交流。

预设：

①第一句话，追问：你从哪个词感受到它很美丽？(彩色、美丽)

你从哪看出它是一只彩色的小鸟？

②第二、三句话：它都描写了哪些部位？(板书：羽毛、翅膀、长嘴)

追问：这三个部位分别是什么颜色？

③理解比鹦鹉还漂亮：见过鹦鹉吗？想一下翠鸟比鹦鹉还漂亮，那它得多漂亮啊！(语气)

(3)看，就是这只美丽的翠鸟！(出示翠鸟的图片)多漂亮啊！再来读一读这段话吧！(自己读、指名读、齐读)

3.(1)这只翠鸟这么美丽,因为它是一只彩色的小鸟,再把不同部位羽毛的不同颜色写出来,彩色就包括了这么多的颜色(看板书说),所以我们就把这句称为概括描写,这几句就称为具体描写(指着 PPT 说)。这种写作方法就叫作先概括后具体。把它写在第 2 自然段的旁边。(板书:先概括再具体)

(2)师生对读:让我们把这种写作特点读出来,老师读概括句,你们读具体描写。

小结:作者是怎样细致观察翠鸟外形的?(把不同部位羽毛的不同颜色写出来)

4. 出示丹顶鹤图片。

(1)仔细观察,能用一句话概括说说它的特点吗?

(2)那我们再细致地观察从哪看出来它很美丽。(身体部位)

(3)刚才我们观察到这些内容,你能用先概括后具体的方法连起来按顺序说一说吗?

(4)出示范文

听你们说得这么好,我也想来说一说,你们想听吗?(学生读一读)

5. 小结:其实我们的生活不缺少美,只是缺少发现美的眼睛。我们也要像作者一样养成留心观察周围事物的好习惯。

6. 这只翠鸟站在船头在做什么呢?(板书:捕鱼)

(1)它是怎么捕鱼的?朗读第 4 自然段。

交流:动词+一下子、没一会儿、一口。还能从哪句话看出来?(过渡)(板书:冲、飞、衔、站、吞)

(2)小结:这么一连串的动作,又这么快,作者是怎么捕捉到的?(眼睛一眨不眨仔细看到的,看清每一个动作,看清一连串动作,这就是细致留心观察)

(3)你们想看看翠鸟是怎么捕鱼的吗?应该怎么看?(睁大眼睛仔细看,播放视频)

(4)现在让我们想象翠鸟捕鱼的情景,自己再来读一读这个自然段。

7. 小结:作者是怎样细致观察翠鸟捕鱼的?

作者这种细致观察的方法你学会了吗?咱们也来试一试,老师这有一只小猫捕鱼的视频,你可要睁大眼睛仔细看,看清每一个动作,看清一连串动作,然后说说小猫是怎样捕鱼的。

小结:你们真了不起,一下子就把这种细致观察的方法学会了。

8. 看,船上除了翠鸟还有谁?它为什么不怕人啊?

小结:是呀,正因为人不伤害鸟,我们才能欣赏到鸟的美丽,鸟才生活得这么快乐,才出现了这么和谐、美丽的画面,才发生了这么温馨、有趣的故事。让我们再把这篇课文完整地读一读。(自由读)

(三)总结

1. 这节课你有哪些收获?(从内容上,从写作方法上,从语文要素——细致观察)

2. 怎么做到细致观察?就是把自己听到的声音写出来,看到的不同部位的不同颜色写出来,看到的一连串动作写出来,这样就做到了细致观察。

【设计意图:整体提升,体会留心观察的好处,凸显单元主题,勤于观察,乐于发现。】

(四)板书设计

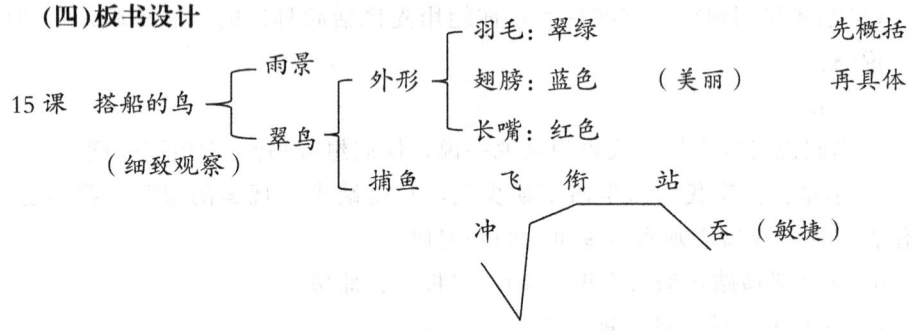

《比尾巴》第一课时教学设计

北京市平谷区东交民巷小学马坊分校　王　媛

指导思想与理论依据：

《义务教育语文课程标准(2011年版)》指出："要让学生充分地读，在读中整体感知，在读中有所感悟，在读中培养感情，在读中收到情感的熏陶。"在这节语文课上，我把朗读摆在十分重要的位置，避免老师讲得多，提问多，大力提倡"以读为主，以读带讲，以讲带动读，以问促进读"。让学生自读自悟，边读边思，培养语感，接受潜移默化的语言熏陶。

教学背景分析：

（一）教材分析

《比尾巴》是小学语文部编版一年级上册第六单元的一篇短文，文章通过三问三答的对话方式，介绍了六种动物尾巴的特点，同时配了六幅栩栩如生的插图。全文简洁易懂，读起来朗朗上口，富有儿童情趣，能激发学生朗读的欲望，还能引起学生观察其他动物尾巴特点的兴趣。

（二）学生分析

一年级孩子喜欢小动物，他们对不同动物的尾巴更是好奇，有强烈的读书欲望，他们乐于表达。年幼的孩子非常喜欢小动物，对于奇特的动物尾巴更是兴趣盎然。在学前教育中大多数孩子都接触过有关动物尾巴的故事或儿歌，生活中也积累了一定的常识。这些有利因素为本节课的教学奠定了坚实的感情基础。

教学方式：

朗读、感悟、表达相结合。

教学手段：

1. 借助图片理解文本内容。

2. 学习转换问答方式。

3. 师生、生生评价，促进学习兴趣。

技术准备：
PPT、小动物的彩色图片。

教学目标：
1. 认识11个生字，会写"比""长"两个字。认识新笔画"竖提"。
2. 朗读课文，知道一些动物尾巴的特点，读好问句的语气，学会用问号说一句话。
3. 认识小节，会准确标出。
4. 学习转换问答方式。

教学重点：
识字、写字、有语气地朗读课文。

教学难点：
读好问句的语气。

教学过程：

(一)激趣导入

今天，动物王国里可热闹了！小动物们正在举行一场特别的比赛，它们在比什么呢？赶快来拼一拼。教师板书"比尾巴"，提示学生注意"巴"读轻声。

【设计意图：利用学生感兴趣的话题导入，激发学生想要学习课文的渴望，培养学生的想象能力，让学生尽快地参与课堂教学，充分体现学生的主体地位。】

过渡：一个生字宝宝从里边跑出来了，你们还认识它吗？你们怎么记住它的？

1. 说记字方法。

师：刚才他说的时候，你们认真听了吗？他说的这笔叫什么？强调竖提。

2. 比较左右不同。

师：我们的祖先造字特别有趣，你们看，这就是古时候的"比"，就是两个人一前一后站在一起并靠着的样子。我们看它的左边和右边就像一对双胞胎，但又不一样，快来找一找，哪不一样？老师出示记字口诀：兄弟两个在一起，一个弯来一个提。

3. 写生字。

师：观察这个字，谁想来提醒大家，写这个字时应注意什么？

师：老师现在就根据你们的指导来写这个"比"字，请你们和老师一起书写。请你们描两个，写一个。

4. 评字。

师：我们先来看看他写的这个字正不正确？再来看每一个笔画在田字格中的位置对不对。

同桌之间看一看，写得好的地方向他学一学，不好的地方你给他指出来，让他改一改。

5. 组词：除了比尾巴外，还能组什么词？

【设计意图：从小养成良好的书写习惯，可以使学生终身受益。设计"观察—分析—书写—激励"的过程，促使学生的观察能力、分析能力、表达能力得到提高，提高学生的写字兴趣。】

过渡：对呀，这些都可以比，那么这节课上我们也来比一比，看谁在课上表现得最出色。

(二)初读课文，整体感知

1. 初读课文

请同学们打开书读一读课文，边读边想都有哪些小动物来参加比赛了。把它的名字圈出来。

2. 练习说话

谁能说一说谁来参加比赛了？

来参加比赛的小动物有（　）、（　）、（　）、（　）、（　）和（　）。

(三)细读课文，培养能力

1. 借助图片识字

师：你们看，小动物们来了，谁来叫出它们的名字。（指名读、大家一起读一读）

小结识字方法：你们真棒！这么快就把小动物的名字记下来了，看来借助图片识字也是一种好的方法。

2. 借助拼音识字

还有更难的字、词你们想挑战吗？它们来了。（自读、小老师领读、男女分读、同桌读）

【设计意图：借助拼音读课文后，再读带图片的词，最后读带音节的词，这样由易到难，符合学生的认知规律。】

3. 学标小节

过渡：调皮的生字宝宝又跑到课文里了，你们再来读一读课文，要把字音读准确。

问：在读课文中你发现了吗？每行与每行之间的距离一样吗？（有宽有窄）

讲标小节的方法：宽的部分就是空了一行，整篇课文被空行分成了几个部分，一部分就是一小节，这是第一小节，这是第二小节，像老师这样往下标一标。

看看课文共有几个小节。标对的同学请坐正，不对的同学改一改。

【设计意图：通过让学生自己发现文中每行之间不一样的距离，培养学生的观察能力。】

4. 学用问号说话

师：谁愿意把课文读给大家听？（请4个同学）他们读的时候，其他同学找一找课文中的标点宝宝。

师：文中有哪些标点宝宝？（问号、句号）看到问号了该怎么读呢？（出示第一、三小节读一读）

过渡：小问号跑出来了，它在生活中用得可多了，我把它送给你们，谁来用问号问问别人？

【设计意图：利用多种形式，训练学生读好问句，突破本课的难点。】

5. 学习转换问答的方式

小问号又回到了课文中，男生一起来问问。

有问就有答，请女生来回答。（出示一段问，一段答）

我也想问问，你们一起来回答。（出示一句问，一句答）

小结：有问有答可以有不同的方式，可以是一段问一段答，也可以是一问一答。在第一场比赛中，我们知道了猴子的尾巴长，兔子的尾巴短，松鼠的尾巴好像一把伞。（板书）

过渡：第二场比赛开始了，同桌之间互相合作，选择自己喜欢的方式读一读第三小节和第四小节。

找两组同学展示（不同问答方式）

【设计意图：通过多种形式训练朗读，培养学生的朗读能力，突出本课的教学重点。】

第二场比赛的结果是什么？我们来说一说。（板书）

比尾巴大赛结束了,答案揭晓了,我们一起来看看比赛的结果。

(四)写字

猜字谜引出生字"巴"。

(1)说笔顺。

(2)观察这个字在田字格中的位置,你有什么提醒大家注意的地方吗?

(3)学生认真观察后描红、书写,将自己写的和书上的比。

(4)评议并改进书写。

(五)课堂小结

今天我们很高兴认识了六种小动物,知道了它们尾巴的特点。请你们回家,收集有关动物尾巴的图片,并跟家长说一说它们的尾巴有什么特点。

【设计意图:每个孩子都拥有好奇心,都拥有一双敏锐的眼睛,都有自己独特的感受,教师要善于开启、引导他们去保留好奇心,从生活中去发现、去观察、去感受事物,揭示下节课的学习内容。】

(六)板书设计

     6 比尾巴

 猴子图 兔子图 松鼠图

  长   短 好像一把伞

 公鸡图 鸭子图 孔雀图

  弯   扁   最好看

(七)学习效果评价设计

评价方式:采用学生自评、同伴互评、教师评价相结合的方式进行。

评价内容:

1. 填空:猴子的尾巴(　　　),兔子的尾巴(　　　),松鼠的尾巴好像(　　　),(　　　)的尾巴弯,(　　　)的尾巴扁,(　　　)的尾巴最好看。

2. 读书:能用普通话读书,通顺流利朗读,有感情地朗读。

3. 说话:用"?"说一句话。

评价量规:

以上题目共10分,第1题6分,能完整准确地回答。

第2题3分,符合一项加1分。

第3题1分,语句比较通顺,意思比较明白,别人能听懂。

(八)本教学设计与以往或其他教学设计相比的特点

《义务教育语文课程标准(2011年版)》规定:要引导学生喜欢汉字,主动识字，学会用普通话朗读课文。依据制定的教学目标，这节课充分落实让学生读进去，说出来。以"读"为训练的主线，把语文课组织"活"，本课的难点是指导疑问句的读法，为了突破这个难点，我先设计了让学生用问号说话的环节，为的是让学生说好问句，突破难点。整堂课中，穿插了多种形式的读书活动，如自己读、师生读、男女对读、同桌读，目的是让学生在读中理解语言文字，在读中体会感情，在读中了解运用语言文字的方式。注重了读书和表达巧妙地结合，既理解了课文，又训练了学生的语言表达，注重语言迁移，使语文课更有实效性。部编版的课文要求学生认识的汉字特别多，怎样让学生在阅读中频繁地接触汉字，并在各种语言环境中随时灵活地识字，成为我们教学思考的重点，所以本节课中我摒弃了以往过多分析汉字的教学环节，为学生识字创设了一定的情境，让他们在情境中识字。

参考文献

[1] 中华人民共和国教育部. 义务教育语文课程标准(2011年版)[M]. 北京：北京师范大学出版社，2012.

[2] 陈先云. 谈统编小学语文教科书的核心理念[J]. 小学语文，2019(12)：11—13.

[3] 熊宁宁. 夯实基础螺旋式发展——部编义务教育语文教科书一年级下册分析[J]. 小学语文，2017(1)：8.

[4] 人民教育出版社，课程教材研究所，小学语文课程教材研究开发中心. 义务教育教科书教师教学用书(语文一年级下册)[M]. 北京：人民教育出版社，2019.

[5] 陈先云. 语文教学应当轻装前行——统编教科书使用中应注意的几个问题[J]. 小学语文，2020(3)：6.

[6] 玛丽亚·M. 哈迪曼. 脑科学与课堂：以脑为导向的教学模式[M]. 杨志，王培培，等译. 上海：华东师范大学出版社，2017.

[7] 余新，李宝荣. 以学生为本的教学设计[M]. 北京：教育科学出版社，2019.

[8] 朱永新. 中国著名特级教师教学思想录[M]. 上海：华东师范大学出版社，2016

[9] 刘月霞，郭华. 深度学习：走向核心素养[M]. 北京：教育科学出版社，2018.

[10] 顾清清. 语文课堂中写字教学方法探研[J]. 成才之路，2019(5)：78.

[11] 曹燕. "口诀化"教学，让写字更高效[J]. 辅导员，2011(7)：74.

[12] 郑益民. 激发学生写字兴趣"五招"[J]. 小学语文教师，2011(10)：64.

[13] 温儒敏，陈先云. 统编小学语文教科书教学设计与指导[M]. 上海：华东师范大学出版社，2019

[14] 温儒敏. 义务教育教科书语文四年级上册[M]. 北京：人民教育出版社，2016.

[15] 王宁. 语文教育与核心素养——语文核心素养与语文课程的特质[J]. 中学语文教学，2016(11)：4—8.

[16] 夸美纽斯. 大教学论[M]. 傅任敢，译. 北京：人民教育出版社，1984.

[17] 苏霍姆林斯基. 教育的艺术[M]. 肖勇，译. 长沙：湖南教育出版社，1983.

[18] 叶圣陶. 叶圣陶语文教育论集[M]. 北京：教育科学出版社，2015.

[19] 陆娟娟. "读图时代"对小学语文课堂教育的影响及对策[J]. 报刊荟萃(下)，2018.

[20] 赫伯特·斯宾塞. 斯宾塞的快乐教育[M]. 吕可丁，译. 北京：北京联合出版公司，2012.

[21] 章珊珊. 提高小学语文阅读教学有效性策略的研究[D]. 南昌：江西师范大学，2015.

[22]马英英. 小学语文阅读教学策略研究[D]. 延安：延安大学，2014.

[23]姚秉含. 小学语文阅读教学有效性策略研究[D]. 聊城：聊城大学，2014.

[24]严琳. 提升小学语文阅读教学有效性的策略探究[D]. 南昌：江西师范大学，2014.

[25]孙丛丛. 小学语文单元整体教学研究[D]. 武汉：华中师范大学，2014.

[26]刘培培. 小学语文主题式阅读教学设计研究[D]. 重庆：西南大学，2016.